उत्तर प्रदेश :
पर्यटन, देवालय एवं मंदिर

डॉ. संदीप कुमार शर्मा

डायमंड बुक्स

www.diamondbook.in

प्रकाशक : डायमंड पॉकेट बुक्स प्रा. लि.
X-30, ओखला इंडस्ट्रियल एरिया, फेज-II
नई दिल्ली-110020
फोन : 011-40712200
ई-मेल : sales@dpb.in
वेबसाइट : www.diamondbook.in
संस्करण : 2023
मुद्रक : रेप्रो (इंडिया)

Uttar Pradesh : Paryatan, Devalaya Evam Mandir
By : Dr. Sandeep Kumar Sharma

प्राक्कथन

इतिहासकारों का एक वर्ग उत्तर प्रदेश का इतिहास लगभग चार हजार वर्ष प्राचीन सिद्ध करता है। जबकि इस भूखंड का इतिहास त्रेता युग से माना जाना चाहिए क्योंकि अयोध्या श्री राम और मथुरा श्री कृष्ण की जन्म भूमि उत्तर प्रदेश में है। यहीं रावण और कंस पैदा हुए। महात्मा बुद्ध ने यहां तपस्या की और यह प्रदेश भगवान बुद्ध के पहले उपदेश से लेकर परिनिर्वाण तक का गवाह रहा है। दुनिया की सबसे पवित्र मानी जाने वाली नदी गंगा भी इसी प्रदेश से होकर गुजरती है। गढ़मुक्तेश्वर, आहार, अनूपशहर, कलकत्ती नरौरा, इलाहाबाद, और काशी गंगा तट पर बसे हुए वह पौराणिक नगरी हैं जहाँ आज भी हर हिंदुस्तानी के साथ-साथ भारत भ्रमण पर निकला प्रत्येक विदेशी पर्यटक भी यहाँ नतमस्तक हो जाता है।

श्री कृष्ण और रुक्मणी के विवाह का साक्षी बुलंदशहर जनपद में गंगा किनारे अवस्थित अवंतिका देवी मंदिर विश्व प्रसिद्ध है। श्री कृष्ण के अथक प्रयासों के बावजूद जब दुर्योधन अपने चचेरे भाइयों को इंच भर राज्य देने को तैयार नहीं हुआ तो यह पवित्र भूमि रक्तरंजित हो गई।

विदेशियों को हिंदुस्तान में शासन करना सदैव प्रिय रहा है। इसका इतिहास भी उत्तर प्रदेश से शुरू होता है। यहाँ से अतीत में संत कबीर, तुलसीदास, सूरदास, विष्णु शर्मा, मलिक मोहम्मद जायसी और आधुनिक काल में प्रेमचंद, जयशंकर प्रसाद, भारतेंदु हरिश्चंद्र, महादेवी वर्मा जैसे महान व्यक्ति हुए हैं।

ताजमहल से लेकर इमामबाड़ा तक, बनारस के घाटों से लेकर प्रयाग के संगम तक और काशी हिन्दू विश्वविद्यालय से लेकर अलीगढ़ मुस्लिम विश्वविद्यालय तक यह प्रदेश किसी परिचय का मोहताज नहीं है। यह वह प्रदेश है जिसके सपूतों ने इतिहास के पन्नों पर अपना नाम सुनहरे अक्षरों में दर्ज कराया है।

अंग्रेजों की दासता से मुक्ति के लिये आजादी का बिगुल मेरठ से ही फूंका गया। मंगल पांडे ने उत्तर प्रदेश की धरती पर जन्म लिया। यहाँ के अनेक सपूतों ने देश के लिये अपने प्राणों की आहुति दी।

अंग्रेजों ने हिंदुस्तान में अपना आधिपत्य स्थापित करने के बाद उत्तर प्रदेश को बंगाल प्रेसीडेंसी के तहत रखा। सन् 1833 ईस्वी में इसे बंगाल प्रेसीडेंसी से अलग कर उत्तर पश्चिमोत्तर प्रांत बनाया गया। इसे आगरा प्रेसीडेंसी के नाम से भी जाना जाता था। सन् 1902 ईस्वी में इसे यूनाइटेड प्रोविंस ऑफ आगरा एंड अवध के तौर पर जाना जाने लगा। सन् 1920 ईस्वी में इसकी राजधानी इलाहाबाद से बदलकर लखनऊ कर दी गयी। उत्तर प्रदेश ब्रिटिश शासन के दौरान संयुक्त प्रांत के रूप में 1 अप्रैल,1937 को राज्य बना। जब देश आजाद हुआ तो 12 जनवरी,1950 को संयुक्त प्रांत का नाम उत्तर प्रदेश कर दिया गया।

उत्तर प्रदेश हिन्दी का हृदय प्रदेश भी है। आजाद भारत को सबसे ज्यादा प्रधानमंत्री उत्तर प्रदेश ने ही दिये हैं। यथा- पंडित जवाहरलाल नेहरू, लाल बहादुर शास्त्री, इंदिरा गांधी, राजीव गांधी, विश्वनाथ प्रताप सिंह, चौधरी चरण सिंह, चंद्रशेखर,आदि। वर्तमान प्रधानमंत्री नरेन्द्र मोदी ने दो बार काशी से लोकसभा का चुनाव जीत कर प्रधानमंत्री पद संभाला।

उत्तर प्रदेश के इतिहास में 6 दिसंबर,1992 की वह तारीख भी दर्ज है जब विवादित बाबरी मस्जिद को कारसेवकों ने गिरा दिया। 9 नवंबर, 2000 को उत्तर प्रदेश पहाड़ी क्षेत्र को अलग कर उत्तरांचल के नाम से राज्य बना दिया गया।

हिन्दी, अवधी, भोजपुरी, ब्रज, बुन्देली यहां बोली जाने वाली मुख्य बोलियाँ हैं। उत्तर प्रदेश की सीमा सबसे ज्यादा राज्यों से मिलती है - उत्तराखंड, हरियाणा, दिल्ली, राजस्थान, मध्य प्रदेश, छत्तीसगढ़, झारखंड और बिहार। उत्तर प्रदेश भारत में जनसंख्या के मामले में पहले स्थान पर और क्षेत्रफल में ऊपर से चौथे स्थान पर है।

उत्तर प्रदेश में पहला मंदिर कब, कहाँ किसने बनाया यह कहना मुश्किल है लेकिन स्वतंत्रता के उपरांत उत्तर प्रदेश में सबसे अधिक मंदिरों का निर्माण किया गया। धीरे-धीरे यह अवधारणा विकसित हो गई कि जिस नगर, कस्बे में कोई नया आवासीय योजना बनाई गई वहां एक मंदिर का निर्माण अवश्य किया गया। यह मंदिर किसी एक देवता या देवी को समर्पित न हो कर यहां सभी देवी-देवताओं की प्रतिमाएं स्थापित हैं। मंदिरों के निर्माण में यह नवीन पहल थी। पूर्व काल में विशेष देवी देवताओं के मंदिरों के निर्माण की परंपरा रही है भारतीय समाज में। पहले किसी विशेष प्रकरण के आधार पर मंदिर का निर्माण किया जाता था। मसलन, किसी के यहां बरसों बाद संतान उत्पन्न होने पर, किसी को स्वप्न में देव दर्शन होने पर, खुदाई के समय प्राप्त देवी देवता की मूर्ति मिलने पर, किसी संत के आदेश पर, किसी धनी व्यक्ति के प्रस्ताव पर, कभी आम जनता की पहल पर, अर्थात मंदिरों के निर्माण की परंपरा रही है। वर्तमान में मंदिरों के निर्माण की परंपरा तो है लेकिन वह पूर्व काल से भिन्न है। अब संयुक्त देवी देवताओं की मूर्तियां स्थापित कर मंदिरों को भव्यता प्रदान की जाती है। यह हमारे वंशजों के लिए धरोहर हैं।

पर्यटन के लिए उत्तर प्रदेश में सैकड़ों पौराणिक एवं ऐतिहासिक स्थल हैं। धार्मिक पर्यटन के अतिरिक्त सैर सपाटे के लिए लोग ऐतिहासिक महत्व के स्थानों पर भ्रमण करते हैं। इनमें प्राचीन दुर्ग, ऐतिहासिक इमारतें, प्राचीन उद्यान, स्मारक, दुर्ग और इमारतों के खंडहर, ताजमहल सरीखे भवन आदि प्रमुख हैं।

अगर आप हवाई जहाज द्वारा उत्तर प्रदेश की यात्रा करना चाहते हैं तो आगरा, लखनऊ, कानपुर, वाराणसी और गोरखपुर के हवाई अड्डे उत्तर प्रदेश के प्रमुख हवाई अड्डे हैं। इनके अतिरिक्त अन्य शहरों में छोटे हवाई अड्डे बनाए जा रहे हैं। भारतीय रेलवे और आरामदायक सड़कों का जाल यहाँ बिछा हुआ है।

यहां एक विशेष उल्लेख करना चाहूंगा। भविष्य में एक गाँव भी पर्यटन का स्थान बन सकता है। यह गाँव प्रेरणा का स्रोत बन सकता है। यह गाँव प्रदेश की राजधानी लखनऊ से करीब 300 किलोमीटर दूर बसे जौनपुर जिले का माधोपट्टी गाँव है। गांव के माहौल को देखने के लिए दूर-दूर से लोग आते हैं। इस गाँव की विशेषता यह है कि गाँव में करीब 75 घर हैं। गाँव से 51 लोग बड़े पदों पर तैनात हैं। माधोपट्टी गाँव से 40 लोग आईएएस और पी सी एस अधिकारी हैं। इसके अलावा इस गाँव के लोग इसरो, भाभा और विश्व बैंक में भी काम कर रहे हैं। गाँव के बारे में कहावत है- 'अदब से यहाँ सचमुच विराजती हैं वीणावादिनी'। इसका अर्थ है कि विद्या की देवी मां सरस्वती इस गाँव में बसती हैं। संभवतः सारे देश में माधोपट्टी जैसा दूसरा गाँव शायद ही हो।

मेले-ठेलों के बिना उत्तर प्रदेश में पर्यटन बेमानी है। यहाँ कुंभ मेला सहित अनेक लोक आस्था से जुड़े अनेक मेले हैं जिसमें देश-विदेश के सैलानी आते हैं। उत्तर प्रदेश के चर्चित और उपेक्षित, दोनों ही पर्यटन स्थलों को इस पुस्तक में स्थान दिया गया है।

इस पुस्तक का मूल उद्देश्य यही है कि पर्यटन और तीर्थाटन में रुचि रखने वाले लोगों को विस्तृत और संपूर्ण जानकारी मिल सके। पर्यटन और तीर्थाटन का आनंद तभी आता है जब गंतव्य स्थान की पूरी जानकारी हो। इससे यात्रियों को सहूलियत रहती है। पर्यटकों की सुविधा को दृष्टिगत रखते हुए पुस्तक में आवागमन की भी विस्तृत जानकारी दी गई है।

पुस्तक को अपने पाठकों को सौंपते हुए मुझे अपार हर्ष हो रहा है। पुस्तक की उपयोगिता पाठकगण ही सुनिश्चित करेंगे।

डॉ. संदीप कुमार शर्मा

विषय सूची

खंड एक

पर्यटन स्थल

खंड दो

देवालय एवं मंदिर

मंदिर

खण्ड तीन

पर्यटन

मनुष्य जन्मजात घुमंतू स्वभाव का है। इतिहास साक्षी है कि कंदराओं से निकल कर मानव समुदाय ने बहते पानी के समीप अपना डेरा डाला और इसके बाद उसने कभी पीछे मुड़कर नहीं देखा। खेती-बाड़ी, बाग-बगीचे, आवास और पहिए का आविष्कार कर अपने भ्रमणशील व्यवहार को पुख्ता कर दिया। कालांतर में मनुष्य ने अनेक रमणीय स्थलों को चिन्हित कर सैरगाह को और आकर्षक बनाया होगा। अपने पूर्वजों से मिले रक्त कणों के कारण आज दुनिया भर के मनुष्य गाहे-बगाहे घूमने निकल पड़ते हैं। आज हमारे देश में सैकड़ों पर्यटन स्थल हैं। इस खंड में हम उत्तर प्रदेश के प्रमुख पर्यटन स्थलों की रोचक और विस्तृत जानकारी दे रहे हैं।

अध्याय : 1

अयोध्या के पर्यटन स्थल

हम धार्मिक आस्था और उत्सवों के धनी लोग हैं। श्री राम हमारे परम आराध्य देव हैं। अयोध्य श्री राम जन्म भूमि के रूप में विश्वविख्यात एक धार्मिक स्थल है। नेपाल से आने वाली सरयू नदी तट पर स्थित यह पौराणिक नगर अत्यंत रमणीय स्थल है। संपूर्ण विश्व से श्री राम भक्त यहां नतमस्तक होने के लिए आते हैं। अपने धार्मिक स्वरूप में अयोध्या अनेक पर्यटन स्थलों को समेटे हुए है। महर्षि वाल्मीकि की रामायण का अध्ययन करने से यह सिद्ध होता है कि अयोध्या महर्षि वाल्मीकि काल में मृत्यु लोक की अमरावती थी।

अयोध्या का अर्थ

विद्वान अयोध्या का शाब्दिक अर्थ बताते हैं- 'अ-युद्ध' अर्थात 'जिसे युद्ध के द्वारा प्राप्त न किया जा सके या जिसके साथ युद्ध करना असंभव हो'। रघु, दिलीप, अज, दशरथ और राम जैसे रघुवंशी राजाओं के पराक्रम व शक्ति के कारण अयोध्या को अपराजेय माना जाता था। अतः अयोध्या नाम सर्वदा सार्थक है।

अथर्ववेद में अयोध्या का अर्थ- 'ईश्वर का नगर बताया गया है।' इसकी संपन्नता की तुलना स्वर्ग से की गई है। स्कंद पुराण के अनुसार- अयोध्या शब्द 'अ' कार ब्रह्मा, 'य' कार विष्णु है तथा 'ध' कार रुद्र का स्वरूप है। एक मत के अनुसार इस नगर का प्राचीन नाम अयाज्सा था।

स्थापना काल

वाल्मीकि कृत रामायण अनुसार- विवस्वान अर्थात सूर्य के पुत्र वैवस्वत मनु महाराज द्वारा इसकी स्थापना की गई थी।

अयोध्या नाम नगरी तत्रासील्लोकविश्रुता।

मनुना मानवेन्द्रेण या पुरी निर्मिता स्वयम्॥

(वाल्मीकि कृत रामायण, बालकाण्ड, पंचम सर्ग, 6)

सरयू के तट पर बारह योजन अर्थात लगभग 144 किलोमीटर लम्बी और तीन योजन अर्थात लगभग 36 किलोमीटर चौड़ी थी अयोध्या नगरी। कई शताब्दी तक यह नगर सूर्यवंशी राजाओं की राजधानी रहा। स्कन्द पुराण के अनुसार सरयू के तट पर दिव्य शोभा से युक्त दूसरी अमरावती के समान अयोध्या नगरी है। इतिहासकारों का मत है कि वैवस्वत मनु लगभग 6673 ईसा पूर्व हुए थे। वैवस्वत मनु के 10 पुत्र- इल, इक्ष्वाकु, कुशनाम, अरिष्ट, धृष्ट, नरिष्यन्त, करुष, महाबली, शर्याति और पृषध थे। इसे इक्ष्वाकु कुल कहा गया। इसी कुल में आगे चलकर प्रभु श्री राम हुए। अयोध्या पर महाभारत काल तक इसी वंश के लोगों का शासन रहा। कहीं-कहीं इसे 'कोसल जनपद' भी कहा गया है। पौराणिक मान्यताओं के अनुसार अयोध्या में सूर्यवंशी या रघुवंशी राजाओं का राज हुआ करता था।

प्रसिद्ध चीनी यात्री ह्वेनसांग सातवीं शताब्दी में यहाँ आया था। उसके अनुसार- "यहाँ 20 बौद्ध मंदिर थे। यहां लगभग 3000 भिक्षु रहते थे।" अयोध्या मूल रूप से सनातन मंदिरों का शहर है। यहाँ आज भी सनातन धर्म से जुड़े अवशेष देखे जा सकते हैं।

सप्तपुरी

अयोध्या सप्त पुरियों में से एक है। वेद में अयोध्या को ईश्वर का नगर बताया गया है - 'अष्टचक्रा नवद्वारा देवानां पूरयोध्या।' अथर्ववेद में यौगिक प्रतीक के रूप में अयोध्या का उल्लेख है। यथा -

अष्टचक्रा   नवद्वारा   देवानां   पूरयोध्या।
तस्यां हिरण्मयः कोशः स्वर्गो ज्योतिषावृतः॥

(अथर्ववेद, 10/2/31)

अर्थात, "जिसमें आठ चक्र और नौ द्वार हैं, देवशक्तियों की पुरी यह अयोध्या है, उसमें जो तेजस्वी कोश है, वहीं तेजस्विता से युक्त होकर स्वर्गीय आनंद से परिपूर्ण है।"

अयोध्या और साकेत : विभिन्न मत

विद्वानों में साकेत और अयोध्या को लेकर विभिन्न मत हैं। वाल्मीकि कृत रामायण में अयोध्या को कौशल देश की राजधानी कहा गया है। कालांतर में संस्कृत ग्रन्थों में अयोध्या को साकेत से मिला दिया गया है। इतिहासकारों एवं विद्वानों ने अयोध्या और साकेत दोनों नगरों को एक ही माना है। कालिदास कृत रघुवंश में दोनों नगरों को एक ही माना गया है। कनिंघम ने भी अयोध्या और साकेत का एक ही नगर से समीकृत किया है।

बौद्ध ग्रंथों में अयोध्या और साकेत को अलग-अलग नगर माना है। अयोध्या को गंगा

के किनारे एक छोटा गांव या नगर बताया गया है। साकेत उससे भिन्न एक महानगर था इसलिए किसी भी दशा में यह दोनों एक नहीं हो सकते हैं।

बेंटली एवं पार्जिटर विद्वानों ने 'ग्रह मंजरी' आदि प्राचीन भारतीय ग्रंथों के आधार पर इसकी स्थापना का काल ईसा पूर्व 2200 के आस-पास माना है। इस वंश में राजा रामचंद्र के पिता दशरथ 63वें शासक थे।

पाणिनि के एक सूत्र में कोसल शब्द आया है। अयोध्या उत्तर कोशल की राजधानी थी। उत्तर कोशल के नाम ही से एक दूसरे कौशल का ध्यान आता है।

बंबई के सुप्रसिद्ध विद्वान डॉक्टर रामकृष्ण गोपाल भण्डारकर ने अपनी पुस्तक दक्षिण के प्राचीन इतिहास में लिखा है - "विन्ध्य पर्वत के पास के देश का नाम कोशल था।" वायु-पुराण में लिखा है- "रामचंद्र के पुत्र कुश कौशल देश में विन्ध्य पर्वत पर कुशस्थली या कुशावती नाम की राजधानी में राज करते थे।" यही कालिदास की भी कुशावती प्रतीत होती है क्योंकि कुश को अयोध्या जाते समय विंध्यगिरी को पार करना पड़ता था और गंगा को भी।

व्यलंघयद् विन्ध्यमुपायनानि पश्यम्पुलिन्दैरुपपादितानि।
तीर्थे तदीये गजसेतुबन्धात् प्रतीपगामुत्तरतोऽथगङ्गाम्॥

(रघुवंश, 16 सर्ग)

रत्नावली में लिखा है कि कोशल देश के राजा विंध्यगिरी से घिरे हुये थे। यथा- "विन्ध्यदुर्गावस्थितस्य कोशलनृपतेः।"

ह्वेनसांग भी कलिङ्ग से कोशल देश को गया था। इससे स्पष्ट है कि न केवल एक कौशल देश दक्षिण में भी था परन्तु उस कौशल देश का राजा पुलिकेशिन प्रथम की शरण में भी गया था। उस देश का नाम केवल 'कोशल' लिखा है। उत्तर कोशल की भी वही दशा है। कालिदास ने उसे कई बार उत्तर-कोशल कहा है। यह उल्लेख रघुवंश के पांचवें सर्ग में वर्णित है। यथा- 'पितुरनन्तरमुत्तरकोशलान्।' रघुवंश के दसवें सर्ग में भी उल्लेख है- 'श्लाघ्यं दधत्युत्तरकोशलेन्द्राः।'

आनन्द रामायण और तुलसीदास को दूसरे कौशल का पता नहीं है। भागवत पुराण में उसे कौशल और उत्तर कौशल दोनों लिखा है। पंचम स्कन्ध के 19वें अध्याय के श्लोक 8 में तथा नवम स्कन्ध के दसवें अध्याय के श्लोक 42 में इस देश को उत्तर केशला कहा है।

कनिंघम का कहना है कि कौशल का प्राचीन देश सरयू अथवा घाघरा द्वारा दो प्रांतों में विभक्त था। उत्तरी भाग को उत्तर कोशल और दक्षिण भाग को बनौध कहते थे। फिर इन दोनों के और दो भाग थे बनौधा में पश्चिम राठ और पूरब राठ थे। उत्तर कोशल में रासी के

दक्षिण में गौड़ और राक्षी या जिसे अवध में रावती कहते हैं उसके उत्तरी भाग कौशल कहते थे। इनमें से कुछ के नाम पुराणों में भी पाये जाते हैं वायु पुराण में लिखा है- "रामचंद्र जी के पुत्र लव कौशल में राज करते थे।" मत्स्य, लिङ्ग और कूर्म पुराणों में लिखा है - "श्रावस्ती गौड़ में थी।" आज हम जानते हैं कि गौड़ उत्तर कौशल का एक भाग था। श्रावस्ती के खंडहर भी गौड़ या गोंडा में मिले हैं। इस प्रकार अयोध्या घाघरा के दक्षिण में बनौधा या अवध की राजधानी था। श्रावस्ती घाघरा के उत्तर में उत्तर कौशल की राजधानी थी।

अयोध्या : ऐतिहासिक सिंहावलोकन

वाल्मीकि कृत रामायण के अनुसार अयोध्या की स्थापना मनु ने की थी। अयोध्या कौशल राज्य की प्रारंभिक राजधानी थी। रामायण की कथा में सरयू अयोध्या से होकर बहती है। पुराणों में इस नगर के संबंध में कोई विशेष उल्लेख नहीं मिलता है। वहीं राम के जन्म के समय यह नगर अवध नाम से जाना जाता था। वाल्मीकि कृत रामायण के बालकाण्ड में उल्लेख मिलता है कि वह 12 योजन-लम्बी और 3 योजन चौड़ी थी।

आयता दश च द्वे च योजनानि महापुरी।

श्रीमती त्रीणि विस्तीर्णा सुविभक्तमहापथा।।

(वाल्मीकि कृत रामायण, बालकाण्ड, पंचम सर्ग, 7)

अयोध्या और प्रतिष्ठानपुर अर्थात झूंसी का उद्गम ब्रह्माजी के मानस पुत्र मनु से सम्बद्ध माना जाता है। प्रतिष्ठानपुर और यहां के चंद्रवंशी शासकों की स्थापना मनु के पुत्र इल से जुड़ी है। जल को शिव के श्राप ने इला बना दिया था।

सृष्टि के प्रारम्भ से त्रेतायुगीन रामचंद्र से लेकर द्वापर कालीन महाभारत और उसके बहुत बाद तक हमें अयोध्या के सूर्यवंशी इक्ष्वाकु के उल्लेख मिलते हैं। इस वंश का बृहद्रथ, अभिमन्यु के हाथों महाभारत के युद्ध में मारा गया था।

अयोध्या सनातन धर्म के प्राचीन और सात पवित्र तीर्थस्थलों में से एक है। प्राचीन भारत के तीर्थों के उल्लेख में सर्वप्रथम अयोध्या का ही नाम आता है। यथा - "अयोध्या मथुरा माया काशि काँची व्ह्वान्तिका, पुरी द्वारावती चैव सप्तैता मोक्षदायिका।" अर्थात, अयोध्या, मथुरा, माया यानी हरिद्वार, काशी, कांची, अवंतिका यानी उज्जयिनी और द्वारका सप्त तीर्थ स्थल हैं।

श्रीराम का जन्म

वाल्मीकि कृत रामायण के बालकाण्ड के अठारहवें सर्ग के श्लोक 8-10 में राम के जन्म का उल्लेख किया गया है। यथा-

ततो यज्ञे समाप्ते तु ऋतूनां षट् समत्ययु।

ततश्च द्वादशे मासे चैत्र नावमिके तिथौ॥

नक्षत्रेऽदितिदैवत्ये स्वोच्चसंस्थेषु पञ्चसु।

ग्रहेषु कर्कट लग्ने वाक्पताविन्दुना सह॥

प्रोद्यमाने जगन्नाथं सर्वलोकनमस्कृतम्।

कौसल्याजनयद् रामं दिव्यलक्षणसंयुतम्॥

अर्थात, "यज्ञ समाप्ति के पश्चात जब छ: ऋतुएं बीत गई, तब बारहवें मांस में चैत्र शुक्ल पक्ष की नवमी तिथि को पुनर्वसु नक्षत्र एवं कर्क लग्न में कौशल्या देवी ने दिव्य लक्षणों से युक्त, सर्वलोक वंदिता जगदीश्वर श्री राम को जन्म दिया। उस समय पांच ग्रह सूर्य, मंगल, शनि, गुरु और शुक्र अपने-अपने उच्च स्थान में विराजमान थे। इसके अतिरिक्त लग्न में चंद्रमा के साथ बृहस्पति विराजमान थे।"

आधुनिक काल गणना के अनुसार भगवान श्रीराम का जन्म 5114 ईस्वी पूर्व हुआ था। चैत्र मास की नवमी को समूचे देश में रामनवमी के रूप में मनाया जाता है। वाल्मीकि कृत रामायण में अयोध्या में किसी मंदिर के निर्माण का उल्लेख नहीं मिलता।

राजप्रासाद

'राजमहल' या 'राज दुर्ग' इससे भिन्न था। महर्षि ने दूसरी जगह लिखा है - "सा योजने द्वे च भूयः सत्यनामा प्रकाशते॥" अर्थात, द्वादश योजन लंबी और तीन योजन विस्तृत महापुरी में दो योजन परिखा द्वारा विशेष सुरक्षित हो। राजधानी अयोध्या पुरी के चारों ओर प्राकार अर्थात खाई थी। प्राकार के ऊपर नाना प्रकार के 'शतनी' आदि सैकड़ों यन्त्र थे। इससे यह सिद्ध होता है कि उस समय में तोप की तरह दुर्ग को बचाने के लिये कोई यंत्र विशेष होता था। 'शतबी' नामक तोप से पत्थर फेंके जाने थे। तत्कालीन समय में बारूद नहीं था। महर्षि वाल्मीकि बारूद का उल्लेख नहीं करते। टीकाकारों ने 'अग्नि चूर्ण' या 'औज़' के शब्द का उल्लेख किया है। यह बारूद ही था या उससे मिलता-जुलता अन्य विस्फोटक, यह स्पष्ट नहीं है। कोट के नीचे जल से भरी हुई परिखा यानी खाई थी। अयोध्यापुरी के उत्तरी भाग में सरयू का प्रवाह था। अयोध्या के दूसरी ओर सरयू का प्रबल प्रवाह ही परिखा का काम देता था। नदी के तट पर भी संभव है कि नगरी का प्राकार हो। नदी के तीन ओर जो खाई थी। वह जल से भरी रहती थी। नगरी के वर्णन के समय महर्षि वाल्मीकि ने उसका 'दुर्गगम्भीर-परिखा' यह विशेषण दिया है। टीकाकार स्वामी रामानुजाचार्य ने इसकी व्याख्या में कहा है- "जलदुर्गेण गम्भीग श्रगाधा परिया यन्याम्।"

इसका मतलब यह हुआ कि जलदुर्ग से नगरी की समस्त परिखा अगाध जल से परिपूर्ण रहती थी। इन परिखाओं में जल भरने के लिये कोई यंत्र अवश्य रहा होगा। अयोध्या नगरी के चारों ओर चार द्वार थे। सब द्वारों का नाम अलग-अलग थे। एक द्वार के अतिरिक्त और किसी द्वार का नाम नहीं मिलता। नगरी के पश्चिम की ओर जो द्वार था उसका नाम था- "वैजयन्तद्वार।" शत्रुघ्न सहित राजकुमार भरत जब मातुलेय यानी मामा के घर, गिरिव्रज नगर से अयोध्या में आए थे। तब इसी द्वार से प्रविष्ट हुए थे। यथा- "द्वारेण वैजयम्तेन प्राविशञ्छान्तवाहनः।" नगर के पूर्व की ओर एक द्वार था। उसी से विश्वामित्र के साथ राम-लक्ष्मण सिद्धाश्रम या मिथिला नगरी को गये थे। दक्षिण का द्वार राम, लक्ष्मण और सीता के निम्न की स्मृति अयोध्यावासियों को चिरकाल तक याद रही होगी। इसी द्वार से नगरी को छोड़ कर राम, लक्ष्मण और सीता दंडकवन को गए थे। चौदह वर्ष वनवास भोग कर आए रघुनाथ जी की कठोर आज्ञा के कारण जगतजननी सीता को लक्ष्मण इसी द्वार से वन में छोड़ कर आये थे ।

लव की श्रावस्ती

इतिहासकारों के अनुसार लव ने श्रावस्ती बसाई थी। इसका स्वतंत्र अस्तित्व लगभग 800 वर्षों तक सूर्यवंश की अगली 44 पीढ़ियों ने बरकरार रखा। इस वंश का बृहद्रथ, अभिमन्यु के हाथों महाभारत के युद्ध में मारा गया था। महाभारत के युद्ध के बाद अयोध्या उजड़-सी गई।

आठ सौ वर्ष तक स्वतंत्र अस्तित्व में रहने के बाद अयोध्या के समान पराधीन हो गई। कभी पटना के प्रतापशाली राजाओं ने इस पर अपना अधिकार जमाया तो कभी कन्नौज वालों ने राजधानी बनाया।

इतिहासकारों के एक वर्ग के अनुसार श्रावस्ती राजा श्रावस्त की बसाई थी। बौद्धों के समय यद्यपि अयोध्या अवध की राजधानी थी। तब उसकी दशा खराब नहीं थी। चीन के यात्रियों के लेख से भी अयोध्या की पिछली दशा सुन्दर ही प्रतीत होती है। ईस्वी सन् से 57 वर्ष पहले श्रावस्ती के बौद्ध राजा को जीत कर उज्जैन के प्रसिद्ध महाराज विक्रमादित्य ने आर्य-राजधानी अयोध्या का जीर्णोद्धार किया। पुराने मंदिर देवालय और स्थान को ठीक किया गया। अनेक नवीन मन्दिर भी बनाये गये। वह प्रसिद्ध मंदिर जिसको सन् 1526 ईस्वी में तोड़कर श्री राम जन्मभूमि पर मस्जिद खड़ी की, उसका निर्माण विक्रमादित्य ने करवाया था।

मौर्य काल

यह नगर मगध के मौर्यों से लेकर गुप्त और कन्नौज के शासकों के अधीन रहा। अयोध्या का शासन सुदूर पाटलिपुत्र से होता था। उस समय अयोध्या समृद्ध नगर था। इसी कारण ईसा पूर्व 154 में यूनानी राजा मिनांडर ने इस पर आक्रमण किया। युद्ध हुआ। यूनानी राजा को अपने देश लौट जाना पड़ा। इसका भी उल्लेख पतंजलि ने किया है। पुष्यमित्र के बाद अग्निमित्र ने आठ वर्ष राज किया और उसके पीछे आठ और राजा हुए, जिन्होंने सब मिला कर 58 वर्ष पृथ्वी भोगी।

सुप्रसिद्ध कवि जगन्नाथ दास रत्नाकर को अयोध्या में एक शिलालेख मिला था। उस शिलालेख का अनुवाद है - "दो-दो अश्वमेध करने वाले सेनापति पुष्यमित्र के छटे। (?) कौशल अधिपति धन (देव) ने अपने पिता फल्गु देव के लिए यह महल बनवाया।" धनदेव का नाम पाटलिपुत्र के दस शुङ्ग वंश के राजाओं में नहीं है। कौशल अधिपति उपाधि से विदित होता है कि धन (देव) केवल कौशल का राजा था और उनकी राजधानी अयोध्या थी न कि श्रावस्ती।

गुप्त काल

गुप्त साम्राज्य के अधीन रही अयोध्या। कालिदास अपने आश्रयदाता चन्द्रगुप्त विक्रमादित्य के साथ अयोध्या आए थे। उस समय महाकवि ने अयोध्या की उजड़ी दशा देखी थी। जिसका वर्णन महाकवि कालिदास ने अपने रघुवंश काव्य के सर्ग 16 में किया है।

अवध गजेटियर में विक्रमादित्य के शासन काल की एक और जनश्रुति लिखी है - "राजा विक्रमादित्य ने अयोध्या में अस्सी वर्ष राज किया।"

जिस टीले पर मस्जिद बनी है उसे यज्ञ-वेदी कहते हैं। उत्खनन में इस टीले से जले हुए काले चावल प्राप्त हुए। ऐसा माना जाता है कि यह चावल दशरथ के पुत्रेष्टि यज्ञ के हैं। यज्ञ के चावल की महत्ता को समझते हुए चन्द्रगुप्त विक्रमादित्य ने जीर्णोद्धार के समय किया था। इतिहासकारों के अनुसार विक्रमादित्य ने अयोध्या में 360 मंदिर बनवाए थे। उनमें से एक मंदिर श्रीराम जन्मस्थान का माना जाता है।

चीनी यात्री ह्वेनसांग

सातवीं शताब्दी में चीनी यात्री ह्वेनसांग अयोध्या आया था। उसके अनुसार यहाँ 20 बौद्ध मठ थे। इन मठों में लगभग तीन हजार भिक्षु रहते थे। ह्वेनसांग ने अयोध्या को 'पिकोसिया' लिखा है। उसके अनुसार इसकी परिधि 16ली थी। चीन में एक 'ली' 1/6 मील के बराबर मानी जाती थी। इतिहासकारों के एक वर्ग के अनुसार ह्वेनसांग ने बौद्ध

मतावलंबियों के तथ्य को सच मान कर इसका उल्लेख किया है। ह्वेनसांग ने इस प्रदेश का घेर 4000 ली अर्थात 667 मील बताया है। कनिंघम ने अयोध्या नगर की परिधि 24 मील लिखी है। यह 14 कोस अर्थात 28 मील या 24 मील की ही है। इस परिक्रमा के भीतर फैजाबाद का शहर और आस-पास के गाँव भी आते हैं।

बौद्ध मत

गौतम बुद्ध के समय कौशल के दो भाग हो गए थे- उत्तर कौशल और दक्षिण कोसल। इन दोनों भागों के मध्य में सरयू नदी बहती थी। बौद्ध काल में अयोध्या के निकट एक नई बस्ती बन गई थी। जिसका नाम साकेत रखा गया था। बौद्ध साहित्य में साकेत और अयोध्या दोनों का नाम साथ-साथ मिलता है। बौद्ध ग्रंथों में दोनों के अस्तित्व की विस्तृत जानकारी मिलती है। बौद्ध मान्यताओं के अनुसार बुद्ध देव ने अयोध्या अथवा साकेत में 16 वर्षों तक निवास किया था।

बौद्ध ग्रंथों में अयोध्या को साकेत और विशाखा कहते हैं। दिव्यावदान में साकेत की व्याख्या इस प्रकार से की गई है - "स्वयमागतं स्वयमागतं साकेत साकेतमिति संज्ञा संवृत्ता" अर्थात,"यह आप ही आया, आप ही आया इसलिये साकेत नाम पड़ गया।" संस्कृत भाषा में 'केत' का अर्थ है बुलाना। आ उपसर्ग लगाने से अर्थ उलट जाता है इसलिये साकेत का अर्थ हुआ- आप से आप आना और 'स' लगा देने से अर्थ हुआ- "किसी के साथ आपसे आप आना।"

प्रारम्भिक बौद्ध कालीन इतिहास में विशाखा देवी का नाम बहुत प्रसिद्ध है। विशाखा राजगृह के एक धनी व्यापारी धनंजय की बेटी थी। धनंजय राजगृह से साकेत में आकर बस गया था। उसने विशाखा का विवाह श्रावस्ती नगर के रहने वाले मृगर से पुत्र पूर्ण वर्धन के साथ कर दिया था। विशाखा उन लोगों में से थी जिन्होंने सबसे पहले बौद्ध धर्म ग्रहण किया था। उसने श्रावस्ती में बुद्धदेव के लिये एक मठ बनवाया था। जिसका पूरा नाम प्राकृत में पुब्बाराम-मृगर-मातु-प्रासाद अर्थात "पूर्वाराम मृगर की माता का महल" था। मृगर विशाखा का ससुर था। जब उनकी पुत्रवधू ने उसे बौद्ध धर्मावलम्बी बना दिया और वह बुद्ध भक्त हो गया तब से उसे अपनी माता कहता था। विशाखा ने अयोध्या में भी एक पूर्वाराम बनाया था। कालांतर में विशाखा के नाम से ही यह नगर विशाखा कहलाने लगा। इसी को चीनी यात्री ने पिसोकिया कहा है।

जब बुद्धदेव अयोध्या में रहते हुए एक बार उन्होंने अपनी दातुन फेंक दी थी जो जमीन में जम गई। उस पेड़ को एक हजार वर्ष बाद चीनी यात्री फाह्यान और उसके ढाई सौ वर्ष

बाद ह्वेनसांग ने देखा था। अयोध्या और साकेत के विषय में फाह्यान लिखता है- "दक्षिण के फाटक से निकल कर सड़क की पूर्व ओर वह स्थान है जहां बुद्धदेव ने अपनी दातुन गाड़ दी थी। इस दातुन से सात-आठ फीट ऊँचा पेड़ उगा, जो न घटा न बढ़ा।" पिसाकिया के विषय में यह कथा ह्वेनसांग ने लिखी है। वह कहता है- "राजधानी के दक्षिण और सड़क की बाई ओर कुछ पूजा के योग्य वस्तुओं में एक विचित्र पेड़ छः-सात फुट ऊंचा था। जो न घटता था न बढ़ता था। वही बुद्धदेव की दातुन का प्रसिद्ध वृक्ष था।"

जैन मत

चौबीस तीर्थंकरों में से प्रथम तीर्थंकर आदिनाथ ऋषभदेव के साथ अजितनाथ, अभिनंदननाथ, सुमतिनाथ और चौदहवें तीर्थंकर अनंतनाथ का जन्म अयोध्या में हुआ। जैन परंपरा के अनुसार चौबीस तीर्थंकरों में से बाईस इक्ष्वाकु वंश के थे। प्राचीन उल्लेखों के अनुसार तब अयोध्या का क्षेत्रफल 96 वर्ग मील था।

आदि पुराण जैन-धर्म का बड़ा प्रामाणिक ग्रन्थ है। इसमें उल्लेख मिलता है- "विश्व की कर्मभूमि में अयोध्या पहला नगर है। इसके सूत्रधार इन्द्रदेव थे और इसे देवताओं ने बनाया था। पहले मनुष्य की जितनी आवश्यकताएं थीं उन्हें कल्पवृक्ष पूरी किया करता था। जब कल्पवृक्ष लुप्त हो गया तो देवपुरी के टक्कर की अयोध्यापुरी पृथ्वी पर बनाई गई।" आदि पुराण के अनुसार - "अयोध्या के पहले राजा ऋषभदेव थे। जिनको आदिनाथ भी कहते हैं। ऋषभदेष जी के पुत्र भरत चक्रवर्ती हुए। जिनसे यह देश भारतवर्ष या भरतखण्ड कहलाता है।" पाँच तीर्थंकरों के नाम से पाँच मंदिर अयोध्या में विद्यमान हैं।

कन्नौज शासन

अयोध्या पर कन्नौज के परिहारों का अधिकार हो गया। परिहारों का राज कन्नौज से 160 मील उत्तर श्रावस्ती से काठियावाड़ तक और कुरुक्षेत्र से बनारस तक फैला हुआ था। इस वंश का सबसे प्रसिद्ध राजा भोजदेव हुआ। जिसे आदिवराह भी कहते हैं।

महमूद गजनवी

इसके उपरांत अयोध्या में महमूद गजनवी के भांजे सैयद सालार ने तुर्क शासन की स्थापना की। शासक बदलते रहे और अयोध्या उनके अधीन रही।

शाहबुद्दीन गोरी

कन्नौज के पराजित होने पर शहाबुद्दीन गोरी ने सन् 1194 ईस्वी में अवध पर आक्रमण किया और मखदूम शाह जूरन गोरी अयोध्या में मारा गया और वहाँ इसकी समाधि बनी।

बख्तियार खिलजी ने सबसे पहले अवध में राज्य प्रबंध किया और उसे सेना की छावनी बनाया। अयोध्या उसके वंश से छिन गई। बारहवीं शताब्दी में यहाँ पर सूफी संतों के आकर रहने के प्रमाण मिलते हैं।

शक

तैमूर के पश्चात जब जौनपुर में शकों का राज्य स्थापित हुआ तो अयोध्या शर्कियों के अधीन हो गया। शक शासक महमूद शाह के शासन काल में 1440 ईस्वी में अयोध्या उनके अधीन रही।

मुगल काल

मुगल बादशाह बाबर के सेनापति मीर बाकी ने यहां मस्जिद बनवाई थी। इसे बाबरी मस्जिद के नाम से जाना जाता था। बाबर सन् 1526 ईस्वी में भारत आया था। सन् 1528 तक उसका साम्राज्य अवध तक पहुंच गया। अकबर के शासन काल में प्रशासनिक पुनर्गठन के फलस्वरूप आए राजनीतिक स्थायित्व के कारण अवध क्षेत्र का महत्व बहुत बढ़ गया था।

आइन-ए-अकबरी

आइन-ए-अकबरी में अयोध्या नगर की लंबाई 148 कोस तथा चौड़ाई 32 कोस उल्लिखित है। इसका अभिप्राय घाघरा के उत्तर के अवध प्रांत से है। गंगा के उत्तरी भाग को पूर्वी क्षेत्रों और दिल्ली-आगरा को सुदूर बंगाल से जोड़ने वाला मार्ग यहीं से गुजरता था। अतः अकबर ने जब सन् 1580 ईस्वी में अपने साम्राज्य को 12 सूबों में विभक्त किया। तब उसने 'अवध' को सूबा बनाया था और अयोध्या उसकी राजधानी थी।

परवर्ती मुगल

सन् 1707 ईस्वी में औरंगजेब की मृत्योपरांत मुगल साम्राज्य विघटित होने लगा था। तब अनेक क्षेत्रीय स्वतंत्र राज्य उभरने लगे थे। उसी दौर में अवध के स्वतंत्र राज्य की स्थापना भी हुई। सन् 1731 ईस्वी में मुगल बादशाह मुहम्मद शाह ने इस क्षेत्र को नियंत्रित करने के लिए अवध का सूबा अपने शिया दीवान वज़ीर सआदत खां को प्रदान किया था। इसका नाम मोहम्मद अमीन बुरहान उल मुल्क था। उसने अपने सूबे के दीवान दयाशंकर के माध्यम से यहां का प्रबंधन संभाला था। इसके बाद उसका दामाद मंसूर अली 'सफदरजंग' की उपाधि के साथ अवध का शासक बना। उसका प्रधानमंत्री या प्रांतीय दीवान इटावा

का कायस्थ नवल राय था। इसी सफदरजंग के समय में अयोध्या के निवासियों को धार्मिक स्वतंत्रता मिली। इसके बाद उसका पुत्र शुजा-उद-दौला अवध का वजीर हुआ। उसने अयोध्या से तीन मील पश्चिम में फैज़ाबाद नगर बसाया।

अवध का अंतिम वजीर

वाजिद अली शाह अवध का अंतिम वजीर था। उसके बाद उनकी बेगम हज़रत महल और उनका पुत्र बिलकिस बद्र सिर्फ आंग्ल सत्ताधीशों से सन् 1857-58 ईस्वी के दौरान लड़ते रहे। सन् 1856 ईस्वी के आंग्ल प्रभुत्व से अवध को मुक्त कराने में असफल रहे। इसी वाजिद अली शाह के समय 'सांप्रदायिक विवाद' हनुमानगढ़ी में उठा था। नवाब वाजिद अली शाह ने अंततः हिन्दुओं के हक में निर्णय देते हुए लिखा था- "हम इश्क के बंदे हैं। मजहब से नहीं वाकिफ, गर काबा हुआ तो क्या, बुतखाना हुआ तो क्या?" इस निष्पक्ष निर्णय पर तत्कालीन आंग्ल गवर्नर-जनरल लॉर्ड डलहौजी ने मुबारकबाद भेजी थी।

अवधवासी

आधुनिक भारत में अयोध्या के इतिहासकार लाला सीताराम ने अपनी पुस्तक 'अयोध्या का इतिहास' में उल्लेख किया है कि अयोध्या के मूल निवासी गर्व के साथ अपने नाम से पहले सदैव 'अवधवासी' लिखते थे।

त्रेता-के-ठाकुर

राम ने एक अश्वमेध यज्ञ किया था। जिस स्थान पर यज्ञ हुआ था वहां कालांतर में एक मंदिर बनवा दिया गया। यहां मूर्तियां काले बलुआ पत्थर की हैं। यही कारण है कि इस मंदिर को काले राम का मंदिर भी कहा जाता है।

मणि पर्वत

इस पहाड़ी को बुद्ध से संबद्ध माना जाता है। ऐसा माना जाता है कि जब हनुमान संजीवनी बूटी की पहाड़ी को लंका ले जा रहे थे तब यहां पहाड़ी से एक हिस्सा गिर गया जो मणि पर्वत कहलाता है।

तुलसी स्मारक भवन

इस भवन का उपयोग विभिन्न प्रार्थनाओं, धार्मिक सभाओं, चर्चाओं और उपदेशों के लिए किया जाता है। यहां तुलसीदास द्वारा रचित भजनों का पाठ किया जाता है। यह स्थान राम युग से संबंधित विभिन्न प्राचीन वस्तुओं का एक बड़ा संग्रह भी है।

लक्ष्मण दुर्ग

लक्ष्मण दुर्ग का निर्माण रीवा राज्य के तत्कालीन शासक ने संत स्वामी चिरान्द जी की तपस्या से अभिभूत करवाया था। छपरा निवासी स्वामी चिरान्द श्री युगल प्रिया शरण 'जीवाराम' जी महाराज के शिष्य थे।

दातुन कुंड

अयोध्या से फैजाबाद की ओर हनुमानगढ़ी से कुछ आगे चल कर सड़क की बाई और एक तालाब है इसे दातुन कुंड कहते हैं। अयोध्या महात्म्य में उल्लेख मिलता है कि इसी कुण्ड के किनारे बैठ कर श्री रामचन्द्र दातुन कुल्ला किया करते थे।

यह स्पष्ट नहीं है यह वह कुंड है जहां बुद्धदेव की दतून गाड़ी गई थी। संभवत उसके पास एक तालाब कालांतर में बनाया। ऐसा माना जाता है कि गौतम बुद्ध जब अयोध्या में रहते थे तो इसी कुंड के जल से आचमन करते थे। पेड़ सूख गया परन्तु तालाब बुद्धदेव के निवास का स्मारक अब तक विद्यमान है। यह हनुमानगढ़ी से सरयू तट एक मील से कुछ अधिक है। नदी की धारा समय-समय पर बदलती रहती है। संभव है कि जब चीनी यात्री यहाँ आया था तो नदी उत्तर की ओर बहती रही हो।

जब सम्राट अशोक ने अपनी प्रजा को यह शिक्षा दी कि अपने पड़ोसी के धर्म को बुरा न कहें तो उसने भारतीय आर्यों की इस सहनशीलता को और भी बढ़ा कर दिखा दिया। यही कारण है जो अयोध्यावासी सनातन धर्म और बौद्ध धर्म दोनों साथ-साथ निभाते रहे।

स्नान कुंड

यहाँ अनेक स्नान कुंड हैं। जिनमें प्रमुख हैं- वशिष्ठ कुंड, गणेश कुंड, चक्र कीर्ति कुंड, ब्रह्म कुंड, वृहस्पति कुंड, सीता कुंड, क्षीरोद कुंड, अग्नि कुंड, विद्या कुंड आदि।

घाट

यहाँ अनेक घाट हैं। जिनमें प्रमुख हैं - रामघाट, लक्ष्मण घाट, जानकी घाट, राजघाट, गोला घाट, स्वर्गद्वार आदि।

आवागमन

वायुमार्ग

निकटतम हवाई अड्डा चौधरी चरण सिंह अंतरराष्ट्रीय हवाई अड्डा लखनऊ में है। इसके अतिरिक्त गोरखपुर, प्रयागराज और वाराणसी हवाई अड्डे से भी यहाँ पहुंच सकते हैं। शीघ्र ही अयोध्या में एक हवाई अड्डा बनकर तैयार हो जाएगा।

रेलमार्ग

अयोध्या लखनऊ पंडित दीनदयाल रेलवे प्रखंड का एक जंक्शन है। लखनऊ से बनारस रूट पर फैजाबाद से आगे अयोध्या जंक्शन है। फैजाबाद रेलवे जंक्शन से अयोध्या लगभग सात किलोमीटर की दूरी पर है। फैजाबाद रेलवे स्टेशन पर उतर कर सड़क मार्ग से अयोध्या पहुंच सकते हैं। देश के लगभग सभी शहरों से अयोध्या रेल मार्ग से जुड़ा हुआ है।

सड़क मार्ग

उत्तर प्रदेश सड़क परिवहन निगम की बसें लगभग सभी प्रमुख शहरों से अयोध्या के लिए चलती हैं। राष्ट्रीय और राज्य राजमार्ग से अयोध्या जुड़ा हुआ है। पर्यटक अपने निजी वाहन और टैक्सी से भी यहाँ पहुंच सकते हैं। नगर भ्रमण के लिए अनेक प्रकार के वाहन उपलब्ध हैं।

अध्याय : 2

काशी के पर्यटन स्थल

गंगा तट पर स्थित काशी अति प्राचीन नगर है। पौराणिक कथाओं के अनुसार काशी नगर की स्थापना भगवान शिव ने हजारों वर्ष पूर्व की थी। यह सनातन धर्मावलंबियों की पवित्र सप्तपुरियों में से एक है। स्कन्द पुराण, रामायण एवं महाभारत सहित प्राचीनतम ऋग्वेद में नगर का उल्लेख आता है। काशी जितने प्राचीन नगर संसार में बहुत कम हैं।

वरुणा और असी नामक नदियों के बीच पाँच कोस में बसी होने के कारण इसे वाराणसी कहते हैं। काशी नाम का अर्थ है- जहाँ ब्रह्म प्रकाशित हो।

पौराणिक संदर्भ

हरिवंश पुराण के अनुसार- "काशी को भरतवंशी राजा 'काश' ने बसाया था।" अनेक इतिहासकारों एवं विद्वानों के मत के अनुसार - "काशी वैदिक काल से पूर्व की नगरी है। यह शिव की उपासना का प्राचीनतम केंद्र था।" सामान्य रूप से शिवोपासना को पूर्व वैदिक कालीन माना जाता है। अथर्ववेद में काशी जनपद के निवासियों का सर्वप्रथम उल्लेख मिलता है। शतपथ ब्राह्मण में (135, 4,19) काशीराज धृतराष्ट्र का उल्लेख है। जिसे शतानीक सत्राजित ने पराजित किया था। बृहदारण्यकोपनिषद में (2,1,1,3,8,2) काशिराज अजातशत्रु का उल्लेख है। कौषीतकी उपनिषद (4,1) और बौधायन श्रौतसूत्र में काशी और विदेह तथा गोपथ ब्राह्मण में काशी और कौशल जनपदों का वर्णन है। कौशल और विदेह के सामान्य पुरोहित जलजातूकर्ण्य का नाम शांखायन श्रौतसूत्र में प्राप्य है।

वाल्मीकि रामायण में (किष्किंधा कांड, 40, 22) सुग्रीव द्वारा वानर सेना को पूर्व दिशा की ओर भेजे जाने के संदर्भ में काशी और कोसल जनपद के निवासियों का एक साथ उल्लेख किया गया है। यथा-

ब्रह्ममालन् विदेहांश्च मालवान् काशिको सलान्।
मागधांश्च महाग्रामान् पुण्ड्रांस्त्वङ्गांस्तथैव चा॥

महाभारत में काशी जनपद के अनेक उल्लेख हैं। काशीराज की कन्याओं के भीष्म

द्वारा अपहरण की कथा है (आदिपर्व, अध्याय 102)। महाभारत के युद्ध में काशि राज ने पांडवों का साथ दिया था।

स्कंद पुराण काशी की महिमा का गुणगान उल्लेख मिलता है। यथा-

भूमिष्ठापिन यात्र भूस्त्रिदिवतोऽप्युच्चैरध:स्थापियां
या बद्धाभुविमुक्तिदास्युरमृतयस्यांमृताजन्तव:।
या नित्यंत्रिजगत्पवित्रतटिनीतीरेसुरै:सेव्यते
सा काशी त्रिपुरारिराजनगरीपायादपायाज्जगत्॥

अर्थात, "जो भूतल पर होने पर भी पृथ्वी से संबद्ध नहीं है, जो जगत की सीमाओं से बंधी होने पर भी सभी का बन्धन काटने वाली है, जो महा त्रिलोक पावनी गंगा के तट पर सुशोभित तथा देवताओं से सुसेवित है, त्रिपुरारी भगवान विश्वनाथ की राजधानी वह काशी संपूर्ण जगत की रक्षा करे।"

एक अन्य कथा के अनुसार महाराज सुदेव के पुत्र राजा दिवोदास ने गंगा-तट पर वाराणसी नगर बसाया था। एक बार भगवान शंकर ने अनुभव किया कि उनकी पत्नी पार्वती अपने मायके में रहना नहीं चाहती। उन्हें संकोच होता है। शिव ने किसी सिद्ध क्षेत्र में रहने का विचार बनाया। इस प्रायोजन के लिए शिव को काशी अति प्रिय लगी। शिव काशी में आ कर रहने लगे। राजा दिवोदास काशी पर अपना आधिपत्य खो जाने से दुखी हुए। उन्होंने कठोर तपस्या करके ब्रह्मा जी से वरदान माँगा- "देवता देवलोक में रहें। भू-लोक मनुष्यों के लिए रहे।" सृष्टिकर्ता ने तथास्तु कह दिया। फलस्वरूप भगवान शंकर और अन्य देवगणों को काशी छोड़ने के लिए विवश होना पड़ा। शिव जी के मंदराचल पर्वत पर चले जाने के बाद भी उनका काशी से मोहभंग नहीं हुआ। कथा के अनुसार महादेव ने काशी में पुन: बसने के उद्देश्य से चौसठ योगिनियों, सूर्य देव, ब्रह्मा जी और नारायण के साथ मिलकर प्रयास किया। गणेशजी के सहयोग से अन्ततोगत्वा यह अभियान सफल हुआ। ज्ञानोपदेश पाकर राजा दिवोदास विरक्त हो गए। उन्होंने स्वयं एक शिवलिंग की स्थापना की। उसकी अर्चना की। कालांतर में राजा दिवोदास दिव्य विमान पर बैठकर शिव लोक चले गए। महादेव काशी वापस आ गए।

काशी के नाम

काशी के माहात्म्य का वर्णन स्कन्द पुराण के काशी खण्ड के नाम से एक विस्तृत पृथक भाग है। इस पुरी के बारह प्रसिद्ध नाम हैं - काशी, वाराणसी, अविमुक्त क्षेत्र, आनन्दकानने, महाशमशान, रुद्र वास, काशिका, तप:स्थली, मुक्तिभूमी, शिवपुरी, त्रिपुरारी राज नगर और विश्वनाथ नगरी।

उपनिषद काल

ब्रह्मदत्त नामक राजा का काशी पर अधिकार हुआ। उस काल में बड़े पंडित शासक हुए। तदोपरांत ब्राह्मणों से काशी क्षत्रियों के पास पहुंच गई थी। इनके समकालीन पंजाब में कैकेय राज कुल में राजा अश्वपति था। तभी गंगा-यमुना के दोआब में राज करने वाले पांचालों में राजा प्रवहण जैबलि ने भी अपने ज्ञान का डंका बजाया था। इस काल में मिथिला में विदेहों के शासक जनक हुए। जिनके दरबार में महर्षि याज्ञवल्क्य और गार्गी जैसी विदुषी शास्त्रार्थ करती थीं। उनके समकालीन काशी राज्य का राजा अजातशत्रु हुआ।

द्वापरयुग

महाभारत काल से पूर्व मगध में राजा जरासंध ने राज्य किया। काशी उसी साम्राज्य में समाहित हो गई। यहां आयोजित एक स्वयंवर से पाण्डव और कौरव के पितामह भीष्म ने काशी-नरेश की तीन पुत्रियों अंबा, अंबिका और अंबालिका का अपहरण किया था। इस अपहरण के परिणामस्वरूप काशी और हस्तिनापुर की शत्रुता हो गई। महाभारत युद्ध में जरासंध और उसका पुत्र सहदेव दोनों काम आये। कालांतर में गंगा की बाढ़ प्रभावित हस्तिनापुर के पांडवों ने वर्तमान प्रयागराज जिला में यमुना किनारे कौशाम्बी को अपनी नई राजधानी बनाया था।

महाजनपद युग

लिच्छवी वंश में वर्धमान महावीर हुए। कपिलवस्तु के शाक्यों में गौतम बुद्ध हुए। उन्हीं दिनों काशी का राजा अश्वसेन हुआ। उन दिनों भारत में चार राज्य प्रबल थे। जो एक-दूसरे को जीतने के लिए आपस में बराबर लड़ते रहते थे। ये राज्य थे - मगध, कौशल, वत्स और उज्जयिनी। कभी काशी वत्सों के हाथ में जाती, तो कभी मगध के और कभी कौशल के। पार्श्वनाथ के बाद कौशल-श्रावस्ती के राजा कंस ने काशी को जीतकर अपने राज में मिला लिया। उसी कुल के राजा महाकोशल ने तब अपनी बेटी कौशल देवी का मगध के राजा बिम्बसार से विवाह कर दहेज के रूप में काशी की वार्षिक आमदनी एक लाख मुद्रा प्रतिवर्ष देना आरंभ किया और इस प्रकार काशी मगध के नियंत्रण में पहुंच गई। मगध के राजा बिम्बसार के बेटे अजातशत्रु ने पिता को मारकर गद्दी छीन ली। कौशल के राजा प्रसेनजित ने काशी की आमदनी अजातशत्रु को देना बन्द कर दिया। जिसके परिणामस्वरूप मगध और कौशल युद्ध हुआ। इसमें काशी कभी कौशल के, कभी मगध के हाथ में रहने लगी। अन्ततः अजातशत्रु की जीत हुई और काशी उसके बढ़ते हुए साम्राज्य में समा गई। इसके बाद मगध की राजधानी राजगृह से पाटलिपुत्र चली गई। फिर कभी काशी पर उसका आक्रमण नहीं हो पाया।

जातक कथाओं में काशी

जातक कथाओं में काशी का अनेक बार उल्लेख आया है। काशी उस समय विद्या तथा व्यापार दोनों का ही केंद्र थी। अक्ति जातक में बोधिसत्व के सोलह वर्ष की आयु में वहाँ जाकर विद्या ग्रहण करने का उल्लेख है। खंडहाल जातक में काशी के सुंदर और मूल्यवान रेशमी कपड़ों का वर्णन है। भीमसेन जातक में यहाँ के उत्तम सुगंधित द्रव्यों का भी उल्लेख है। जातक कथाओं में स्पष्ट उल्लेख है कि बुद्ध से पहले काशी पर ब्रह्मदत्त नाम के राज कुल का बहुत दिनों तक राज्य रहा। इस नगर का एक अन्य नाम 'वाराणसी' था। इस प्रकार काशी का नाम वाराणसी धीरे-धीरे प्रसिद्ध हो गया। कालांतर में काशी और वाराणसी यह दोनों नाम समानार्थक हो गए।

चीनी यात्री ह्वेनसांग

प्रसिद्ध चीनी यात्री ह्वेनसांग ने काशी को धार्मिक, शैक्षणिक एवं कलात्मक गतिविधियों का केंद्र बताया है। इसका विस्तार गंगा नदी के किनारे पाँच किलोमीटर तक लिखा है। ह्वेनसांग का कथन है कि उसके काल में यहां सौ मंदिर थे। उसने एक ऐसे महेश्वर मंदिर का उल्लेख किया है जिसमें शिव की 100 फीट ऊँची ताम्र-प्रतिमा थी।

अमर नगरी

प्रलय होने पर भी काशी नाश नहीं होता है। जहाँ देह त्यागने मात्र से प्राणी मुक्त हो जाए, वह अविमुक्त क्षेत्र यही है। इससे जीव को तत्व ज्ञान हो जाता है और उसके सामने अपना ब्रह्मस्वरूप प्रकाशित हो जाता है। लोक प्रचलित मान्यता है कि काशी में कहीं पर भी मृत्यु के समय भगवान विश्वेश्वर यानी विश्वनाथ प्राणियों के दाहिने कान में तारक मंत्र का उपदेश देते हैं। तारक मंत्र सुनकर जीव भव-बन्धन से मुक्त हो जाता है। केवल काशी ही सीधे मुक्ति देती है। यही कारण है कि प्राचीन काल में वयोवृद्ध काशी में आकर रहने लगते थे। कालांतर में यह परंपरा बन गई। आज भी सैकड़ों वयोवृद्ध काशी की धर्मशालाओं में और वृद्धाश्रम में आकर रहने लगते हैं।

पाँच कोस की संपूर्ण काशी अधिपति भगवान विश्वनाथ का आधिभौतिक स्वरूप है। पाँच कोस के अविमुक्त नामक क्षेत्र को विश्वेश्वर संज्ञक ज्योतिर्लिंग-स्वरूप मानना चाहिए। मुक्तिदायिनी काशी की यात्रा, यहां निवास, मृत्यु तथा दाह-संस्कार का सौभाग्य पूर्व जन्मों के पुण्य बाबा विश्वनाथ की कृपा से ही प्राप्त होते हैं।

रंगभरी एकादशी

फाल्गुन शुक्ल-एकादशी को काशी में रंगभरी एकादशी कहा जाता है। इस दिन बाबा विश्वनाथ का विशेष श्रृंगार होता है। फाल्गुन शुक्ल एकादशी से काशी में होली का पर्व काल प्रारंभ हो जाता है।

काशी विश्वनाथ मंदिर : अनेक बार जीर्णोद्धार

इतिहास साक्षी है कि काशी मंदिर के निर्माण और तोड़ने की घटनाएं 11वीं शताब्दी से लेकर 15वीं शताब्दी तक चलती रही। सन् 1194 ईस्वी में मोहम्मद गौरी ने इसे तुड़वा दिया था। मंदिर का पुनः निर्माण 11वीं सदी में राजा हरिश्चन्द्र ने करवाया था। सन् 1447 ईस्वी में इसे फिर से जौनपुर के सुल्तान महमूद शाह ने तोड़ दिया। सन् 1585 ईस्वी में राजा टोडरमल और नारायण भट्ट की मदद से काशी विश्वनाथ मंदिर का पुननिर्माण हुआ। सन् 1632 ईस्वी में शाहजहां ने उसे तुड़वाने के लिए सेना की एक टुकड़ी भेज दी। स्थानीय हिंदुओं के विरोध के कारण सेना कामयाब नहीं हो पाई। कहा जाता है कि 18 अप्रैल, 1669 में औरंगजेब ने इस मंदिर को ध्वस्त कराने के आदेश दिए थे। इसके बाद लगभग सौ वर्ष से भी अधिक समय तक यहां विश्वनाथ का कोई मंदिर नहीं था।

बंगाल में नाटोर रियासत के राजा राम जीवन के दौहित्र रमाकांत की पत्नी उमा थी। जिसे विवाह के बाद भवानी के नाम से जाना गया। सन् 1743 ईस्वी में मात्र बाईस वर्ष की आयु में विधवा होने के बाद भवानी ने सत्ता संभाली। लगभग पचास वर्ष जनता की सेवा करते हुए भवानी ने काशी में प्रवास के समय 60 तालाब, 15 कुंड, 15 मंदिर, 15 विश्राम गृह, 500 से अधिक भवन, 4 घाट के साथ-साथ काशी विश्वनाथ मंदिर के समीप भूखंड पर एक विशाल शिवालय भुवनेश्वर महादेव की स्थापना की थी। उसके द्वारा एक वर्ष में 365 मकान दान में दिए जाने का दूसरा उदाहरण दुनिया में कहीं नहीं मिलता।

अहिल्या इंदौर की महारानी थी। ऐसा माना जाता है कि काशी विश्वनाथ मंदिर रानी अहिल्याबाई होलकर के पुरोहित का था। राजा टोडरमल के प्रयास और जगद्गुरु नारायण भट्ट के निर्देशन में बना काशी विश्वनाथ मंदिर ध्वस्त हो गया था। महारानी अहिल्या बाई ने अथक प्रयास करके इस मंदिर का पुनर्निर्माण करवाया। सन् 1777 ईस्वी में कृष्ण जन्माष्टमी के दिन मंदिर का निर्माण पूरा हुआ। यहाँ मूर्ति की प्राण प्रतिष्ठा इंदौर के महेश्वर पंडित जी ने की थी। नवनिर्मित काशी विश्वनाथ मंदिर का पहला पुजारी पद तारापुर से आये भूमिहार ब्राह्मण था।

मंदिर के नौबतखाने का निर्माण अवध के नवाब वाजिद अली शाह ने करवाया था। कालांतर में काशी के ही पुरुषोत्तम दास खत्री ने गर्भगृह को सोने-चांदी से मंडित किया।

काशी के पुरोहितों की बहियों से ज्ञात होता है कि इससे पहले रीवां और मेवाड़ के राजाओं ने मंदिर निर्माण की पहल की थी। वह अपने प्रयास में सफल नहीं हो सके। यहां तक कि मराठों के मंत्री नाना फड़नवीस भी असफल रहे।

वर्ष 1785 में प्रथम गवर्नर जनरल वारेन हेस्टिंग्स के आदेश पर तत्कालीन जिला मजिस्ट्रेट मोहम्मद इब्राहिम खान ने मंदिर के सिंहद्वार के सामने नौबत खाना बनवाया था। यहाँ प्रतिदिन भोग के समय नगाड़ा और शहनाई बजती थी।

पंजाब केसरी महाराणा रणजीत सिंह ने सन् 1839 में इस मंदिर के शिखर को स्वर्ण मंडित करने के लिए 1000 किलोग्राम स्वर्ण दान में दिया था। 28 जनवरी, 1983 को उत्तर प्रदेश सरकार ने मंदिर का अधिग्रहण किया और इसके प्रबंध का कार्य ट्रस्ट की कार्यपालक समिति को सौंप दिया गया।

मंदिर के पास मस्जिद

मंदिर के साथ ज्ञानवापी मस्जिद है। कहा जाता है कि मस्जिद मंदिर को तोड़कर उसी स्थान पर बनाई गई है। ज्ञानवापी मस्जिद को मुगल शासक औरंगजेब ने मंदिर तोड़कर बनवाया था। इसके अलावा यहाँ आलमगिरी मस्जिद है। इसे भी औरंगजेब ने मंदिर तोड़कर बनवाया था।

काशी विश्वनाथ कॉरिडोर

प्रधानमंत्री नरेंद्र मोदी ने इसका शिलान्यास 8 मार्च, 2019 को किया था। प्रधानमंत्री नरेंद्र मोदी के ड्रीम प्रोजेक्ट काशी विश्वनाथ कॉरिडोर के निर्माण 15 जनवरी, 2020 को मकर संक्रांति के पावन अवसर पर शुरू किया गया। काशी विश्वनाथ मंदिर और मणिकर्णिका घाट के बीच खाली स्थान पर भूमि पूजन के बाद निर्माण कार्य आरंभ किया गया।

एक किलोमीटर लंबे इस क्षेत्र से श्रद्धालु स्नान करके मंदिर तक पूजन के लिए जा सकेंगे। यहाँ दुकानें, वेद विज्ञान शाला, कम्युनिटी हाल, सोविनियर शॉप, हेल्प डेस्क, कार्यालय, कंट्रोल रूम, संग्रहालय, यज्ञशाला का निर्माण किया गया है।

मंदिर प्रांगण का विस्तार कर विशाल द्वार बनाए गए हैं। मंदिर चौक का निर्माण किया गया है। जिसके दोनों तरफ विभिन्न भवन जैसे कि विश्रामालय, संग्रहालय, वैदिक केंद्र, वाचनालय, दर्शनार्थी सुविधा केंद्र, व्यावसायिक केंद्र, पुलिस एवं प्रशासनिक भवन, वृद्ध एवं दिव्यांग हेतु एक्सीलेटर एवं मोक्ष भवन इत्यादि निर्मित किए गए हैं।

रूद्र वन

विश्वनाथथ परिपथ में आने वाले श्रद्धालुओं को काशी नगरी के धार्मिक और सांस्कृतिक स्वरूप के दर्शन के साथ नंदनकानन और रूद्र वन का आनंद भी मिलेगा। मंदिर के समीप बनाए गए भवनों की ऊँचाई विश्वनाथ मंदिर के शिखर से नीचे रखी गई है। रूद्र वन में रुद्राक्ष के 350 से ज्यादा पौधे लगाए जाने की योजना है।

गुलाबी शहर

विश्वनाथ धाम में दो परिसर हैं। मुख्य परिसर मंदिर के चारों ओर चार प्रवेश द्वार बनाए गए हैं। घाट और मंदिर परिसर को जोड़ने के लिए एक विशाल प्रवेश द्वार है। इसे पार करते ही मंदिर चौक सामने होगा। यहां से घाट तक बने परिपथ में फर्श से लेकर दीवारों में गुलाबी पत्थरों का उपयोग किया है। इससे यह गुलाबी शहर की भांति चमक रहा है। परिपथ से जुड़ने वाले ललिता घाट पर वृद्ध एवं दिव्यांगों के लिए एस्केलेटर की सुविधा है।

राष्ट्र को समर्पित

प्रधानमंत्री नरेंद्र मोदी ने वाराणसी में काशी विश्वनाथ कॉरिडोर के पहले चरण को लोगों को समर्पित किया। यह परियोजना अब लगभग 5 लाख वर्ग फुट के विशाल क्षेत्र में फैली हुई है।

आधुनिक काशी

स्वतंत्रता उपरांत अन्य सभी रजवाड़ों के समान काशी नरेश ने भी अपनी सभी प्रशासनिक शक्तियाँ छोड़ कर एक सामान्य भारतवासी की भांति रहना आरंभ किया।

रामनगर दुर्ग

काशी नरेश का रामनगर दुर्ग वाराणसी शहर के पूर्व में गंगा नदी के तट पर बना हुआ है। रामनगर दुर्ग को संग्रहालय में परिवर्तित कर दिया गया है। यह बनारस के राजाओं के सम्मान में एक स्मारक बना हुआ है।

चेतसिंह दुर्ग

काशी नरेश का एक अन्य दुर्ग चेतसिंह दुर्ग शिवाला घाट पर स्थित है। यहीं महाराज चेत सिंह को ब्रिटिश अधिकारी ने 200 से अधिक सैनिकों के संग घेर कर मार गिराया था। 18वीं शताब्दी से यह काशी नरेश का आधिकारिक आवास बना हुआ है।

काशी विश्वविद्यालय

काशी विश्वविद्यालय एशिया का सबसे बड़ा आवासीय विश्वविद्यालय है। काशी विश्वविद्यालय की स्थापना महामना मदनमोहन मालवीय ने सन् 1916 ईस्वी में की थी। काशी विश्वविद्यालय और संकट मोचन मंदिर के बीच एक किलोमीटर की सड़क को 'लंका' कहा जाता है। बिड़ला जी द्वारा विश्वविद्यालय परिसर में बनवाया गया काशी विश्वनाथ मंदिर पर्यटकों को आकर्षित करता है।

संपूर्णानंद संस्कृत विश्वविद्यालय

संपूर्णानंद संस्कृत विश्वविद्यालय, काशी की स्थापना सन् 1958 ईस्वी में हुई थी।

काशी विद्यापीठ विश्वविद्यालय

काशी विद्यापीठ की स्थापना सन् 1921 ईस्वी में हुई थी। यहां व्यावहारिक समाजशास्त्र की शिक्षा की भी व्यवस्था है।

भारत कला भवन

यह आर्ट गैलरी है। यहाँ आधुनिक कलाकृतियों का अनूठा संग्रह है।

सारनाथ

सारनाथ काशी का महत्वपूर्ण पर्यटन स्थल है। इसके विषय में एक अलग अध्याय में विस्तार से जानकारी दी गई है।

प्राचीन घाट

वाराणसी के घाटों का दृश्य बड़ा ही मनोरम है। एक प्राचीन लोक श्रुति के अनुसार "शामे अवध और सुबह बनारस।" अर्थात, लखनऊ की शाम और वाराणसी का प्रातःकाल देखने योग्य होता है। यहां के प्रसिद्ध घाट है - दशाश्वमेध, मणिकर्णिका, हरिश्चंद्र और तुलसी घाट आदि।

दशाश्वमेघ

यह घाट शहर के मुख्य बाजार गोदालिया के समीप है। दशाश्वमेघ घाट तीसरी सदी के भारशिव नागों के पराक्रम का स्मारक है। उन्होंने जब-जब अपने शत्रुओं को पराजित किया तब-तब यहीं अपने यज्ञ का अवभृथ स्नान किया। इस प्रकार के दस विजय यज्ञों से संबंधित काशी का यह घाट दशाश्वमेघ नाम से विख्यात हुआ। इसी घाट पर जयपुर नरेश जयसिंह द्वितीय का बनाया हुआ मान मंदिर या वेधशाला है।

अन्य घाट

अस्सी संगम घाट, मणिकर्णिका घाट, पंचगंगा घाट, वरुणा संगम घाट, तुलसी घाट, शिवाला घाट, दंडी घाट हनुमान घाट, हरिश्चंद्र घाट, राजघाट, केदार घाट, सोमेश्वर घाट, मानसरोवर घाट, राना महल घाट, मुंशी घाट, अहिल्याबाई घाट, मान मंदिर घाट, त्रिपुर-भैरवी घाट, मीर घाट, दत्तात्रेय घाट, सिंधिया घाट, ग्वालियर घाट, पंचगंगा घाट, और प्रह्लाद घाट आदि।

आवागमन

वायुमार्ग

काशी का अपना हवाई अड्डा लाल बहादुर शास्त्री अंतरराष्ट्रीय हवाई अड्डा है बाबतपुर में। यह काशी से लगभग बीस किलोमीटर दूर है।

रेलमार्ग

काशी भारतीय रेलवे का एक प्रमुख जंक्शन है। यहाँ चार रेलवे स्टेशन हैं। बनारस रेलवे स्टेशन का नाम बदल कर 'मंडुआडीह' कर दिया गया है। दूसरे रेलवे स्टेशन का नाम है- 'काशी' रेलवे स्टेशन। तीसरा है- 'वाराणसी कैंट' और चौथा रेलवे स्टेशन है- 'वाराणसी सिटी' रेलवे स्टेशन। इसके अतिरिक्त सारनाथ रेलवे स्टेशन है। मुगलसराय जंक्शन भी काशी से लगभग 11 किलोमीटर दूर है। अब इसका नाम बदलकर पंडित दीनदयाल उपाध्याय जंक्शन कर दिया गया है। यहाँ देश के सभी क्षेत्रों से रेल सेवा है।

सड़क मार्ग

उत्तर प्रदेश सड़क परिवहन निगम की सेवा प्रदेश के विभिन्न शहरों के लिए और अन्य राज्यों के लिए चौबीस घंटे उपलब्ध हैं। पर्यटक अपने निजी वाहन और टैक्सी से भी यहाँ पहुंच सकते हैं। शहर में घूमने के लिए पर्यटकों को अनेक प्रकार के वाहन मिलते हैं।

अध्याय : 3

सारनाथ के पर्यटन स्थल

सारनाथ शहर वाराणसी के समीप स्थित है। यहाँ गंगा और गोमती नदी का संगम होता है। गौतम बुद्ध और उनके पहले उपदेशों के कारण इस स्थान को पवित्र माना गया है। यहीं बौद्ध संघ अस्तित्व में आया।

चौखंडी स्तूप

सारनाथ में प्रवेश करते ही दिखाई देता है चौखंडी स्तूप। यह वह स्थान है जहाँ बुद्ध पहली बार अपने पाँच साथियों से मिले थे। यह स्थान गुप्त काल के दौरान चौथी से छठी शताब्दी के बीच बनाया गया था। इतिहासकारों के अनुसार इस स्तूप का निर्माण सम्राट अशोक ने करवाया था। चीनी यात्री ह्रेनसांग ने अपने समय के दौरान ईंटों से निर्मित एक अष्टकोणीय मीनार को सबसे ऊँचे टावर के रूप में घोषित किया था।

धमेख स्तूप

यह वही स्थान है जहाँ गौतम बुद्ध ने अपना पहला धम्म प्रवचन दिया था। यह एक बेलनाकार और ठोस ईंट संरचना है। समय बीतने के साथ इस स्तूप में कई संशोधन किए गए हैं। इसके ज्यामितीय डिजाइन और निचले भाग के पत्थर से बने भाग को फूलों की सुंदर साज-सज्जा वाले गुप्त के नमूनों में तराशा गया है। यहाँ हुए उत्खनन से पता चला कि ईंटों वाला हिस्सा 200 ईसा पूर्व मौर्य काल में बनाया गया था।

मुख्य मंदिर

इतिहासकारों के अनुसार सम्राट अशोक मुख्य मंदिर से प्रसिद्ध इस भवन में पूजा किया करते थे। इस मंदिर की उत्तर दिशा में बौद्ध मठों के खंडहरों की नींव देखी जा सकती है।

अशोक स्तंभ

मुख्य मंदिर के सामने अशोक स्तंभ के अवशेष हैं। इसके शेष भाग सारनाथ संग्रहालय में सुरक्षित हैं। इसे सारनाथ की सबसे महत्वपूर्ण संरचना माना जाता है। महान सम्राट

अशोक द्वारा निर्मित यह स्तंभ 12.25 मीटर उँचाई और व्यास 0.71 मीटर और शीर्ष पर 0.56 मीटर है। प्रसिद्ध अशोक चक्र इस संरचना में सबसे ऊपर है।

मूलगंधा कुटी विहार

इसके आधुनिक मंदिर का निर्माण महाबोधि सोसायटी द्वारा करवाया गया था। जापान के सुप्रसिद्ध चित्रकार कोसेत्सु नोसु ने यहां अपनी कला का उत्कृष्ट नमूना प्रस्तुत किया है। मूलगंधा कुटी विहार के खंडहर मौजूद हैं।

पुरातत्व संग्रहालय

यह संग्रहालय बौद्ध काल से संबंधित विभिन्न कलाकृतियों का घर है। इसमें विभिन्न प्रकार की मूर्तियां हैं जो इस क्षेत्र से खुदाई की गई थी। बोधिसत्व की एक आदमकद छवि यहां प्रमुखता से खड़ी है। इस संग्रहालय में अशोक स्तंभ के शीर्ष के अतिरिक्त मौर्य, कुषाण, गुप्त और इसके बाद की उन कृतियों को देखा जा सकता है जो उत्खनन में प्राप्त हुई थी।

बोधि वृक्ष

इस वृक्ष को बौद्ध धर्म में सबसे पवित्र वृक्ष माना जाता है। ऐसा माना जाता है कि भगवान बुद्ध को इसी वृक्ष के नीचे ज्ञान प्राप्त हुआ था। यह पेड़ श्रीलंका में स्थित श्री महाबोधि वृक्ष से ली गई एक शाखा से लगाया गया था।

खड़ी बुद्ध प्रतिमा

यह सारनाथ के प्रमुख पर्यटक आकर्षणों में से एक है जो थाई बुद्ध विहार में स्थित है। यह 80 फीट ऊंची प्रतिमा है। प्रतिमा भारत-थाई के संयुक्त प्रयास में बनाई गई थी।

अन्य स्थल

हिरण पार्क, आधुनिक मंदिर, थाई, चीनी, तिब्बती, बर्मा और जापानी विहार बौद्ध मठ देखने लायक हैं।

आवागमन

वायुमार्ग

निकटतम हवाई अड्डा है- लाल बहादुर शास्त्री अंतरराष्ट्रीय हवाई अड्डा है। लाल बहादुर शास्त्री अंतरराष्ट्रीय हवाई अड्डा वाराणसी से लगभग 23 किलोमीटर और सोमनाथ से 25 किलोमीटर की दूरी पर स्थित है।

रेलमार्ग

सारनाथ पहुंचने के लिए वाराणसी जंक्शन पर उतरना होगा। वाराणसी भारत के मुख्य शहरों से रेल मार्ग से जुड़ा हुआ है। वाराणसी जंक्शन से सारनाथ लगभग आठ किलोमीटर दूर है।

सड़क मार्ग

सड़क मार्ग से सारनाथ जाने के लिए पहले वाराणसी पहुंचे। वाराणसी भारत के सभी क्षेत्रों से सड़क मार्ग से जुड़ा हुआ है। उत्तर प्रदेश सड़क परिवहन निगम की सेवा प्रदेश के विभिन्न शहरों के लिए और अन्य राज्यों के लिए चौबीस घंटे उपलब्ध हैं। पर्यटक अपने निजी वाहन और टैक्सी से भी यहाँ पहुंच सकते हैं। शहर में घूमने के लिए पर्यटकों को अनेक प्रकार के वाहन मिलते हैं।

अध्याय : 4

प्रयागराज के पर्यटन स्थल

प्रयागराज में गंगा, यमुना तथा गुप्त सरस्वती नदियों का संगम होता है। इस संगम स्थल को त्रिवेणी कहा जाता है। यह सनातन धर्मावलंबियों का पवित्र स्थल है। यह भारत के ऐतिहासिक एवं पौराणिक नगरों में से एक है। यह हिंदू, मुस्लिम, सिख, जैन एवं ईसाई समुदायों की मिश्रित संस्कृति का शहर है।

यह एक अति प्राचीन शहर है। यह ऐसा स्थान माना जाता है जहाँ ब्रह्मा जी ने एक बलिदान के अनुष्ठान में भाग लिया था। वर्तमान में पुरातत्व स्थलों जैसे कौशाम्बी और झूसी के पास 1800-1200 ईसा पूर्व में लोहे के औजार मिले हैं। शहर को मूल रूप से 'प्रयाग' के नाम से जाना जाता था। इलाहाबाद में उत्खनन से उत्तरी काली पॉलिश वेयर की लौह आयु की जानकारी प्राप्त है।

हस्तिनापुर के बाढ़ग्रस्त होने पर कुरु वंश के राजा निचक्षु ने अपना साम्राज्य वर्तमान इलाहाबाद से 56 किलोमीटर दूर स्थानांतरित कर दिया। जिसे नाम दिया गया था कोसाम। यह कोसाम ही कौशाम्बी है।

इसका संबंध बौद्ध कालीन संस्कृति के साथ भी जुड़ा हुआ है। इतिहास से प्रकट होता है कि ह्वेनसांग नाम के एक चीनी यात्री ने सन् 643 ईस्वी में प्रयागराज की यात्रा की थी। उसने अपनी यात्रा में गंगा-यमुना के संगम के समीप एक देव मन्दिर होने का वर्णन किया है। जिसके सामने एक विशाल वट वृक्ष था।

पौराणिक संदर्भ

प्रयाग का वर्णन मनुस्मृति, रामायण, महाभारत आदि ग्रंथों से मिलता है। कालिदास ने अपने ग्रंथ रघुवंश में इसका वर्णन किया है। कालिदास ने श्री राम के मुख से कहलवाया है - "हे देवी सीता! गंगा यमुना के संगम की शोभा का अवलोकन करो।" महाकवि तुलसीदास ने रामचरितमानस में प्रयागराज का वर्णन किया है। श्री राम अपने अनुज भ्राता लक्ष्मण

तथा अपनी पत्नी सीता के साथ वनवास जाते समय प्रयागराज में पहुंचे थे। यहाँ पर राम, सीता और लक्ष्मण ने स्नान किया और शिव की पूजा की। इसके पश्चात वह भारद्वाज मुनि के आश्रम की ओर चल दिये।

तत्कालीन समय में गंगा यमुना के संगम पर एक देवता की भी कल्पना की गई। जिसका नाम 'वेणीमाधव' रखा गया। वेणीमाधव देवता की आज भी पूजा होती है। यात्री उन के नाम पर भेंट चढ़ाते हैं और अपनी मनोकामना को पूरा करने के लिए सिद्धि करते हैं।

ऋग्वेद वेद में प्रयाग का उल्लेख एक पवित्र स्थान के रूप में मिलता है। पुराणों में भी इसका उल्लेख मिलता है। मत्स्य पुराण बहुत प्राचीन और प्रामाणिक माना जाता है। इस पुराण के 102 अध्याय से लेकर 107 अध्याय तक में इस तीर्थ के माहात्म्य का वर्णन है। इसमें लिखा है - "प्रयाग प्रजापति का क्षेत्र है जहाँ गंगा और यमुना बहती हैं। साठ सहस्र वीर गंगा की और स्वयं सूर्य जमुना की रक्षा करते हैं। यहाँ जो वट है उसकी रक्षा स्वयं शूलपाणि करते हैं। पाँच कुंड हैं जिसमें से होकर जाह्नवी बहती है। माघ महीने में यहाँ सब तीर्थ आकर वास करते हैं।" मत्स्य पुराण के उक्त वर्णन में ध्यान देने की बात यह है कि इसमें सरस्वती का कहीं उल्लेख नहीं है। जिसे पीछे से लोगों ने 'त्रिवेणी' के भ्रम में मिलाया है। वास्तव में गंगा और जमुना की दो ओर से आई हुई धाराओं और एक दोनों की सम्मिलित धारा से ही त्रिवेणी हो जाती है।

'प्रयागस्य पवेशाद्वै पापं नश्यति: तत्क्षणात्।''

अर्थात, "प्रयाग में प्रवेश मात्र से ही समस्त पाप कर्म का नाश हो जाता है।" सनातन मान्यता के अनुसार - यहाँ सृष्टिकर्ता ब्रह्मा ने सृष्टि कार्य पूर्ण होने के बाद प्रथम यज्ञ किया था। इसी प्रथम यज्ञ के प्र और याग अर्थात यज्ञ से मिलकर प्रयाग बना। अतः उस स्थान का नाम प्रयाग पड़ा जहाँ ब्रह्मा जी ने सृष्टि का सबसे पहला यज्ञ सम्पन्न किया था। इस पावन नगरी के अधिष्ठाता विष्णु स्वयं हैं और वह यहाँ माधव रूप में विराजमान हैं। भगवान के यहाँ बारह स्वरूप विद्यमान हैं। जिन्हें द्वादश माधव कहा जाता है।

कुंभ की नगरी

महाकुंभ के चार स्थलों में से प्रयाग एक है। शेष तीन हैं - हरिद्वार, उज्जैन एवं नासिक। प्रयाग में प्रत्येक बारह वर्ष में कुंभ मेला लगता है। जिसमें विश्व के विभिन्न क्षेत्रों से करोड़ों श्रद्धालु पतित पावनी गंगा, यमुना और सरस्वती के पवित्र त्रिवेणी संगम में आस्था की डुबकी लगाने आते हैं। अतः इस नगर को संगम नगरी, कुंभ नगरी, तंबू नगर आदि नामों से भी जाना जाता है।

हर छह साल में अर्ध कुंभ का आयोजन यहां किया जाता है। इन दोनों त्यौहारों पर पर्यटकों और स्थानीय लोगों की भारी भीड़ देखी जाती है। ऐसा माना जाता है कि पवित्र जल को छूने से सभी जन्मों के पाप धुल जाते हैं।

जन्म एवं तपस्या स्थली

प्रयाग सोम, वरुण तथा प्रजापति की जन्मस्थली है। यह महान ऋषि भारद्वाज, ऋषि दुर्वासा तथा ऋषि पन्ना की ज्ञान स्थली थी। ऋषि भारद्वाज ने यहाँ लगभग 5000 ईसा पूर्व में निवास करते हुए 10000 से अधिक शिष्यों को शिक्षित किया था।

चीनी यात्रियों का वर्णन

फाहियान नामक चीनी यात्री सन् 414 ईस्वी में आया था। उस समय प्रयाग कौशल राज्य का हिस्सा था। प्रयाग के उस पार प्रतिष्ठान नामक प्रसिद्ध दुर्ग था। जिसे समुद्रगुप्त ने बहुत सुदृढ़ किया था। प्रयाग का अक्षयवट बहुत प्राचीन काल से प्रसिद्ध चला आता है।

चीनी यात्री ह्वेनसांग ने प्रयाग का उल्लेख करते हुए लिखा है - "प्रयागराज में कन्नौज के राजा हर्षवर्धन प्रत्येक पाँच वर्ष में आया करते थे। अपने राजकोष का प्रचुर धन दान में दिया करते थे।" उसने एक अन्य स्थान पर उल्लेख किया है - "राजधानी के पूर्व की ओर गंगा यमुना के संगम पर लगभग 10ली थी। चीन में 5 ली 1 मील के बराबर होती है। यह चौड़ी सफेद बालू से ढकी हुई ढलुआ भूमि है। जहाँ धूप रहती है। उसे दान क्षेत्र कहा जाता है।" ह्वेनसांग ने कन्नौज के राजा शिलादित्य के प्रयागराज जाने और उनके यहाँ दान करने का सुन्दर वर्णन किया है। उसने लिखा है - "वे दान के लिए तैयार होकर आये थे और उन्होंने वहाँ काफी दान किया था।"

रशीद-अल-दीन हमदानी मुस्लिम इतिहासकार ने अपनी पुस्तक 'जामी अल तवारीख' में प्रयाग के अक्षयवट का उल्लेख किया है। यह पुस्तक सन् 1310 ईस्वी में लिखी गई थी।

पर्यटन स्थल

प्रयागराज में अनेक ऐतिहासिक महत्व के स्थल हैं। वर्ष भर यहाँ पर्यटकों का आना-जाना लगा रहता है।

अकबर का दुर्ग

सन् 1575 ईस्वी में संगम के सामरिक महत्व से प्रभावित होकर सम्राट अकबर ने "इलाहाबास" नाम से एक दुर्ग की स्थापना की। जिसका अर्थ होता है - "अल्लाह का

शहर।" अकबरनामा, आइन-ए-अकबरी तथा अन्य मुगलकालीन पुस्तकों से इस दुर्ग के निर्माण की विस्तृत जानकारी प्राप्त होती है। संगम पर बने दुर्ग की रक्षा के हेतु बेनी तथा बक्सी नामक बाँधों का निर्माण किया गया। विलियम फिंच ने सन् 1611 ईस्वी में इस दुर्ग का दौरा किया था। उन्हीं दिनों यह किला बन कर तैयार हुआ था। उसने इसकी सुन्दरता तथा विशालता की प्रशंसा की है। उसने लिखा है - "इस किले की शान का मुझ पर बड़ा प्रभाव पड़ा।"

लगभग 37 वर्ष तक इस दुर्ग का निर्माण होता रहा। दुर्ग के निर्माण कार्य का निरीक्षण शहजादा सलीम अर्थात जहांगीर, राजा टोडरमल, भारथ दीवान, प्रयागदास, सैयद खां आदि ने किया था। वर्तमान सरकारी दस्तावेज में दुर्ग को 38 जरीब लंबा और 26 जरीब चौड़ा बताया गया है। उसका क्षेत्रफल 983 बीघा था। तत्कालीन समय में इस दुर्ग के निर्माण पर लगभग 6 करोड़ 17 लाख रूपये खर्च हुए। फ्रांसीसी बर्नियर ने सन् 1665 ईस्वी में औरंगजेब का शासन में इस दुर्ग को अंदर से देखा था। बर्नियर ने दुर्ग की अनेक इमारतों का वर्णन किया है। सन् 1782 ईस्वी में फोरेस्टर नाम के व्यक्ति ने दुर्ग के शाही महल की बड़ी प्रशंसा की है। उसने लिखा है - "महल का ऊपरी भाग संगमरमर का बना हुआ था, जो विचित्र प्रकार के रंगों और असामान्य रूप से सुन्दर कारीगरी से सजा हुआ था।" इसके पश्चात प्रयागराज दुर्ग पर ईस्ट इंडिया कम्पनी का अधिकार हो गया। पादरी हिचर में इसे सन् 1824 ईस्वी में देखा उसने जहाँ दुर्ग के भीतरी महलों की प्रशंसा की हैं। वहाँ उसने यह भी लिखा है - "किले के उस समय के अधिकारियों ने अपनी आवश्यकता के लिये उसमें परिवर्तन करके उसकी दुर्दशा कर दी। प्रयागराज दुर्ग के अंदर स्थित चहल सितून महल एक अत्यन्त सुन्दर भवन था।"

सन् 1801 ईस्वी में शहर का ब्रिटिश इतिहास इस वर्ष शुरू हुआ। जब अवध के नवाब ने इसे ब्रिटिश शासन को सौंप दिया। ब्रिटिश सेना ने अपने सैन्य उद्देश्यों के लिए दुर्ग का इस्तेमाल किया। इसके बाद शहर का नाम इलाहाबाद रखा गया। उस समय इसे आगरा-अवध संयुक्त प्रांत की राजधानी बना दिया गया।

जिस समय इस दुर्ग का निर्माण किया जा रहा था तब एक वट वृक्ष तथा देव मन्दिर दोनों दुर्ग के परिसर में सम्मिलित कर लिये गये थे। अंग्रेजी शासन काल में दुर्ग में जनसाधारण को घूमने की आज्ञा नहीं थी किन्तु अंग्रेजों ने दुर्ग के अंदर अक्षय वट तथा पातालपुरी मंदिर तक दर्शकों को अनुमति दे रखी थी। वह वट वृक्ष एवं देव मन्दिर आज भी विद्यमान हैं। जिसमें अनेक देवी देवताओं की मूर्तियां स्थापित हैं। लाखों श्रद्धालु वट वृक्ष की पूजा करने के लिये आते हैं।

जनाना महल

दुर्ग की दूसरी दर्शनीय इमारत बेगमों का जनाना महल है। इस महल में पहले 64 खंभे थे। जो आठ पंक्तियों में विभाजित थे। जिस समय अंग्रेजों ने इस दुर्ग पर अधिकार किया तो उन्होंने इस जनाना महल को भी शस्त्रागार के रूप में परिवर्तित कर दिया था।

अशोक स्तम्भ

अशोक का स्तंभ दुर्ग के अंदर है। सम्राट अशोक ने यह स्तम्भ 232 ईसा पूर्व में कौशाम्बी में स्थापित किया था। इस स्तम्भ पर अशोक के 6 आदेश अंकित हैं। इनमें अशोक ने अपने अन्तर्गत कार्य करने वाले अधिकारियों को अनेक उपदेश व आदेश दिये हैं। अशोक की यह लाट 35 फीट ऊँची है। नीचे इसका व्यास 4 फीट 11 इंच है। ऊपर दो फीट दो इंच है। इसका सबसे ऊपरी भाग अब नहीं है। ऐसा माना जाता है कि अशोक कालीन शेरों का चिन्ह इसके ऊपर रहा होगा। अशोक की इस लाट पर समुद्रगुप्त के समय का एक लेख मिलता है। एक लेख जहांगीर के शासन काल का भी इस पर अंकित है। विभिन्न समय में अनेक यात्रियों द्वारा इस पर मनमानी बातें लिखी गईं।

त्रिवेणी संगम

सनातन धर्म में तीन सबसे महत्वपूर्ण नदियों का मिलन त्रिवेणी संगम कहलाता है। यह इलाहाबाद में स्थित एक पवित्र स्थान है। यहां गंगा, यमुना और सरस्वती नदी का संगम होता है।

गंगाजल

तीर्थराज प्रयाग के गंगा जल के संबंध में यह कहा जाता है कि अनेक मुस्लिम शासकों के लिये यहाँ का पवित्र जल पीने के लिये भेजा जाता था। मोहम्मद तुगलक के लिये ऊँट पर लादकर यहाँ का गंगा जल दौलताबाद जाया करता था। उसका यह विश्वास हो गया था कि गंगा जल के प्रयोग से उसके मस्तिष्क को शांति प्राप्त होगी। अकबर भी प्रयागराज से अपने लिये गंगा जल मंगवाता था। औरंगजेब भी यहाँ के गंगा जल का सेवन करता था।

कंपनी बाग

अंग्रेजों द्वारा शहर के बीचों-बीच बसाया गया यह एक अनोखा बाग है। इसकी विशालता का अनुमान लगाया जा सकता है कि इस बाग के अन्दर एक स्टेडियम, एक म्यूजियम, एक पुस्तकालय, तीन नर्सरी, एक विश्वविद्यालय और प्रयाग संगीत समिति स्थित है।

विक्टोरिया मेमोरियल

कंपनी बाग के बीचों-बीच सफेद संगमरमर का बना एक स्मारक है। इस मेमोरियल के आस-पास के नितान्त सुन्दर पार्क हैं। जो सदैव हरी घास से ढका रहता है।

मिंटो पार्क

इसके अतिरिक्त यहाँ सफेद पत्थर का मिंटो पार्क है। इस पार्क में सरस्वती घाट के निकट सबसे ऊँचे शिखर पर चार सिंहों के निशान हैं।

नेहरू पार्क

यह आधुनिक पार्क है। यहाँ पर बोटिंग करने की सुविधा है।

भारद्वाज पार्क और चंद्रशेखर पार्क

भारद्वाज पार्क और चंद्रशेखर पार्क सैलानियों को आकर्षित करता है। चंद्रशेखर पार्क में चंद्रशेखर आजाद ने अंग्रेजों के हाथों जीवित गिरफ्तार न होने की शपथ को सार्थक करते हुए स्वयं को अपनी रिवॉल्वर से गोली मारकर जीवन लीला समाप्त कर दी थी।

हाथी पार्क

चन्द्रशेखर पार्क के समीप स्थित हाथी पार्क हैं। इसमें पत्थर का एक बड़ा हाथी बच्चों के मुख्य आकर्षण का केन्द्र है। इसके अतिरिक्त पीडी टंडन पार्क सिविल लाइंस इलाके में एक तिकोने आकार का पार्क है । इसके एक कोने पर हनुमान मंदिर चौक है।

खुसरो बाग

प्रयागराज शहर के पश्चिम छोर पर प्रयागराज जंक्शन रेलवे स्टेशन के पास स्थित है खुसरो बाग। यह बाग मुगलकालीन स्थापत्य कला की एक अमिट धरोहर है। यह 17 बीधे के विशाल क्षेत्र में फैला हुआ हैं। यह चारों से मोटी-मोटी दीवारों से घिरा हुआ है। चारों दिशाओं में एक-एक दरवाजा हैं। जहांगीर ने इसे अपना आरामगाह बनाया था। जहांगीर के पुत्र खुसरो के नाम पर ही इसका नाम खुसरो बाग पड़ा। इस बाग में तीन मकबरे हैं। पहला मकबरा शहजादा खुसरो का है। यह मकबरा खुसरो की राजपूत मां के लिये बनाया गया था।

आनंद भवन

यह शहर ब्रिटिश राज के खिलाफ भारतीय स्वाधीनता आंदोलन का केंद्र था। इलाहाबाद में महात्मा गांधी ने भारत को मुक्त करने के लिए अहिंसक विरोध का कार्यक्रम प्रस्तावित किया था। भारतीय स्वतंत्रता संग्राम के दिनों में नेहरु परिवार के पारिवारिक

आवास आनन्द भवन एवं स्वराज भवन यहां भारतीय राष्ट्रीय कांग्रेस की राजनीतिक गतिविधियों के केंद्र रहे थे। यहाँ से हजारों सत्याग्रहियों को जेल भेजा गया था। भारत के प्रथम प्रधानमंत्री पंडित जवाहरलाल नेहरू प्रयागराज के ही निवासी थे। प्रयागराज ने स्वतंत्रता के पश्चात भारत की सबसे बड़ी संख्या में प्रधानमंत्री पद प्रदान किया है - जवाहर लाल नेहरू, लाल बहादुर शास्त्री, इंदिरा गांधी, राजीव गांधी, वीपी.सिंह। पूर्व प्रधानमंत्री चंद्रशेखर इलाहाबाद विश्वविद्यालय के छात्र थे।

नेहरू तारामंडल

आनंद भवन के बगल में स्थित है नेहरू तारामंडल। सन् 1979 ईस्वी में निर्मित नेहरू तारामंडल विज्ञान और इतिहास का संगम है। यहाँ सौर मंडल और अंतरिक्ष से जुड़े शो भी आयोजित किए जाते हैं। ग्रहों की चाल के बारे में जानने के लिए आप यहां के किसी भी शो में भाग ले सकते हैं।

ऑल सेंट कैथेड्रल

सन् 1871 ईस्वी में ब्रिटिश वास्तुकार सर विलियम इमरसन ने कोलकाता में विक्टोरिया मेमोरियल डिजाइन करने से तीस साल पहले ऑल सैंट कैथेड्रल के रूप में एक भव्य स्मारक की स्थापना की। ऑल सेंट्स कैथेड्रल इलाहाबाद के महात्मा गांधी मार्ग पर स्थित है। राज्य के खूबसूरत चर्चों में से एक है। यह पर्यटकों और तीर्थयात्रियों के बीच बेहद लोकप्रिय है। "चर्च ऑफ स्टोन" के रूप में भी जाना जाने वाला ऑल सेंट्स कैथेड्रल की स्थापना पूर्व में सन् 1871 ईस्वी में लेडी मुइर एलिजाबेथ हंटली वेमिस द्वारा की गई थी।

16 अक्टूबर, 2018 मुख्यमंत्री योगी आदित्यनाथ के नेतृत्व वाली सरकार ने आधिकारिक तौर पर इसका नाम बदलकर प्रयागराज कर दिया।

आवागमन

वायुमार्ग

प्रयागराज में एक हवाई अड्डा है। प्रमुख नगरों से यहाँ आने-जाने के लिए हवाई सेवा उपलब्ध है। इलाहाबाद के हवाई अड्डे बमरौली से प्रयागराज लगभग 12 किलोमीटर दूर है। प्रयागराज से निकटतम दो हवाई अड्डे और हैं। वाराणसी का लाल बहादुर शास्त्री हवाई अड्डा, जो प्रयागराज से लगभग 150 किलोमीटर दूर है और दूसरा लखनऊ का अमौसी अंतरराष्ट्रीय हवाई अड्डा लगभग 200 किलोमीटर दूर है। हवाई अड्डे से स्थानीय वाहन सेवा उपलब्ध है। अंतरराज्यीय बसों द्वारा भी इलाहाबाद पहुंच सकते हैं।

रेलमार्ग

प्रयागराज भारतीय रेलवे नेटवर्क पर एक प्रमुख जंक्शन है। यहाँ पर देश के हर क्षेत्र से रेल का आवागमन होता है। प्रयागराज में आठ रेलवे स्टेशन हैं।

सड़क मार्ग

प्रयागराज राष्ट्रीय और राज्य राजमार्ग के माध्यम से देश के बाकी हिस्सों से जुड़ा है। उत्तर प्रदेश सड़क परिवहन निगम की बसें भी प्रदेश के विभिन्न शहरों के साथ-साथ सीमावर्ती प्रदेशों के यात्रियों को सुविधा प्रदान करता है।

अध्याय : 5

लखनऊ के पर्यटन स्थल

नवाबों का शहर लखनऊ उत्तर प्रदेश राज्य की राजधानी है। यह गोमती नदी के किनारे बसा हुआ है। लखनऊ को ''बागों का शहर'' भी कहा जाता है।

लखनऊ का इतिहास

प्राचीन काल में लखनऊ कौशल साम्राज्य का हिस्सा था। श्री राम ने अपने भाई लक्ष्मण को यह क्षेत्र उपहार में दिया था इसलिए इसे लखनपुर या लक्ष्मणपुर के नाम से जाना जाता था। कालांतर में लखनपुर लखनऊ हो गया। अवध के शासक ने लखनऊ को अपनी राजधानी बनाकर इसे समृद्ध किया। तत्कालीन नवाबों की विलासिता और निष्काम रवैए के कारण लॉर्ड डलहौजी ने अवध को बिना युद्ध किए ही अधिग्रहण कर ब्रिटिश साम्राज्य में मिला लिया था। सन् 1850 ईस्वी में अवध के अंतिम नवाब वाजिद अली शाह ने ब्रिटिश अधीनता स्वीकार कर ली।

मुख्य पर्यटक स्थल

उत्तर प्रदेश की राजधानी लखनऊ में अनेक ऐतिहासिक इमारतें पर्यटकों को अपनी ओर आकर्षित करती हैं। जिसमें बड़ा इमामबाड़ा भी एक महत्वपूर्ण ऐतिहासिक स्मारक है।

बड़ा इमामबाड़ा

बड़ा इमामबाड़ा लखनऊ की एक ऐतिहासिक धरोहर है। इस इमारत का निर्माण आसिफ-उद-दौला ने सन् 1784 ईस्वी में आए भीषण अकाल से आम जनता को राहत देने के उद्देश्य से शुरू किया था। ईरानी वास्तुशिल्प कला शैली में निर्मित इमामबाड़े का ऐतिहासिक और सांस्कृतिक महत्व है। इसका विशाल गुंबदनुमा अत्यंत खूबसूरत है। इमारत की छत तक जाने के लिए अनेक सीढ़ियां है जो आम आदमी को भ्रमित करने के लिए काफी हैं। बिना किसी गाइड के मदद के स्मारक में प्रवेश करने वाला भूल जाता है

कि उसे कहाँ से बाहर निकलना है। अतः इसका नाम भूलभुलैया रखा गया। इस इमारत की शोभा बढ़ाने के लिए अनेक झरोखे बनाए गए हैं। प्रवेश द्वार से आने वाले प्रत्येक व्यक्ति पर इन झरोखों से नजर रखी जा सकती है किंतु प्रवेश करने वाले व्यक्ति उन्हें नहीं देख सकता। दीवारों को इस तकनीकी के द्वारा बनाया गया है कि दूर खड़ा व्यक्ति अगर फुसफुसाकर बात करता है तो दीवार से कान लगा कर स्पष्ट रूप से सुनाई देता है। इस इमारत की इसी विशेषता के बाद कहावत बनी - "दीवारों के भी कान होते हैं।" एक और विशेषता है इस इमारत की कि भू-तल के विशाल कक्ष में कितना ही शोर-शराबा हो ऊपर की किसी भी मंजिल पर शोर सुनाई नहीं देता और आप वहाँ खड़े होकर आराम से बातें कर सकते हैं। इसका साधारण-सा अभिप्राय यह है कि आवाज गूंजती नहीं है। संभवतः इसी की तर्ज पर सिनेमाघरों का निर्माण किया गया।

चिड़ियाघर

चिड़ियाघर वह स्थान है जहाँ जीवित पशु-पक्षियों को रखा जाता है ताकि लोग पशु-पक्षी को समीप से देख सके। इसके लिए समुचित व्यवस्था की जाती है। सन् 1921 में यह चिड़ियाघर बनाया गया था। इसका नाम नवाब वाजिद अली शाह जूलॉजिकल गार्डन रखा गया।

अंबेडकर पार्क

डॉ. अंबेडकर पार्क गोमती नगर में एक सार्वजनिक पार्क है। यह उद्यान मानवता, समानता और सामाजिक न्याय का संदेश देता है। राजस्थान से लाए गए लाल बलुआ पत्थर का उपयोग करके इसे बनाया गया है। दिलकुशा कोठी

दिलकुशा कोठी लखनऊ के दिलकुशा क्षेत्र में गोमती नदी के तट पर स्थित है। इस कोठी का निर्माण सन् 1800 ईस्वी में एक ब्रिटिश मेजर आस्ले ने करवाया था। इस कोठी में एक भी आँगन नहीं था। आज स्मारक के तौर पर कुछ दीवारें और मीनारें बची हुई है।

फिरंगी महल

लखनऊ में विक्टोरिया रोड और चौक के बीच स्थित है फिरंगी महल। माना जाता है कि यह चौक पहले यूरोपियन के कब्जे में था। उस समय यूरोपियन को फिरंगी कहा जाता था इसलिए इसका नाम फिरंगी महल पड़ा। नील नामक फ्रांसीसी व्यापारी इस इमारत का पहला मालिक था। वह मुगल सम्राट औरंगजेब के शासनकाल में यहाँ आया था। एक शाही फरमान के बाद इस महल को मुगल बादशाह ने जब्त कर लिया। फिर कुछ समय बाद बादशाह के सलाहकार मुल्ला असद कुतुबुद्दीन और उनके भाई मुल्ला असद

कुतुब को यह महल दे दिया। इन भाइयों ने इसको इस्लामी संस्था में बदल दिया। जिसकी तुलना इंग्लैंड के कैंब्रिज और ऑक्सफोर्ड विश्वविद्यालय से की जाती थी। महात्मा गांधी ने फिरंगी महल में कुछ दिन बिताए। ऐसा कहा जाता है कि उनके स्वागत में फिरंगी महल के मुसलमान कुछ दिन तक मांस का उपयोग बंद कर दिया था।

ब्रिटिश रेजिडेंसी

ब्रिटिश रेजिडेंसी ईस्ट इंडिया कंपनी के अधिकारियों का निवास स्थान था। यह गोमती नदी के तट पर स्थित है। आसिफ-उद-दौला ने सन् 1775 ईस्वी में इसका निर्माण शुरू किया था और सन् 1800 ईस्वी में नवाब सआदत अली खान ने इसे पूरा किया। अब यह खंडहर में तब्दील हो गया है। इमारत पर गोलियों के निशान इस बात के सबूत हैं कि यहाँ लड़ाई हुई थी। आजादी के पश्चात ब्रिटिश रेजिडेंसी इमारत को खाली छोड़कर चले गए।

सबसे ऊंचा क्लॉक टावर

हुसैनाबाद में स्थित घंटाघर इमामबाड़ा के ठीक सामने है। यह टावर भारत में विक्टोरियन गोथिक शैली की वास्तुकला का नमूना है। इस घंटाघर का निर्माण सन् 1887 ईस्वी में नवाब नसीरुद्दीन हैदर ने अवध प्रांत के प्रथम लेफ्टिनेंट गवर्नर सर जॉर्ज कूपर के लखनऊ आगमन पर करवाया था। घंटाघर की ऊंचाई 67 मीटर यानी 221 फीट है। इसका डिजाइन रास्कल पायने नामक वास्तुशिल्पी ने तैयार किया था। यह भारत में सबसे ऊंचा घंटाघर है। इसे लंदन के बिग बेन क्लॉक टावर प्रति कृति के रूप में बनाया गया था। इसकी खास बात यह है कि इसके विशाल पेंडुलम की लंबाई 14 फीट है और यह डेढ़ इंच मोटा है। घड़ी का डायल बारह पुष्पों की आकृति में है जो चारों ओर से घंटियों से घिरा है। यहाँ एक म्यूजिकल फाउंटेन का निर्माण हाल ही में किया गया है। यहाँ मल्टीमीडिया लेजर शो में आयोजित होता है।

चंद्रिका देवी मंदिर

गोमती नदी के तट पर स्थित है चंद्रिका देवी मंदिर। यह मंदिर 300 साल पुराना माना जाता है। इस मंदिर की अनेक मान्यताएं हैं। ऐसा माना जाता है कि द्वापर युग में श्री कृष्ण ने घटोत्कच के पुत्र बर्बरीक को शक्ति प्राप्त करने के लिए तप करने की सलाह दी थी। घटोत्कच के पुत्र ने लगातार तीन साल तक मां चंद्रिका देवी की पूजा किया। ऐसा कहा जाता है कि देवी सती की चंद्रिका का एक हिस्सा यहाँ गिरा था। चंद्रिका एक प्रकार का आभूषण होता है जो मस्तक पर धारण किया जाता है। पुराणों के अनुसार इस धाम में श्राप मुक्ति के लिए चंद्रमा को भी स्नान करने के लिए आना पड़ा था।

जामा मस्जिद

जामा मस्जिद लखनऊ की सबसे बड़ी मस्जिद है। इसे जामी मस्जिद के नाम से भी जाना जाता है। इस मस्जिद का निर्माण अवध के तीसरे बादशाह मोहम्मद अली शाह ने शुरू किया था। सन् 1839 ईस्वी में मोहम्मद शाह की आकस्मिक मृत्यु हो जाने के बाद उनकी पत्नी रानी मल्लिका जहां साहिबा ने यह कार्य पूरा करवाया। नवाब की आकस्मिक मृत्यु न हुई होती तो लखनऊ की जामा मस्जिद दिल्ली की जामा मस्जिद से बड़ी होती।

मरीन ड्राइव

गोमती नदी की शोभा बढ़ाने में मरीन ड्राइव का भी अपना योगदान है। मुंबई के प्रसिद्ध मरीन ड्राइव के नाम पर इसका नाम मरीन ड्राइव रखा गया है। यहाँ युवा वर्गों की ज्यादा भीड़ पाई जाती है। यह युवाओं के लिए मौज मस्ती का सबसे उत्तम स्थल है। मरीन ड्राइव पर समय-समय पर बाइकर्स की रेस करवाई जाती है।

सआदत अली खान का मकबरा

कैसरबाग स्थित इमारत है सआदत अली खां का मकबरा। सआदत अली खान अवध के छठे बादशाह थे। इसका निर्माण उनके बेटे गाजी-उद-दीन हैदर ने करवाया था। इतिहासकारों के अनुसार कैसर बाग इलाके से लेकर दिलकुशा कोठी तक की सभी इमारतों का निर्माण सहादत अली खान के शासनकाल में हुआ।

कैसरबाग पैलेस

अवध के अंतिम शासक नवाब वाजिद अली शाह ने सन् 1847 ईस्वी में कैसरबाग बनवाया था। नवाब इसे दुनिया का आठवां अजूबा बनाना चाहते थे। अंग्रेजों ने इस महल को नुकसान पहुंचाया। तत्पश्चात वाजिद अली शाह अपनी पत्नी के साथ कोलकाता चले गए। इसके बाद महल का एक बड़े हिस्से को ध्वस्त कर दिया गया।

छतर मंजिल

छतर मंजिल निर्माण कार्य गाजी-उद-दीन हैदर ने शुरू किया था हैदर की मृत्यु के बाद उसके उत्तराधिकारी नवाब नसीरुद्दीन हैदर ने इसे पूरा करवाया। दूर से देखने पर इसका ऊपरी हिस्सा छतरी के आकार का प्रतीत होता है। इस कारण इसका नाम छतर मंजिल पड़ा। सन् 2019 में उत्तर प्रदेश पुरातत्व विभाग के द्वारा छतर मंजिल के आस-पास खुदाई का कार्य चल रहा था। उसी समय वहाँ 220 साल पुराना नाम सामने आया जो नवाबों के समय का प्रतीत होता है।

मनकामेश्वर मंदिर

मनकामेश्वर मंदिर लखनऊ के डालीगंज में गोमती नदी के किनारे स्थित है। यह शिव-पार्वती का मंदिर है।

मंदिर की फर्श पर चांदी के सिक्के जड़े हुए हैं। मनकामेश्वर मंदिर त्रेता युग का माना जाता है। यहाँ की आरती का विशेष महत्व है। मंदिर में आरती की घंटी एवं डमरू की आवाज आपको पूरी तरह से शिव की भक्ति में लीन कर देती है। ऐसा कहा जाता है माता सीता को वनवास छोड़ने के बाद लक्ष्मण ने यहाँ रुक कर भगवान शिव की आराधना की थी। जिससे उनके मन को बहुत शांति मिली थी। कालांतर में यहां मनकामेश्वर मंदिर के स्थापना की गई। मुस्लिम इलाके के मध्य स्थित मनकामेश्वर मंदिर भाईचारे का प्रतीक है।

आवागमन

वायुमार्ग

लखनऊ का हवाई अड्डा है - चौधरी चरण सिंह अंतरराष्ट्रीय हवाई अड्डा है। यह लखनऊ शहर से लगभग 13 किलोमीटर की दूर अमौसी नामक गाँव में स्थित है। कुछ लोग इसे अमौसी हवाई अड्डा भी कहते हैं।

रेलमार्ग

लखनऊ रेलवे स्टेशन का नाम है चारबाग रेलवे जंक्शन है। लखनऊ में तीन प्रमुख रेलवे स्टेशन है। ये हैं- लखनऊ सिटी, लखनऊ जंक्शन एन ई आर एवं लखनऊ चारबाग एन आर। लखनऊ चारबाग एन आर सबसे प्रमुख रेलवे स्टेशन है।

सड़क मार्ग

लखनऊ से उत्तर प्रदेश के अन्य शहरों के लिए उत्तर प्रदेश सड़क परिवहन निगम की बसें चलती हैं। उत्तर प्रदेश के सभी 75 जिलों से लखनऊ के लिए उत्तर प्रदेश सड़क परिवहन निगम की बस सुविधा है। दिल्ली, बिहार, राजस्थान, मध्य प्रदेश, छत्तीसगढ़ एवं झारखंड राज्यों के लिए लखनऊ से परिवहन निगम की बस सेवा उपलब्ध है। पर्यटक अपने निजी वाहन से भी यहाँ पहुंच सकते हैं। नगर में भ्रमण के लिए अनेक प्रकार के वाहन उपलब्ध हैं।

अध्याय : 6

जालौन-कालपी के पर्यटन स्थल

जालौन जनपद में यमुना नदी के तट पर स्थित है कालपी शहर। यहाँ अनेक ऐतिहासिक महत्व की इमारतें हैं। यह महर्षि वेदव्यास का जन्म स्थान है। विष्णु ने नरसिंह अवतार धारण करके यहाँ पर प्रहलाद के प्राणों की रक्षा की थी। प्रहलाद हिरण्यकश्यप का पुत्र था। प्राचीन काल में इसका नाम कालप्रिय था। ऐसा माना जाता है कि चौथी शताब्दी में राजा वासुदेव ने इसे बसाया था। यहीं बीरबल का जन्म हुआ। कानपुर-झांसी मार्ग पर स्थित है कालपी।

'कान्यकुब्ज माहात्म्य' में उल्लेख मिलता है कि कृष्ण पुत्र शांब दुर्वासा ऋषि के शापवश कोढ़ी हो गए थे। वह कन्नौज के समीप मकरंज नगर के सूर्य कुंड में स्नान करने पर कोढ़ मुक्त हुए। अत: शांब द्वारा यमुना के तट पर कालप्रियनाथ अर्थात सूर्यदेव का मंदिर बनवाया। कालांतर में उस स्थान का कालपी के नाम से प्रचलित हो गया। कन्नौज के मौखरि नरेश यशोवर्मन तथा उनके दरबारी कवि भवभूति ने कालप्रिय नाथ का वर्णन किया है। 'कान्यकुब्ज माहात्म्य' के अनुसार कन्नौज की दक्षिणी सीमा कालपी तक थी।

चौरासी गुंबद

कालपी में चौरासी गुंबद नामक एक ऐतिहासिक इमारत है। चौरासी गुंबद इमारत अत्यंत प्राचीन है। आकृति के दृष्टि से यह बौद्ध भवन प्रतीत होती है। इस चौरासी गुंबद भवन को अशोक कालीन विद्यालय सिद्ध करते हुए कहा गया है कि यह आपरष्ठ चौरासी गुंबद के नाम से विख्यात है। सन् 1928 ईस्वी में राजस्थान के रायबहादुर गौरीशंकर हीराचन्द ओझा और कलकत्ता विश्वविद्यालय के इतिहास विभागाध्यक्ष प्रोफेसर यदुनाथ सरकार ने कालपी प्रवास के समय इस ऐतिहासिक इमारत का सिंहावलोकन किया था। स्थानीय मान्यता के अनुसार सम्राट अशोक द्वारा बौद्ध धर्म ग्रहण करने के पश्चात एक विश्व स्तरीय सम्मेलन कालपी में हुआ था। उसी आयोजन के अंतर्गत यह चौरासी गुंबद निर्माण किया गया था। एक अन्य मतानुसार कालपी के दक्षिण में एक बौद्ध मठ स्तूप-सा प्राचीन भव्य खंडहर है। कभी इस भवन में चौरासी गुंबद व दरवाजे थे। अतः इसका नाम चौरासी

गुंबद पड़ा। इस भवन में कुछ पत्थर बौद्ध कालीन शिल्प की छाप लिए हैं। एक जनश्रुति के अनुसार चीनी यात्री ह्वेनसांग के समय यहाँ एक बौद्ध मठ उच्च शिक्षा संस्थान एवं आवास गृह था।

इतिहासकारों के एक वर्ग के अनुसार हिजरी संवत 791 में सुल्तान मुहम्मद उर्फ महमूद शाह लोधी ने कालपी के लहरिया राजा उर्फ श्रीचन्द्र पर आक्रमण कर उसे परास्त किया था। उसी विजय के फलस्वरूप चौरासी गुंबद का निर्माण महमूद शाह लोधी द्वारा हुआ। चौरासी गुंबद होने के कारण इसका नाम चौरासी गुंबद पड़ गया। इस इमारत को देखने से ऐसा प्रतीत होता है कि इसका निर्माण पहले अन्य प्रयोजन के लिए हुआ था। इमारत वर्गाकार है।

श्रीदरवाजा

कालपी स्थित बड़े बाजार की पूर्वी सीमा पर श्री दरवाजा स्थित है। यह दरवाजा अपना एक ऐतिहासिक महत्व रखता है। इतिहास में इस दरवाजे का कोई उल्लेख नहीं मिलता। ऐसा माना जाता है कि सन् 1196 ईस्वी में कालपी के राजा श्रीचन्द्र उर्फ लहरिया के साथ विश्वासघात कर उसके कुछ सभासद यवन सेनापतियों से मिल गये। श्रीचंद और यवनों में युद्ध हुआ। युद्ध के मैदान में राजा श्रीचन्द्र वीरगति को प्राप्त हुए। यवन सरदार ने राजा श्रीचन्द्र के सिर को जमीन में गड़वा कर उसके ऊपर एक विशाल द्वार का निर्माण कराया जो श्री दरवाजे के नाम से जाना जाता है। एक अन्य मत के अनुसार यह कहा जाता है कि कालपी के अन्तिम हिन्दू राजा श्रीचन्द्र मुसलमानों से पराजित हुए। श्रीचंद की मृत्यु कालपी में हुई और उनका सिर इस दरवाजे के नीचे गाड़ दिया गया। यह भी कहा जाता है कि युद्ध में वीरगति को प्राप्त राजा लहरिया उर्फ श्रीचन्द्र की पटरानी लोढ़ा से राजा श्रीचन्द्र का सिर मुसलमानों से माँग कर नगर के पश्चिमी भाग में उसे दफनाया तथा उस पर एक शानदार दरवाजा बनवाया।

एक अन्य मत के अनुसार राजा श्रीचन्द्र सोलहवीं शताब्दी के आरंभ में महमूद लोदी द्वारा मारा गया था। बाद में श्रीचन्द्र के नाम से ही महमूद लोदी ने नगर में एक दरवाजा बनवाया था जो श्री दरवाजा के नाम से आज भी विख्यात है। विद्वान रूप किशोर टंडन के अनुसार श्री दरवाजा बारहवीं शताब्दी के यवन काल के प्रारंभ में बना।

श्री दरवाजा 36 फुट ऊँचा और 12 फुट चौड़ा है। इसकी दीवारें 14 फुट चौड़ी हैं। यह नीचे से ऊपर की ओर क्रमशः पतला होता गया है। इस दरवाजे के ऊपर तीन पूरे कंगूरे व दो पौने कंगूरे अंकित है। इनमें कोई दरवाजा नहीं है। इस दरवाजे के ऊपर स्थित कंगूरों में

प्रत्येक में एक एक चौकोर छिद्र बना हुआ है जिसके आर-पार देखा जा सकता है। कंगूरों के नीचे एक बाहर निकली हुई पट्टिका अंकित है। जिसके नीचे पुनः आर-पार देखने वाला एक छिद्र ऊपरी छिद्रों के ठीक नीचे बना हुआ है। इसके नीचे आयताकार आकृति अंकित है। जिसके अन्दर एक विशाल मेहराब बना हुआ है। इस विशाल मेहराब के नीचे विशाल मेहराब युक्त दरवाजा बना है। दोनों मेहराबों के बीच एक बड़ी आयताकार आर-पार देखने वाली खिड़की बनी है। जिसके नीचे दोनों ओर पानी निकलने के छिद्र हैं। इसके नीचे छोटे-छोटे तोड़ो पर आधारित एक छज्जा भी है। श्री दरवाजा में लकड़ी के दो विशाल फाटक भी लगे हुए थे। दरवाजे के दोनों ओर विशाल लकड़ी के फाटकों को साधने हेतु ऊपर तथा नीचे की ओर पत्थर के गोल हुक भी लगे हैं। यह श्री दरवाजा कालपी में हिंदुओं पर मुगलों की बर्बरता की मूक कहानी कह रहा है। यह सम्पूर्ण श्री दरवाजा पत्थर तथा चूने के संयोग से निर्मित है। इस पर चूने का ही प्लास्टर है।

लंका मीनार

कालपी में एक मीनार है। इसे लंका मीनार कहा जाता है। इस मीनार में रावण और उनके परिवार के पूरे सदस्यों की मूर्तियां लगाई गई हैं। इस मीनार की ऊंचाई 210 फीट है। जिसे मथुरा प्रसाद नाम के शख्स ने 1 लाख 75 हजार रुपये खर्च कर बनवाया था। इस लंका मीनार का निर्माण कलयुग में हुआ। इस मीनार से जुड़ी खास बात यह है कि इस मीनार का निर्माण करने वाले मथुरा प्रसाद रामलीला में कई सालों तक रावण की भूमिका करते रहे थे। जिसकी वजह से उन्हें उनके असली नाम से कम और रावण के नाम से ज्यादा पहचान मिली। मथुरा प्रसाद ने सन् 1857 में बनवाया था। जिसे बनाने में बीस साल का लंबा समय लगा। मीनार में एक शिव मंदिर भी बना है। शिव मंदिर बनाने का मुख्य कारण यह था कि रावण भगवान शिव के परम भक्त थे। इस मीनार की चढ़ाई करने में कुल सात परिक्रमा लगानी पड़ती है। यही वजह है कि यहाँ किसी भाई-बहन को नहीं आने की सलाह दी जाती है। स्थानीय लोगों का मानना है कि यहाँ लड़का और लड़की एक साथ आने से सात-फेरे हो जाते हैं। सनातन परंपरा के अनुसार दोनों का विवाह संपन्न हुआ मान लिया जाता है।

चंदेल दुर्ग

यहाँ चंदेल कालीन दुर्ग है। दुर्ग यमुना नदी के समीप चट्टानों पर स्थित है। यह तीन तरफ से दीवार से घिरा हुआ है और चौथी तरफ चट्टानों और नदी द्वारा बचाव किया गया है। कालपी दुर्ग एक आयताकार संरचना है जिसके शीर्ष पर एक गुंबद है। यह नदी के तल

से 120 फीट ऊपर है। दुर्ग की दीवार 9 फीट मोटी है। इस दुर्ग से सन् 1196 ईस्वी का एक अभिलेख प्राप्त हुआ है। यह शिलालेख कुतुबुद्दीन ऐबक का है। शिलालेख के अनुसार कुतुबुद्दीन ऐबक ने यह दुर्ग चन्देलों से जीत लिया था। वर्तमान समय में कालपी दुर्ग के भग्नावशेष बचे है। दुर्ग के नीचे यमुना नदी का घाट है। इसी के समीप मराठा शासकों की बनाई हुई इमारत देखने को मिलती है।

गोपालपुरा दुर्ग

पहूज नदी के किनारे है गोपालपुरा दुर्ग। यह दुर्ग जालौन से लगभग 44 किलोमीटर दूर पश्चिम दिशा की ओर है। गोपालपुरा का प्राचीन नाम गोपाल गिरि था। ऐसा माना जाता है कि गोपालपुरा अतीत में ऋषियों मनीषियों की तपोभूमि रहा है। एक समय गोपाल गिरि सघन वन था। इस सघन वन में गोपाल बाबा नामक एक महात्मा निवास करते थे। इनके नाम पर ही इस स्थान का नाम गोपालपुरा पड़ा।

गोपालपुरा की जागीर की स्थापना मध्य प्रदेश के लहार के राजा रूपपाल सिंह के छोटे पुत्र आलम राव द्वारा की गई थी। महाराज आलम राव को सन् 1574 ईस्वी में जब गोपालपुरा की जागीर प्राप्त हुई तब वह मात्र 19 वर्ष के थे। अपनी लगन व निष्ठा से उन्होंने अपने निवास हेतु राजमहल का निर्माण कराया। वर्तमान में इसे गोपालपुरा दुर्ग कहा जाता है। इस गोपालपुरा दुर्ग के पश्चिमी ओर भद्रशीला के उस पार राजा सुदर्शन सिंह जूदेव द्वारा बागों का जीर्णोद्धार कराकर उसमें गुलाब चंपा, बेला, चमेली आदि के साथ अनेक फलदार वृक्षों को लगाया। गोपालपुरा दुर्ग के निर्माण में उस समय लगभग सोलह हजार चांदी के रुपये व्यय हुए थे। यह किला 21 माह में बनकर तैयार हुआ था। पचास कारीगरों एवं 150 मजदूरों ने कठिन श्रम करके इस दुर्ग को तैयार किया था।

सत मठिया

महमूद खान लोधी ने लहरिया राजा श्रीचंद को मारने के बाद उनकी सात रानियों को चिता में जला दिया। उसकी याद में यमुना नदी के तट पर एक टीले पर सात छोटे मंदिर या 'मठियां' बनाई गई। इन मंदिरों को सतमठिया के नाम से जाना जाता है। यह जगह घने बीहड़ जंगल के अंदर है और सड़क मार्ग से यहां पहुंचना बहुत मुश्किल है। लेकिन अगर कोई यमुना के नीचे की ओर जाता है तो पहुंच बहुत आसान हो जाएगी

रंग महल

कालपी नगर के मुर्गा मंडी स्थित मोहल्ले में रंग महल बना हुआ है। यह प्राचीन इमारत है।

रामपुर दुर्ग

जालौन जिला मुख्यालय से रामपुर दुर्ग 36 किलोमीटर की दूरी पर स्थित है।

जगम्मनपुर दुर्ग

जालौन जिला में यमुना के दक्षिणी किनारे से लगभग 4 किलोमीटर दूर बसे जगम्मनपुर ग्राम में है यह दुर्ग।

उरई दुर्ग

जालौन जनपद में स्थित उरई नगर अति प्राचीन, धार्मिक एवं ऐतिहासिक महत्व का स्थल है।

गौरैया दाई मंदिर

रनगढ़ दुर्ग में एक विशालकाय देवी मंदिर है। वास्तुशिल्प की दृष्टि से यह मंदिर अति प्राचीन मालूम होता है। इस मन्दिर की मूर्ति को मूर्ति चोरों ने गायब कर दी है। यह भी संभावना है कि जब इस क्षेत्र में सुल्तानों एवं मुगलों का शासन स्थापित हुआ हो तब मन्दिर की मूर्ति इन्ही मुसलमान शासकों द्वारा खण्डित कर दी गई हो। इस दुर्ग में सन् 1727 ईस्वी में मुगल सूबेदार मोहम्मद बंगश ने अधिकार कर लिया था।

आवागमन

वायुमार्ग

उरई जिला जालौन का मुख्यालय है। उरई कानपुर झांसी के मध्य स्थित है। उरई में हवाई अड्डा नहीं है। अतः निकटतम हवाई अड्डा है कानपुर का चकेरी हवाई अड्डा। जो उरई से करीब 115 किलोमीटर दूर है।

रेलमार्ग

उरई में उत्तर-मध्य रेलवे नेटवर्क है। उरई स्टेशन शहर से 5 किलोमीटर की दूरी पर है।

सड़क मार्ग

उरई देश की सभी सड़कों से जुड़ा हुआ है। उत्तर प्रदेश सड़क परिवहन निगम की बस सेवा उपलब्ध है। जालौन के सभी पर्यटन स्थलों पर आने जाने के लिए अनेक प्रकार के वाहन उपलब्ध हैं।

अध्याय : 7

बांदा के पर्यटन स्थल

बांदा शहर यमुना की सहायक केन नदी के तट पर स्थित है। केन नदी कैमूर की पहाड़ी से निकलती है।

यह शहर बुंदेलखंड क्षेत्र में स्थित है। इस शहर का नाम महर्षि वामदेव के नाम पर पड़ा। बांदा महर्षि वामदेव की तपोभूमि है। यह शहर केन नदी के के किनारे स्थित है। सड़क मार्ग द्वारा ये अच्छे से अन्य शहरों से जुड़ा हुआ है। बांदा शहर में बांदा जंक्शन रेलवे स्टेशन भी है। बांदा के चारों तरफ अनेक पर्यटन स्थल हैं। चित्रकूट यहां से करीब 60 किलोमीटर है। बांदा गोमेद रत्नों के लिए प्रसिद्ध है। गोमेद रत्न केन नदी से निकलते हैं। केन नदी में शजर पत्थर पाया जाता है। शेर पत्थर पर प्राकृतिक रूप से प्राकृतिक दृश्य बने रहते हैं। यहां एक कृषि विश्वविद्यालय है।

यहाँ के प्रमुख मंदिरों में माँ महेश्वरी देवी का सात खंड का मंदिर, संकटमोचन मंदिर, मां काली देवी मंदिर, वामदेवेश्वर मंदिर, विंध्यवासिनी मन्दिर आदि प्रमुख हैं। विश्व विख्यात मदरसा जामिया अरबिया हथौरा यहाँ के हथौरा गांव में है जो बांदा शहर से 16 किलोमीटर दूर है। बांदा शहर की नवाबी जामा मस्जिद भी खासा प्रसिद्ध है जो कि वर्तमान में पुरातत्व विभाग के अधिकार में है।

भूरागढ़ दुर्ग

भूरागढ़ दुर्ग बांदा शहर की केन नदी के तट पर स्थित है। यहां आशिकों का मेला लगता है। पहले यह दुर्ग महत्वपूर्ण प्रशासनिक स्थल था।

खत्री पहाड़ दुर्ग या सेवड़ा दुर्ग

खत्री पहाड़ पर विंध्यवासिनी देवी मंदिर तथा शेरपुर सेवड़ा दुर्ग है। बांदा जिले में शेरपुर सेवड़ा नामक एक गांव है। यह गांव खत्री पहाड़ के नाम से विख्यात है।

कालिंजर दुर्ग

कालिंजर शब्द का अर्थ है- जिसने काल पर विजय पा ली हो। काल अर्थात समय एवं जय अर्थात विजय। सनातन मान्यताओं के अनुसार सागर मंथन उपरांत भगवान शिव ने सागर से उत्पन्न हलाहल विष का पान कर उसे अपने कंठ में ही रोक लिया था। इससे उनका कंठ नीला हो गया था। इस कारण से वह नीलकंठ कहलाये। तब वह कालिंजर आये और यहाँ काल पर विजय प्राप्त की। इसी कारण से कालिंजर स्थित शिव मंदिर को नीलकंठ भी कहते हैं।

पद्म पुराण में इस क्षेत्र को "नवऊखल" बताया गया है। इसे विश्व का सबसे प्राचीन स्थल बताया गया है। मत्स्य पुराण में इस क्षेत्र को अवन्तिका एवं अमरकंटक के साथ अविमुक्त क्षेत्र भी कहा गया है। जैन धर्म ग्रंथों तथा बौद्ध धर्म की जातक कथाओं में इसे कालगिरि कहा गया है। कालिंजर तीर्थ की महिमा ब्रह्म पुराण में भी वर्णित है। यह घाटी क्षेत्र घने वनों तथा घास के खुले मैदानों द्वारा घिरा हुआ है।

कालिंजर दुर्ग बांदा जिला मुख्यालय से 55 किलोमीटर दूर बांदा-सतना मार्ग पर स्थित है। बुन्देलखण्ड क्षेत्र में विंध्य पर्वत पर स्थित यह दुर्ग अपराजेय दुर्गों में गिना जाता रहा है। यह विंध्याचल पर्वतमाला के अन्य पर्वत जैसे मईफा पर्वत, फतेहगंज पर्वत, पाथर कछार पर्वत, रसिन पर्वत, बृहस्पति कुण्ड पर्वत, आदि के बीच बना हुआ है। यह पर्वत बड़ी चट्टानों से युक्त हैं। कालिंजर या कालंजर का उल्लेख तो प्राचीन पौराणिक ग्रंथों में मिलता है। महाकाव्यों और पौराणिक ग्रंथों के अनुसार यह स्थान सतयुग में कीर्ति नगर, त्रेता युग में मध्यगढ़, द्वापर युग में सिंहल गढ़ और कलयुग में कालिंजर के नाम से विख्यात है।

कालिंजर दुर्ग विंध्याचल की पहाड़ी पर बात सौ फीट की ऊँचाई पर स्थित है। दुर्ग की कुल ऊँचाई 108 फीट है। इसकी दीवारें चौड़ी और ऊँची हैं। इसे मध्यकालीन भारत का सर्वोत्तम दुर्ग माना जाता था। इस दुर्ग में स्थापत्य की अनेक शैलियाँ दृष्टिगोचर होती हैं। यथा- गुप्त शैली, प्रतिहार शैली, पंचायतन नागर शैली आदि। प्रतीत होता है कि इसकी संरचना वास्तुकार ने अग्नि पुराण, बृहद संहिता तथा अन्य वास्तु ग्रंथों के अनुसार की है। दुर्ग के बीचों-बीच अजय पलका नामक एक झील है जिसके आसपास कई प्राचीन मंदिर हैं। यहाँ ऐसे तीन मंदिर हैं जिन्हें अंकगणितीय विधि से बनाया गया है। दुर्ग में प्रवेश के लिए सात दरवाजे हैं। सभी दरवाजे एक दूसरे से भिन्न शैलियों से अलंकृत हैं। यहाँ के स्तंभों एवं दीवारों में कई प्रतिलिपि बनी हुई हैं। मान्यता है कि इनमें यहाँ के खजाने का रहस्य छुपा हुआ है।

सात द्वारों वाले इस दुर्ग का प्रथम और मुख्य द्वार सिंह द्वार है। दूसरा द्वार गणेश द्वार कहलाता है। तीसरे द्वार को चंडी द्वार तथा चौथे द्वार को स्वर्गारोहण द्वार या बौद्धगढ़ द्वार कहते हैं। उसके पास एक जलाशय है जो भैरव कुण्ड या गंधी कुण्ड कहलाता है। दुर्ग का पाचवाँ द्वार बहुत कलात्मक बना है। इसका नाम हनुमान द्वार है। यहाँ कलात्मक शिल्पकारी, मूर्तियां व चंदेल शासकों से सम्बन्धित शिलालेख मिलते हैं। इन लेखों में मुख्यतः कीर्तिवर्मन तथा मदन वर्मन का नाम मिलता है। यहाँ मातृ-पितृ भक्त, श्रवण कुमार का चित्र भी बना हुआ है। छठा द्वार लाल द्वार कहलाता है जिसके पश्चिम में हम्मीर कुण्ड स्थित है। चंदेल शासकों का कला-प्रेम यहाँ की दो मूर्तियों से साफ झलकता है। सातवें व अंतिम द्वार नेमि द्वार है। इसे महादेव द्वार भी कहते हैं। इन सात द्वारों के अलावा इस दुर्ग में मुगल बादशाह आलमगीर औरंगजेब द्वारा निर्मित आलमगीर दरवाजा, चौबुर्जी दरवाजा, बुद्ध बद्री दरवाजा और बारा दरवाजा नामक अन्य द्वार भी हैं।

दुर्ग में सीता सेज नामक एक छोटी-सी गुफा है जहाँ एक पत्थर का पलंग और तकिया रखा हुआ है। लोकमत इसे रामायण की सीता की विश्रामस्थली मानता है। यहाँ कई तीर्थ यात्रियों के लिखे आलेख हैं। यहीं पर एक कुंड है जो सीता कुंड कहलाता है। दुर्ग में बुड्ढा एवं बुड्ढी नामक दो ताल हैं। इन दोनों ताल के जल को औषधीय गुणों से भरपूर माना जाता है। मान्यता है कि उसका जल चर्म रोगों के लिए लाभदायक है। इसमें स्नान करने से कुष्ठ रोग भी ठीक हो जाता है। जनश्रुति है कि चंदेल राजा कीर्तिवर्मन का कुष्ठ रोग यहीं स्नान करने से दूर हुआ था।

इस दुर्ग में राजा महल और रानी महल नामक दो भव्य महल है जिसमें पाताल गंगा नामक एक जलाशय है। यहाँ के पांडु कुंड में चट्टानों से निरंतर पानी टपकता रहता है। कहते हैं कि यहाँ कभी शिवकुटी होती थी। जहाँ अनेक शिव-भक्त तप किया करते थे। नीचे से पाताल गंगा होकर बहती थी। उसी से यह कुंड भरता है।

दुर्ग के दक्षिण मध्य भाग में मृगधारा बनी है। यहाँ चट्टानों को काट-छाँट कर दो कक्ष बनाए गए हैं। जिनमें से एक कक्ष में सात हिरणों की मूर्तियाँ हैं। यहाँ निरंतर मृगधारा का जल बहता रहता है। इसका पौराणिक सन्दर्भ सप्त ऋषियों की कथा से जोड़ा जाता है। यहाँ शिला के अंदर खुदाई कर भैरव व भैरवी की अत्यंत सुंदर तथा कलात्मक मूर्ति बनाई गई है।

इस दुर्ग में कई प्राचीन मंदिर हैं। इनमें कई मंदिर तीसरी से पाँचवीं सदी के हैं। चौथी सदी में यहाँ नागों का शासन स्थापित हुआ। उन्होंने नीलकंठ महादेव का मन्दिर बनवाया।

प्राचीन भारत में कालिंजर का उल्लेख बौद्ध साहित्य में भी बुद्ध के यात्रा वृतांतों में मिलता है। गौतम बुद्ध के समय यहाँ चेदि वंश का शासन था। इसके बाद यह मौर्य साम्राज्य

के अधिकार में आ गया व विंध्य-आटवीं नाम से विख्यात हुआ। तत्पश्चात यहाँ शुंग वंश तथा कुछ वर्ष पाण्डुवंशियों का शासन रहा। समुद्रगुप्त की प्रयाग प्रशस्ति में इस क्षेत्र का विन्ध्य आटवीं नाम से उल्लेख है। इसके बाद यह वर्धन साम्राज्य के अन्तर्गत भी रहा। 249 ईस्वी में यहाँ हैहय वंशी कृष्णा राज का शासन था। चौथी सदी में यहाँ नागों का शासन स्थापित हुआ। उन्होंने नीलकंठ महादेव का मन्दिर बनवाया। इसके बाद यहाँ गुप्त वंश का राज स्थापित हुआ। इसके बाद यह जेजाकभुक्ति अर्थात जय शक्ति चंदेल साम्राज्य के अधीन था। नौवीं से पंद्रहवीं शताब्दी तक यहाँ चंदेल शासकों का शासन था। गुर्जर प्रतिहारों के शासन में यह उनके अधिकार में आया और नागभट्ट द्वितीय के समय तक रहा। चंदेल शासक उन्हीं के माण्डलिक राजा हुआ करते थे। उस समय के लगभग हरेक ग्रन्थ या अभिलेखों में कालिंजर का उल्लेख मिलता है।

जनश्रुतियों के अनुसार इसकी स्थापना चन्देल वंश के संस्थापक चन्द्र वर्मा ने की थी। इतिहासकारों के एक वर्ग का मानना है कि इसका निर्माण केदार वर्मन ने करवाया था। यह भी माना जाता है कि इसके अनेक द्वार औरंगजेब ने बनवाए थे। सोलहवीं शताब्दी में फारसी इतिहासकार फरिशता के अनुसार कालिंजर नामक शहर की स्थापना केदार नामक एक राजा ने सातवीं शताब्दी में की थी। एक लंबे समय तक यह ओझल रहा। यह दुर्ग चंदेल शासन से प्रकाश में आया। चंदेल काल की कथाओं के अनुसार दुर्ग का निर्माण एक चंदेल राजा ने करवाया था। चंदेल शासकों द्वारा कालिंजर अधिपति अर्थात कालिंजर के अधिपति की उपाधि का प्रयोग उनके द्वारा इस दुर्ग को दिए गए महत्व को दर्शाता है।

साहित्य सृजन

यहाँ की भूमि पर बैठकर ही अनेक ऋषियों-मुनियों ने वेदों की ऋचाओं का सृजन किया था। ऐसा माना जाता है कि यहीं नारद संहिता, बृहस्पति सूत्र, आदि की रचना हुई। यह भी मान्यता है कि यहीं पर महर्षि वाल्मीकि ने रामायण का सृजन किया। महाकवि व्यास ने वेदों की रचना भी यहीं पर की थी। कालांतर में गोस्वामी तुलसीदास ने भी रामचरितमानस की रचना भी यहीं पर की थी। यही वह स्थान है जहाँ जगनिक ने आल्हखण्ड ग्रंथ का सृजन किया था। चंदेल नरेश गण्ड ने अनेक काव्यों का भावनात्मक सृजन यहीं हुआ। महान कवि पद्माकर यहीं के थे। संस्कृत ग्रंथ प्रबोधचन्द्रोदय के रचयिता भी यहीं हुए थे। कालिदास व बाणभट्ट जैसे साहित्यकार विन्ध्य आटवीं से प्रभावित होकर यहाँ का वर्णन अपने ग्रन्थों में करते हैं। बुन्देलखण्ड के कवि घासीराम व्यास और कृष्णदास ने यहाँ का भावनात्मक एवं कलात्मक वर्णन किया हैं।

रसिन दुर्ग

रसिन का किला उत्तर प्रदेश के बांदा जिले मे अतर्रा तहसील के रसिन गांव में स्थित है।

आवागमन

वायुमार्ग

निकटतम हवाई अड्डा खजुराहो हवाई अड्डा है। यह बांदा से 140 किलोमीटर दूर है। दूसरा निकटतम हवाई अड्डा कानपुर चकेरी हवाई अड्डा है। यह बांदा से 140 किलोमीटर दूर है।

रेलमार्ग

बांदा उत्तर मध्य रेलवे जोन के झांसी रेलवे डिवीजन में स्टेशन है।

सड़क मार्ग

राष्ट्रीय राजमार्ग 76 बांदा से होकर गुजरता है। जो इसे झांसी और इलाहाबाद से जोड़ता है। उत्तर प्रदेश सड़क परिवहन निगम की बस सेवा सदैव उपलब्ध है। बांदा के सभी पर्यटन स्थलों पर आने-जाने के लिए अनेक प्रकार के वाहन सदैव उपलब्ध रहते हैं।

अध्याय : 8

महोत्सव नगर महोबा के पर्यटन स्थल

प्राचीन समय में महोबा बुन्देलखण्ड और चंदेल राजाओं की राजधानी थी। ऐसी लोक धारणा है कि त्रेता युग में महोबा को केप पुर नाम से जाना जाता था। द्वापर युग में इसे पत्तनपुरा कहा गया। पत्तनपुरा सातवीं सदी में एक सामान्य खेड़ा अथवा ग्राम था। इसी पत्तनपुरा में चन्द्र ब्रम्ह ने महोत्सव कराया था। महोत्सव सम्पन्न होने पर पत्तनपुरा का नाम महोत्सवपुरी रखा गया था। कालान्तर में इसी महोत्सवपुरी को महोबा कहा जाने लगा। चंद्र ब्रह्म चंदेलों के आदि पुरुष थे। महोबा उनका मूल निवास था। चंदेल राजाओं ने महोबा नगर के चारों ओर मालाकार रूप में सुन्दर विशाल सरोवरों का निर्माण कराकर इसे आकर्षक, मनोरम एवं जलमय नगरी बना दिया था। चंदबरदाई ने अपने ग्रंथ पृथ्वीराज रासो के महोबा खंड में इसका नाम महोत्सव नगर ही माना है।

महोबा चंदेल राजाओं की प्रशासनिक राजधानी थी। कुछ समय के लिये चंदेल राजाओं की राजधानी खजुराहो भी रही। महोबा को बुन्देलखण्ड की वीर भूमि भी कहा जाता है। यह वीर आल्हा ऊदल का नगर कहलाता है। चंदेल वंश का अन्तिम नरेश परमर्दी देव था। इसका शासन सन् 1202 ईस्वी तक रहा। सन् 1182 ईस्वी में दिल्ली नरेश पृथ्वीराज चौहान ने महोबा पर आक्रमण किया था। इस युद्ध में आल्हा और ऊदल ने विशेष बहादुरी का परिचय दिया था। इस युद्ध में ऊदल पराजित हुआ और मार डाला गया और आल्हा घायल हो गया था। युद्ध में परमर्दी देव पराजित हुआ और महोबा पर पृथ्वीराज का अधिकार हो गया।

महोबा दुर्ग

महोबा दुर्ग महोबा जनपद में एक सुप्रसिद्ध दुर्ग है। यह दुर्ग चंदेल कालीन है। इस दुर्ग में कई अभिलेख भी उपलब्ध होते है। इन अभिलेखों में चंदेल वंशावली नन्नुक देव से लेकर परमर्दी देव तक की उपलब्धि प्राप्त होती है। इतिहासकारों में इस दुर्ग के वास्तविक निर्माणकर्ता को लेकर मतभेद है। यह दुर्ग मानिकपुर झाँसी मार्ग पर महोबा मुख्यालय से

कुछ दूर विजय सागर से समीप एक पहाड़ी पर स्थित है। महोबा के दुर्ग में प्रवेश करने के लिए दो द्वार हैं। यह द्वार दुर्ग के पश्चिमी और पूर्वी दिशा में है। यह भैंसा द्वार और दरीवा दरवाज़ा के नाम से जाने जाते हैं। इस दुर्ग में राजा परमाल के महल को कुछ समय बाद मकबरे में बदल दिया गया है। भैंसा दरवाजा के समीप एक मकबरा है जो हिन्दू वास्तुशिल्प का परिचायक है। इसके द्वार पर मलिक तातुद्दीन अहमद का नाम अंकित हैं। सन् 1322 ईस्वी में गयासुद्धीन तुगलक के शासन में इस मकबरे का निर्माण कराया था। इसी के दक्षिणी किनारे पर एक तालाब के किनारे बड़ी चन्द्रिका का मंदिर और भगवान शिव का गुफा मन्दिर हैं जो काठेश्वर नाम से प्रसिद्ध है। थोड़ी दूरी पर स्थित एक चट्टान पर जैनियों के चौबीस तीर्थंकर की मूर्तियाँ सन् 1449 ईस्वी की मानी जाती हैं। इस क्षेत्र का उल्लेख अतिशय क्षेत्र के रूप में किया गया है। दुर्ग के दक्षिणी पश्चिमी किनारे पर छोटी चन्द्रिका देवी का मन्दिर है। यहीं पर दसवीं शताब्दी की शिव प्रतिमा उपलब्ध होती है। जिसे चट्टान काट कर बनाया गया है। इसके पश्चिम में गजासुर शंकर की प्रतिमा है। मदनसागर के नीचे एक ओर गोरखपुर पहाड़ी है। इसी के समीप पठवा के बाल महाबीर का मन्दिर है। इस मन्दिर की हनुमान प्रतिमा अद्वितीय है। इसी के समीप एकांत स्थल पर काल भैरव की प्रतिमा है।

गोरख पहाड़ी

यह महोबा दुर्ग का प्रसिद्ध स्थल है। इसका नामकरण प्रसिद्ध तांत्रिक गोरखनाथ के नाम पर पड़ा। इस स्थल पर अनेक पानी के झरने और प्राकृतिक गुफाएं हैं। यहीं की पहाड़ी पर उजाली और अंधेरी नाम की दो गुफाएं हैं। पहाड़ी की चोटी मर्दन तुंग के नाम से प्रसिद्ध है। इस पहाड़ी पर मुश्किल से चढ़ा जा सकता है। इसकी एक गुफा में गोरखनाथ के शिष्य सिद्ध दीपकनाथ रहा करते थे। यह स्थल तपोभूमि के नाम से भी जाना जाता है। यहाँ पर प्रतिवर्ष पर्वत की चोटी पर सिद्ध मेला भी लगता है।

चन्देल दुर्ग

महोबा दुर्ग के उत्तर दिशा में चंदेल दुर्ग के अवशेष मिलते है। दुर्ग में राजा परमाल के महलों के अवशेष मिलते है। यहीं पर मनिया देवी का मंदिर भी है। इसी के समीप एक पत्थर का स्तम्भ है। जिसे दीवर के नाम से जाना जाता है। इसी के समीप आल्हा की गिल्ली नामक पत्थर की शिला रखी है। आल्हा के गिल्ली के समीप ही एक चट्टान पर एक घुड़सवार की मूर्ति है। इस घुड़सवार की मूर्ति को हिन्दू और मुस्लिम औरते श्रद्धा के साथ पूजती है। विवाह के अवसर पर इस मूर्ति पर सुगंधित तेल लगाती है। यहीं पर पीर मुबारक शाह की मजार भी है। पीर मुबारक शाह का आगमन सन् 1252 ईस्वी में अरब से हुआ था। वह महोबा में आकर रहने लगे थे।

दिसरापुर सागर

यह तालाब नगर के उत्तर पूर्व में है। एक पहाड़ी से लगा हुआ है। ऐसा कहा जाता है कि सरोवर के नजदीक आल्हा-ऊदल के रहने के महल थे।

राहिल सागर

चंदेल नरेश राहिल ने राहिल सागर नाम का एक तालाब का निर्माण सन् 890-940 ईस्वी के मध्य कराया था। यह महोबा से तीन किलोमीटर दूर दक्षिण पश्चिम में है। राहिला सागर महोबा का सबसे पुराना तालाब है। इसका बाँध विशाल है। बांध लम्बा चौड़ा एवं सुदृढ़ है। इसके बाँध पर तेलिया पत्थर से सुन्दर राहिला सूर्य मन्दिर बनवाया गया था। राहिला मंदिर में सूर्य देव की प्रतिमा लगभग 4 फुट ऊंची बलुआ पत्थर की आराधना मुद्रा में है। कार्तिक पूर्णिमा के अवसर पर यहाँ एक मेला लगता है। समीप राहिल सागर से लगा हुआ एक मन्दिर भी है। जहाँ भगवान शिव की प्रतिमा है।

सूरजकुंड

राहिल सागर के पास पवित्र सूरजकुंड है। इसी के इसी के सन्निकट एक सूर्य प्रतिमा है। यह प्रतिमा लगभग 4 फुट की है और आराधना मुद्रा में हैं। यह राहिला सागर से सटा हुआ है।

विजयसागर

विजय सागर झील का निर्माण विजय वर्मन ने सन् 1035 ईस्वी से लेकर सन् 1060 ईस्वी के बीच कराया था। यह सरोवर कानपुर सागर मार्ग पर स्थित है। यह तालाब बहुत बड़ा तथा गहरा है। इसके बाँध पर प्राचीन बस्ती हुआ करती थी। उस बस्ती के खंडहर अब भी देखे जाते हैं। पुरानी बस्ती का नाम बीजा नगर था। इसी कारण इस तालाब को बीजा सागर भी कहा जाता रहा है। बस्ती में बरगद के पेड़ थे जो अभी भी खड़े हुए हैं। इसके अतिरिक्त यहां विभिन्न प्रकार के और भी वृक्ष देखने को मिलते है। इसी के पास पुरानी गढ़ी की दीवारें भी है। इस गढ़ी का निर्माण मोहन सिंह बुन्देला ने 18वीं शताब्दी में कराया था। सन् 1855 ईस्वी में अंग्रेज इंजीनियर बर्गेस ने इस तालाब के बांध में सलूस बनवाकर कृषि सिंचाई के लिये पानी निकालने का प्रबंध कर दिया था।

कीरत सागर

कीर्तिवर्मन और मदन वर्मन चंदेल वंश के प्रसिद्ध शासक थे। उन्होंने महोबा में दो प्रसिद्ध झीलों का निर्माण कराया था। यह झीले कीरत सागर और मदन सागर के नाम से विख्यात है। कीरत सागर एक मध्यम श्रेणी का सरोवर है। महोबा के पश्चिमी किनारे पर स्थित है। इसका बाँध तेलिया पत्थर की पैरियों से बना है। उसका भराव क्षेत्र 18 किलोमीटर है। इस तालाब को स्थानीय लोग किरतुआ तालाब कहते हैं। इसका जल सदैव निर्मल एवं स्वच्छ रहता है। तालाब में कमल भी पैदा होता है।

चंदेल राजघराने की बहू-बेटियाँ अपनी सखियों सहित श्रावण मास की प्रतिपदा को कजलियां विसर्जित करने समारोह पूर्वक जाया करती थीं। परमाल राजा के शासनकाल में सन् 1182 ईस्वी में पृथ्वीराज चौहान ने चंदेलों की राजधानी महोबा पर आक्रमण किया था। इस आक्रमण का उद्देश्य था कजलियां विसर्जन के अवसर पर चंदेल राजकुमारी चंद्रावल का अपहरण। इसी तालाब पर पृथ्वीराज और पमार्दिदेव का युद्ध हुआ था। जिसमें चंदेलों की ओर से आल्हा-ऊदल ने शौर्यपूर्ण मुकाबला कर पृथ्वीराज चौहान की सेना को पराजित कर महोबा से खदेड़ दिया था। इस सरोवर के तट पर कजली मेला लगता है। इस सरोवर से थोड़ी दूर पर एक पहाड़ी पर दो मजार बनी हुई है। यह मजार ताला सैयद और जलान खान की है। इसी के सन्निकट आल्हा-ऊदल के नाम से स्तम्भ है। यहीं पर बारादरी नामक स्थल है। इस स्थल को आल्हा-ऊदल की बैठक के नाम से पुकारा जाता है। यहाँ से दुर्ग और मदन सागर जाने का मार्ग भी है।

मदन सागर

इस सरोवर का निर्माण चंदेल नरेश मदन वर्मा ने सन् 1429 ईस्वी से लेकर सन् 1462 ईस्वी के मध्य में कराया था। यह सरोवर नगर के दक्षिणी किनारे पर है। इस सरोवर के नजदीक प्राचीन अवशेष भी मिले हैं। इसके उत्तर पश्चिम में भगवान शिव का एक विशाल मंदिर है। जिसे ककरा मठ के नाम से जाना जाता है। ककरा मठ के पास ही एक सुन्दर बैठक थी। जिस पर बैठकर राजा सरोवर का सौंदर्य निहारा करते थे। ककरा मठ के पास ही विष्णु मंदिर एवं एक बैठक हुआ करती थी जो वर्तमान में ध्वस्त हो चुकी है।

मदन सागर तालाब से चंदेल राजाओं की ऐतिहासिकता जुड़ी हुई है। इस तालाब के उत्तरी पार्श्व की पहाड़ी पर चंदेलों का दुर्ग था। जिसके दो दरवाजे थे। उन्हें क्रमशः भैंसा एवं दरिवा दरवाजे कहा जाता था। चंदेलों की आराध्य मनिया देवी का मंदिर भी यहीं पर है। तालाब के दक्षिणी भाग में बड़ी चन्द्रिका देवी, शिव गुफा एवं कोटेश्वर शिव का मंदिर

है। यहीं दक्षिणी-पूर्वी भाग में जैन अतिशय क्षेत्र है। जिसके समीप छोटी चन्द्रिका देवी का मंदिर गोरखी पहाड़ी पर था। यह गोरखी पहाड़ी गुरु गोरखनाथ की तपोस्थली थी। इसी कारण इसे गोरखी पहाड़ी कहा जाता है। इस पहाड़ी में दो अंधेरे एवं उजाला गुफाएँ भी हैं। इसी पहाड़ी की तलहटी में शिव ताण्डव मंदिर है। शिव ताण्डव मंदिर के पास एक अनूठी अन्य प्रतिमा 'पठवा के बाल महावीर' की है, जो दर्शनीय है। यहाँ पास ही में एक चट्टान में 'काल भैरव' की उत्कीर्ण प्रतिमा है। मदन सागर बाँध पर सिद्ध बाबा का मेला भरता है जो कजलिया मेला के बाद लगता है। दूसरी ओर तालाब के मध्य में सन् 1890 ईस्वी में सेठ मिट्ठू पुरवार ने एक विश्राम स्थल का निर्माण कराया था। इसी स्थान पर पत्थर से बनी पाँच हाथियों की प्रतिमाएं है।

कल्याण सागर

इस कल्याण सरोवर का निर्माण वीर वर्मन ने सन् 1242 ईस्वी से लेकर सन् 1286 ईस्वी के मध्य कभी कराया था। वीर वर्मन देव की पत्नी का नाम कल्याण देवी था। उसी के नाम पर यह सरोवर बना। यह सरोवर विजय सागर के पूर्व में है। इसी के बगल में अनेक सती स्मारक बने हुए हैं। इसके बाँध पर सतियों के चीरा लगे हैं। सिंह वाहिनी देवी, बल खंडेश्वर महादेव एवं चामुंडा देवी मंदिर बने हुए हैं। ऐसा लगता है कि इस बाँध पर चंदेलों के शमशान रहे होंगे। काजी कुतुब शाह की मजार भी बनी हुई है।

श्रीनगर तालाब

श्रीनगर ग्राम महोबा-छतरपुर बस मार्ग पर स्थित है। यहाँ दो सुन्दर तालाब हैं, जो बुंदेला शासन काल के हैं। प्रथम बड़ा तालाब कहा जाता है। ऐसा माना जाता है कि इस तालाब को मोहन सिंह बुंदेला ने बनवाया था। एक दूसरा छोटा तालाब भी यहाँ है।

मकरवाई तालाब

प्राचीन समय में मकरवाई परिक्षेत्र अहीर जाति के अधिकार में था। जिसे बाद में मकरन्द राजपूत ने छीन कर अपने अधिकार में ले लिया था। उसी ने मकरवाई ग्राम बसा कर एक सुंदर तालाब का निर्माण कराया था। तालाब के बाँध पर शिव मंदिर है।

गढ़ा तालाब

कुलपहाड़ में बुंदेला शासनकाल का बना हुआ गढ़ा तालाब है। यह गहरा है एवं बड़ा भी है। गहरा होने के कारण ही इसे गढ़ा तालाब नाम मिला है। इसके बाँध पर मंदिर है। स्नान घाट भी सुन्दर बने हुए हैं।

महामन तालाब

खरेला बड़ा ग्राम है जो मुस्करा परगना में है। यहाँ चंदेलकालीन बड़ा तालाब है। बाँध पर कजलियों का मेला भरता है।

ब्रह्म सरोवर

कबरई में चंदेल राजा परमाल देव के पुत्र ब्रम्हा का बनाया हुआ एक विशाल झील-सा ब्रम्ह सरोवर तालाब है। इसकी पाल (बाँध) बहुत लम्बी-चौड़ी है। जिसमें पत्थरों की बड़ी-बड़ी पैरियों का प्रयोग किया गया है। इसके बाँध पर विशाल शिव मठ था। तालाब के मध्य की एक पटपरिया (पठार) पर चंदेलों की बैठक एवं सैरगाह थी। इस सरोवर में गाद, गौंडर एवं कीचड़ अधिक भर गई है। यदि इसका कचरा निकालकर पूर्ववत साफ करा दिया जाए तो यह बुंदेलखण्ड के दर्शनीय तालाबों में होगा।

बेला ताल

जैतपुर झांसी-मानिकपुर रेलवे का एक स्टेशन है। जैतपुर बस्ती से 3 किलोमीटर की दूरी पर पूर्व दिशा में एक विशाल तालाब है जिसे बेला तालाब है। स्थानीय लोग इसे बरमन चंदेल का बनाया हुआ बताते हैं। इतिहासकारों के अनुसार यह ताल चंदेल राजा परमाल देव के पुत्र ब्रह्मा का बनवाया हुआ है। इसका नाम ब्रह्मा ने अपनी रानी बेला के नाम पर रखा था। इस तालाब का भराव क्षेत्र 15 किलोमीटर का है। तालाब के बाँध पर शिवालय था जो अब ध्वस्त हो चुका है। तालाब के पश्चिमी पार्श्व में छत्रसाल के पुत्र जगतराज ने एक छोटा-सा दुर्ग बनवाया था। इसके अवशेष आज दिखाई देते हैं। कुछ हिस्सा मराठों ने तोड़ दिया था। स्थानीय लोग इसे केशरी सिंह का बनाया कहते हैं। अंग्रेजी काल में बेला ताल के बांध पर जल निकासी हेतु सलूस लगाया गया था। अनेक नहरें बनाई गई थीं। जिससे सैकड़ों हेक्टेयर की कृषि सिंचाई होने लगी थी।

सन् 1855 ईस्वी में बेला तालाब के साथ ही विजय सागर तालाब, दशपुर तालाब, थाना तालाब, मदन सागर, कीरत सागर, कल्याण सागर, नैगुवां, टीकामऊ तालाबों में सलूस लगाकर कृषि सिंचाई सुविधा बढ़ाई गई थी।

दशपुर तालाब

महोबा के उत्तर में दशपुर ग्राम में बड़ा तालाब है। इस तालाब से कृषि सिंचाई हेतु नहरें निकाली गई हैं। यहाँ बच्छराज एवं दच्छराज बनाफरों का पुराना किला है।

टोला तालाब

यह महोबा के निकट पिकनिक मनाने वालों के लिये मनोरम तालाब है। इनके अतिरिक्त महोबा जिला में पहरा तालाब, तेली पहाड़ी तालाब, पवाँ तालाब, बिलखी तालाब, उरवारा तालाब, पसनहाबाद तालाब, सिजहरी तालाब, पठारी तालाब, कदीम तालाब, छतरवारा तालाब, नैररी तालाब, अखारा तालाब, रावतपुरा खुर्द तालाब, सैला माफी तालाब, सारंगपुर तालाब, बौरा तालाब, भड़रा तालाब, दमौरा तालाब, मिरतला, दिदवारा तालाब, गुर हरौ तालाब, मनकी तालाब, नरवारा तालाब, मजगुवां तालाब एवं पिपरा तालाब हैं।

सूर्य मंदिर

सूर्य मंदिर राहिला सागर के पश्चिम दिशा में स्थित है। इस मंदिर का निर्माण राहिला के शासक चंदेल ने अपने शासन काल 890 से 910 ईस्वी के दौरान नौवीं शताब्दी में करवाया था। इस मंदिर की वास्तुकला काफी खूबसूरत है।

शिव तांडव मंदिर

यह मंदिर गोरख गिरी पर्वत के करीब ही स्थित है। यहाँ भगवान शिव की प्रतिमा नटराज स्वरूप में स्थापित है। यह मूर्ति एक काले ग्रेनाइट पत्थर से बनाई गई है। नटराज रूप में शिव की मूर्ति इस क्षेत्र में सबसे दुर्लभ मूर्तियों में से एक है।

बल खंडेश्वर मंदिर

यहीं पर बल खंडेश्वर का एक मन्दिर भी है।

चामुण्डा देवी मंदिर

इसी के समीप चामुण्डा देवी की एक प्रतिमा है। जिसका निर्माण चट्टान काटकर किया गया है।

रामकुण्ड

इसी के समीप रामकुण्ड नाम का प्राकृतिक जलाशय है।

चरखारी : बुन्देलखण्ड का कश्मीर

महोबा जिला का एक खूबसूरत उपनगर है- चरखारी। चरखारी महोबा से बीस किलोमीटर दूर है। इसको बुंदेलखण्ड के कश्मीर की संज्ञा दी जाती है। बुंदेलखण्ड में हजारों

वर्ष पुराने दुर्ग हैं। महल हैं। तालाब हैं। और मंदिर भी हैं। चरखारी में एक विशालकाय दुर्ग है। इससे सटा हुआ राजमहल है। राजमहल के चारों तरफ नीलकमल से आच्छादित तथा एक दूसरे से आन्तरिक रूप से जुड़े हुए अनेक तालाब हैं। जिन्हें सागर कहा जाता है। यथा - विजय सागर, मलखान सागर, वंशी सागर, जय सागर, रतन सागर और इनके समीप है कोठी ताल नामक झीले।

चरखारी में कृष्ण के 108 मंदिर हैं। जिसमें प्रमुख हैं - सुदामापुरी का गोपाल बिहारी मन्दिर, रायनपुर का गुमान बिहारी, मंगलगढ़ के मन्दिर, बखत बिहारी, बाँके बिहारी के मन्दिर आदि। यहां माडव्य ऋषि की गुफा भी है। इसके समीप बुन्देला राजाओं का आखेट स्थल टोला तालाब है। चरखारी का प्रथम उल्लेख चंदेल नरेशों के ताम्र पत्रों में मिलता है।

चंदेलों के गुजर जाने के वर्षों बाद राजा छत्रसाल के पुत्र जगतराज को चरखारी के एक प्राचीन मुंडिया पर्वत पर एक प्राचीन बीजक की सहायता से चंदेलों का सोने के सिक्कों से भरा कलश मिला। यह धन पृथ्वीराज चौहान से पराजित होने के उपरान्त जब परमाल और रानी मल्हना महोबा से कालिंजर को प्रस्थान करते समय उन्होंने चरखारी में छुपा दिया था। छत्रसाल के निर्देश पर जगतराज ने बीस हजार कन्यादान किए। बाइस विशाल तालाब बनवाए। चंदेल कालीन मन्दिरों और तालाबों का जीर्णोद्धार कराया। इस धन का एक भी पैसा अपने पास नहीं रखा।

चरखारी दुर्ग

जगतराज ने भूतल से तीन सौ फुट ऊपर चक्रव्यूह के आधार पर एक विशाल किले का निर्माण करवाया। जिसमें मुख्यत: तीन दरवाजें हैं। सूपा द्वार, जिससे किले को रसद हथियार सप्लाई होते थे। ड्योढ़ी दरवाजा, राजा रानी के लिये आरक्षित था। इसके अतिरिक्त एक हाथी चिघाड़ फाटक भी मौजूद था।

इस किले के ऊपर एक साथ सात तालब मौजूद हैं। यथा - बिहारी सागर, राधा सागर, सिद्ध बाबा का कुण्ड, रामकुण्ड, चौपरा, महावीर कुण्ड, बखत बिहारी कुण्ड। चरखारी किला अपनी अष्टधातु तोपों के लिये पूरे भारत में मशहूर रहा है। इसमें धरती धड़कन, काली सहाय, कड़क बिजली, सिद्ध बख्शी, गर्भगिरावन तोपें अपने नाम के अनुसार अपनी भयावहता का अहसास कराती हैं। इस समय काली सहाय तोप बची है जिसकी मारक क्षमा 15 किलोमीटर है। किले के अंदर बड़े-बड़े गोदाम बने हुए हैं जिसमें अनाज भरा रहता था। यह अनाज कई वर्षों तक खराब नहीं होता था।

चरखारी के तालाब

चरखारी नगर महोबा से 15 किलोमीटर की दूरी पर स्थित है। चरखारी नगर के चारों ओर माला तालाब हैं। चरखारी का सौन्दर्य है ये तालाब। इस वजह से चरखारी को तालाबों का नगर कहा जाता है। चरखारी महाराजा छत्रसाल पन्ना के द्वितीय पुत्र जगतराज जैतपुर के ज्येष्ठ पुत्र कीरत सिंह के दूसरे पुत्र खुमान सिंह की राजधानी थी। जब जगतराज जैतपुर में रहते थे तो यदाकदा यहाँ की चरखैरी पहाड़ी पर चरखैरों यानि हिरण का शिकार खेलने आया करते थे। उन्हें चरखैरी पहाड़ी का प्राकृतिक सौन्दर्य पसन्द आया। तब उन्होंने सन् 1758 ईस्वी में एक मंगलवार के दिन पहाड़ी पर दुर्ग निर्माण की आधारशिला रखी। इसी वर्ष उनका स्वर्गवास हो गया था। जगतराज की मृत्यु के बाद उत्तराधिकार को लेकर पारिवारिक कलह हो गया। जिसका समापन पहाड़ सिंह ने अपने दोनों भतीजों गुमान सिंह, खुमान सिंह को भूरागढ़, बांदा एवं चरखारी के राज्य देकर कलह शान्त कर दिया था।

खुमान सिंह को चरखारी का स्वतंत्र राज्य मिला तब उन्होंने दुर्ग निर्माण कार्य पूर्ण करवाकर उसका नाम मंगल गढ़ रखा था। चरखैरी पहाड़ी के नीचे बस्ती बसाकर उसका नाम भी चरखैरी पहाड़ी के नाम पर चरखारी रखा था।

विजय सागर तालाब

यह तालाब चरखारी नरेश विजयसिंह (1782-1823 ईस्वी) ने दुर्ग की तलहटी में दो पहाड़ियों के मध्य चरखारी नगर के किनारे बनवाया था।

रतन सागर तालाब

रतन सागर तालाब चरखारी नरेश रतन सिंह (1829-60 ईस्वी) ने बनवाया था।

जय सागर तालाब

यह तालाब चरखारी नरेश जयसिंह (1860-80 ईस्वी) के दीवान तात्या टोपे की देखरेख में बनवाया था।

मलखान सागर

यह सरोवर चरखारी नरेश मलखान सिंह ने सन् 1882 ईस्वी में बनवाया था। यह नगर के किनारे सुन्दर तालाब है। गोवर्धन नाथ का मंदिर इसी मलखान सागर पर है।

गुमान सागर

यह सरोवर चरखारी नरेश गुमान सिंह ने बनवाया था।

सुदामापुरी तालाब

सुदामापुरी तालाब भी नगर सीमा से सटा हुआ है।

मंगलगढ़ के तालाब

मंगलगढ़ दुर्ग में पहाड़ को काटकर, बिहारी तालाब, मंडना तालाब एवं काकुन तालाब बनवाये गए थे।

चरखारी नगर के चारों ओर एक दूसरे से सटे हुए सात तालाब हैं। यथा - कोठी तालाब, गोला घाट तालाब, जय सागर तालाब, बंशिया तालाब, रपट तलैया, विजय सागर एवं मलखान सागर हैं।

मौदहा दुर्ग

जगत राज के पश्चात विजय बहादुर सिंहासन पर बैठे। साहित्य प्रेमी विजय बहादुर ने विक्रम विरुदावली की रचना की। विजय बहादुर ने मौदहा दुर्ग और राज्य अतिथि गृह ताल कोठी का निर्माण कराया। यह कोठी एक झील में बनी है। बहुमंजिली यह कोठी अपनी रचना में नेपाल के किसी राज महल का आभास देती है। इसकी गणना बुंदेलखण्ड की सर्वाधिक खूबसूरत इमारतों में की जाती है।

ड्योढ़ी दरवाजा

महाराज विजय बहादुर के पश्चात जय सिंह और जय सिंह के बाद मलखान सिंह ने सत्ता संभाली। मलखान सिंह एक श्रेष्ठ कवि थे। चरखारी का ऐतिहासिक ड्योढ़ी दरवाजा इन्ही मलखान सिंह के कार्यकाल में बना। कहते हैं इसे महाराष्ट्र के अभियन्ता एकनाथ ने बनवाया। राजमहल और सदर बाजार उन्हीं की देन है। आज भी चरखारी के सदर बाज़ार की राजसी बनावट लोगों को अपनी तरफ़ आकर्षित करती है।

गोवर्धन मेला

मलखान सिंह ने सन् 1883 ईस्वी में गोवर्धन मेला शुरू किया। श्रीकृष्ण ने इन्द्र से कुपित होकर गोवर्धन पर्वत धारण किया था। दीपावली के दूसरे दिन अन्नकूट पूजा से प्रारम्भ होकर यह मेला एक महीना चलता है। यह बुन्देलखण्ड का सबसे बड़ा मेला है। एक महीने के लिए चरखारी वृन्दावन हो जाता है।

आवागमन

वायुमार्ग

निकटतम हवाई अड्डा मध्य प्रदेश के प्रमुख पर्यटन स्थल खजुराहो का हवाई अड्डा है। खजुराहो हवाई अड्डा से महोबा लगभग 54 किलोमीटर दूर है। महोबा के समीप एक और हवाई अड्डा है, जो कानपुर में है। कानपुर से महोबा लगभग 134 किलोमीटर दूर है।

रेलमार्ग

झांसी से जबलपुर रेल मार्ग पर स्थित है महोबा का रेलवे स्टेशन। खजुराहो रेलवे स्टेशन पर उतर कर सड़क मार्ग से भी महोबा पहुंच सकते हैं।

सड़क मार्ग

कानपुर से हमीरपुर होते हुए महोबा पहुंच सकते हैं। झांसी से भी सड़क मार्ग से पहुंच सकते हैं। मध्य प्रदेश के खजुराहो से भी सड़क मार्ग से पहुंच सकते हैं। उत्तर प्रदेश सड़क परिवहन निगम की बसें महोबा को अन्य शहरों से जोड़ती हैं। महोबा के सभी पर्यटन स्थलों को देखने के लिए पर्यटक स्थानीय वाहनों का उपयोग कर सकते हैं।

अध्याय : 9

चित्रकूट के पर्यटन स्थल

आधुनिक चित्रकूट त्रेतायुग का माना जाता है। प्राकृतिक रूप से चित्रकूट चारों ओर से विन्ध्य पर्वतमाला और अरण्यों से घिरा हुआ है। यहाँ आकर पर्यटक मंत्रमुग्ध हो जाता है। यह मंदाकिनी नदी के किनारे बसा हुआ एक रमणीय स्थल है। यहाँ मंदाकिनी नदी पर अनेक घाट हैं। पौराणिक कथाओं के अनुसार ऋषि अत्री और सती अनसुइया ने यहाँ तपस्या की थी। पौराणिक मान्यता है कि ब्रह्मा, विष्णु और महेश ने चित्रकूट में ही सती अनसुइया के घर जन्म लिया था। प्राचीन ग्रंथों के अनुसार कूट को ऋषियों, मुनियों, संतो के आध्यात्मिक विश्वास के साथ स्वयं ईश्वर के जन्म लेने का सौभाग्य प्राप्त है। दत्तात्रेय, महर्षि मार्कंडेय, सारभंग, सुतीक्ष्ण और अन्य ऋषियों ने इस क्षेत्र में अपना जीवन व्यतीत किया था।

संस्कृत भाषा के शब्द चित्रकूट में चित्र का अर्थ है दृश्य तथा कूट का अर्थ है पर्वत। इसका अर्थ हुआ - पर्वतीय दृश्यों का अनुपम केंद्र।

चित्रकूट प्राचीन काल में कौशल साम्राज्य का अंग था। रामायण के अतिरिक्त जैन साहित्य में भी चित्रकूट का वर्णन मिलता है। बौद्ध ग्रंथ ललितविस्तार में भी चित्रकूट की पहाड़ियों का उल्लेख है। भगवती टीका में चित्रकूट को 'चित्रकुड़' कहा गया है। यह मान्यता है कि भगवान श्री राम ने सीता और अपने छोटे भाई लक्ष्मण के साथ वनवास के 14 में से 11 वर्ष चित्रकूट व्यतीत किए थे।

गोस्वामी तुलसीदास ने लिखा है - "कलयुग संसार के सभी स्थानों पर छा जाएगा परंतु भगवान राम की महिमा से चित्रकूट पर कलयुग का प्रभाव नहीं होगा।" रामचरितमानस के अयोध्या काण्ड में चित्रकूट का बड़ा मनोहारी वर्णन किया है। यथा -

> रघुवर कहऊ लखन भल घाटू, करहु कतहुँ अब ठाहर ठाटू।
> लखन दीख पय उतरकरारा, चहुँ दिशि फिरेउ धनुष जिमिनारा।
> नदीपनच सर सम दम दाना, सकल कलुष कलि साउज नाना।
> चित्रकूट जिम अचल अहेरी, चुकई न घात मार मुठभेरी।

कालिदास ने रघुवंश में चित्रकूट का वर्णन किया है। 'चित्रकूटवनस्थं च कथित स्वर्गतिगुरो: लक्ष्म्या निमन्त्रयां चके तमनुच्छिष्ट संपदा। धारास्वनोद्गारिदरी मुखाऽसौ श्रृंगाग्रलग्नाम्बुदवप्रपंक:, बध्नाति मे बंधुरगात्रि चक्षुदृष्न: ककुद्यानिवचित्रकूट:।'

चित्रकूट 38.2 वर्ग किलोमीटर के क्षेत्र में फैला हुआ है। 4 सितंबर,1998 को तत्कालीन मुख्यमंत्री कल्याण सिंह ने इस जिले का नाम छत्रपति शाहू जी महाराज नगर से बदल कर चित्रकूट कर दिया। इसे जिला बनाया। प्रदेश सरकार ने कर्बी और मऊ तहसील के कई गांवों को काटकर दो नई तहसीलों का निर्माण किया। जिनका नाम राजापुर और मानिकपुर है। चित्रकूट जिले में 4 तहसीलें आती हैं- कर्वी, मऊ, मानिकपुर और राजापुर। इस जनपद को पांच विकासखंडों यानि ब्लॉकों में बांटा गया है। जिनके नाम कर्वी, मऊ, पहाड़ी, राजापुर और मानिकपुर हैं।

चित्रकूट को किसी भी स्थान से देखने पर धनुषाकार का दिखाई देता है। यहाँ पर वाल्मीकि और तुलसीदास की मूर्ति है जो सदैव घूमती रहती है।

रामघाट

मंदाकिनी नदी के तट पर स्थित है - राम घाट। यह सनातन धर्म का एक पवित्र स्थल है। स्थानीय मान्यता है कि भगवान राम, लक्ष्मण और सीता ने अपने वनवास काल में जिस स्थान पर स्नान किया करते थे। उस स्थान पर एक घाट बनाया गया। इस घाट को रामघाट कहते हैं।

जानकी कुंड

जानकी कुंड का धार्मिक ग्रंथों में उल्लेख मिलता है। वनवास काल माता सीता को स्नान के लिए यह स्थल बहुत पसंद आया था। वह नित्य यहाँ स्नान करने आया करतीं थीं। उसके पैरों के निशान भी यहाँ देखे जा सकते हैं। राम घाट से दो किलोमीटर दूर है जानकी कुंड। जानकी कुंड नाम का एक अस्पताल भी है यहां। इस अस्पताल में अन्य बीमारियों के साथ विशेष रूप से आँखों का उपचार किया जाता है।

स्फटिक शिला

श्री राम, लक्ष्मण और देवी सीता ने चित्रकूट में एक लंबा समय व्यतीत किया था इसलिए यहाँ के सभी स्थल श्री राम से संबंधित हैं। श्री राम के पैर की छाप स्फटिक शिला पर है।

गुप्त गोदावरी की गुफाएं

पर्यटकों और श्रद्धालुओं को आकर्षित करती हैं गुप्त गोदावरी गुफाएं। गुफाओं से संबंधित अनेक कथाएं हैं। एक कथानक के अनुसार भगवान राम और लक्ष्मण ने अपने वनवास काल में इस गुफा का प्रयोग दरबार लगाने के लिए किया करते थे।

गुफा के अंदर अनेक छोटे-बड़े कमरेनुमा गुफाएं हैं। ब्रह्मा, विष्णु और शिव के कक्षों के प्रवेश द्वार नक्काशी की गई थी। गुफाओं के अंदर पानी के अथाह स्रोत हैं। ऊँची पहाड़ियों से पानी लगातार आता रहता है। यह गुफाएं पर्यटकों के हृदय में रोमांच भरता है। तीर्थयात्रियों के धार्मिक महत्व के साथ-साथ प्रकृति के अनुपम सौंदर्य का महत्व भी कम नहीं है।

अनुसुइया मंदिर एवं आश्रम

हिमालय क्षेत्र के बाद संभवतः चित्रकूट एक ऐसा पर्वतीय क्षेत्र है जो अपने आप कौतुहल भरा हुआ है। यह माना जाता है कि अनुसुइया की प्रार्थना और भक्ति के परिणामस्वरूप मंदाकिनी नदी का निर्माण हुआ। मंदाकिनी नदी ने कस्बे का तत्कालीन अकाल समाप्त कर दिया था। मंदाकिनी नदी के तट पर स्थित है सती अनुसुइया का आश्रम और मंदिर। ऐसा माना जाता कि इस स्थान पर सती अनुसुइया अपने पति और पुत्र के साथ रहती थी। यहाँ पर लाखों की संख्या में पर्यटक और श्रद्धालु आते हैं। यह मंदिर और आश्रम किसने बनाया इसके साक्ष्य उपलब्ध नहीं हैं।

लक्ष्मण पहाड़ी

लक्ष्मण पहाड़ी चित्रकूट का एक धार्मिक स्थल है। यह पहाड़ी कामदगिरि पहाड़ के समीप है। कामदगिरि परिक्रमा करते हुए इस पहाड़ी में जा सकते हैं। इस पहाड़ी पर राम, लक्ष्मण, भरत का मंदिर है। इस पहाड़ी में खंभे बने हुए हैं। इन खंभे को भेटना पड़ता है। भेटना मतलब होता है खंभों को गले लगाना। कहा जाता है कि जब भरत श्री राम से मिलने और अयोध्या वापस लेने के लिए चित्रकूट आए थे, तब भरत श्री राम से गले मिले थे, इसलिए इन खंभों को भेटना होता है।

पर्यटकों की सुविधा के लिए मैहर के बाद लक्ष्मण पहाड़ी पर रोप-वे शुरू कर दिया गया है। पहले श्रद्धालुओं को लक्ष्मण पहाड़ी पर जाने के लिए लगभग 400 सीढ़ियां चढ़कर जाना पड़ता था। रोप-वे से समय कम लगता है और बुजुर्ग तीर्थयात्री सहजता से यहाँ आ पाते हैं।

हनुमान धारा

हनुमान धारा एक पहाड़ी के बीच में स्थित झरना है। झरने का पानी पहाड़ी के ऊपर से बहता हुआ एक झील में गिरता है। झील के सामने हनुमान की बड़ी मूर्ति है। इस धारा का जल हनुमानजी को स्पर्श करता हुआ बहता है। यही कारण है कि हनुमान धारा पर महत्वपूर्ण मंदिरों का संग्रह भक्तों को आकर्षित करता है। इस स्थान को हनुमान धारा क्यों कहा जाता है ? इसके पीछे एक पौराणिक कथा है। ऐसा माना जाता है कि भगवान हनुमान, लंका में आग लगाने के बाद इस स्थान पर लौट आए थे। वह गुस्से से काँप रहे थे। हनुमान के क्रोध को शांत करने में श्री राम ने उनकी मदद की। श्री राम के कहने पर हनुमान ने ऊपर से बहने वाली जलधारा के नीचे स्नान कर अपने क्रोध को शांत किया।

सीता रसोई

यह स्थान हनुमान धारा से थोड़ा और ऊपर स्थित है। यह पहुंचने के लिए श्रद्धालुओं को लगभग 550 सीढ़ियां चढ़ कर जाना होता है। इस स्थान पर वनवास काल के दौरान सीता जी ने ऋषियों को भोग कराया था।

आरोग्यधाम

चित्रकूट में आयुर्वेद और प्राकृतिक चिकित्सा परिसर अच्छे स्वास्थ्य को बनाए रखने का प्रमुख केंद्र है। यह लगभग 53 एकड़ में फैला हुआ है। इसके परिसर में एक बगीचा है। इस बगीचे में आयुर्वेदिक जड़ी बूटियां हैं। यहाँ दुनिया भर के पेड़-पौधे रोपे गए हैं। आरोग्यधाम में एक योग केंद्र भी है। नौका विहार की सुविधा भी यहां उपलब्ध है।

गणेश बाग

इसको पेशवा विनायक राव ने एक ग्रीष्मकालीन प्रवास के लिए बनाया था। इसे स्थानीय रूप से मिनी- खजुराहो के रूप में भी जाना जाता है। यह कर्वी-देवांगना मार्ग पर चित्रकूट से लगभग 11 किलोमीटर दूर है। गणेश बाग के नाम से जाना जाता है। जिसमें एक बात मंजिला मंदिर हुआ करता था। आज इसके खंडहर मौजूद हैं। इसे गणेश भाग भी कहा जाता है।

वाल्मीकि आश्रम

चित्रकूट से थोड़ी दूरी पर स्थित है वाल्मीकि आश्रम। यहाँ महर्षि वाल्मीकि रहते थे। प्रचलित मान्यता के अनुसार श्री राम, सीता और लक्ष्मण ने चित्रकूट के रास्ते में इस आश्रम का भ्रमण किया था। इसी आश्रम में लव और कुश का जन्म हुआ था।

शबरी जलप्रपात

शबरी जलप्रपात डुडैला गाँव में स्थित है। यहाँ घने जंगलों से निकलता हुआ पानी चट्टानों में बहते हुए आगे जाकर एक झरने का रूप ले लेता है। पानी की समांतर तीन धाराएं 40 फीट की ऊँचाई से नीचे गिरती हैं। जो 60 फीट चौड़े आकार के तालाब का रूप ले लेती हैं। तालाब का पानी आगे जाकर दो समांतर धाराओं में परिवर्तित हो 100 फीट गहराई पर एक जल निकाय में गिरता हुआ जंगलों में छुप जाता है।

भरत कूप

भरत कूप भरतपुर गाँव में स्थित एक कुआं है। एक प्रचलित कथा के अनुसार श्री राम के अनुज भ्राता भरत ने सभी पवित्र स्थलों से पानी लाकर इस कुएं में डाल दिया था।

रसिन बांध

ग्राम पंचायत रसिन में सड़क के किनारे एक बाँध है। इसे रसिन बाँध कहते हैं। यह चित्रकूट से लगभग 18 किलोमीटर की दूरी पर बडौसा के पास है।

सीतापुर

जयसिंहपुर के रूप में इसे जाना जाता था। पन्ना के राजा अमन सिंह ने यह स्थान महंत चरणदास को दिया था। उन्होंने माता सीता के सम्मान में इसे नया नाम दिया - सीतापुर। नदी के किनारे यहां चौबीस घाट हैं। अनेक मंदिर हैं।

धारकुंडी

धारकुंडी चित्रकूट से लगभग पचास किलोमीटर दूर स्थित है। यह एक दिव्य स्थान है। पर्वत की कंदराओं में दुर्लभ शैल चित्र हैं। पहाड़ों से अनवरत बहती जल की धारा है। चारों ओर घना जंगल है। इस मनोरम स्थान पर हैं महाराज सच्चिदानंद का परमहंस आश्रम। यहाँ बहुमूल्य औषधियां और जीवाश्म पाए जाते हैं। ऐसा माना जाता है कि महाभारत काल में युधिष्ठिर और दक्ष का संवाद यहीं एक कुंड के समीप हुआ था। इस कुंड को अघमर्षण कुंड कहा जाता है। यह कुंड भूतल से लगभग 100 मीटर नीचे है।

आवागमन

वायुमार्ग

चित्रकूट का निकटतम हवाई अड्डा इलाहाबाद है। यहाँ से चित्रकूट 135 किलोमीटर दूर है। खजुराहो हवाई अड्डे से चित्रकूट से 185 किलोमीटर दूर है। शीघ्र चित्रकूट में हवाई अड्डा शुरू हो जाएगा।

रेलमार्ग

चित्रकूट से निकटतम रेलवे स्टेशन कर्वी है। यहाँ से चित्रकूट 8 किलोमीटर दूर है। चित्रकूट जाने के लिए आप इलाहाबाद से या फिर झांसी से ट्रेन ले सकते हैं।

सड़क मार्ग

चित्रकूट जाने के लिए बांदा, महोबा, कानपुर आदि शहरों से उत्तर प्रदेश सड़क परिवहन निगम की नियमित बस सेवाएं हैं। चित्रकूट में एक स्थान से दूसरे स्थान जाने के लिए आप ऑटो, कार अथवा बाइक किराए पर ले सकते हैं।

अध्याय : 10

झांसी के पर्यटन स्थल

झांसी और उसके सीमावर्ती क्षेत्र में अनेक पर्यटन स्थल है। इनके विषय में विस्तृत जानकारी निम्नलिखित है।

झांसी दुर्ग

यह बलवंत नगर में स्थित है। बंगरा नामक एक चट्टानी पहाड़ी पर ओरछा के राजा बीर सिंह जू देव ने इस दुर्ग का निर्माण सन् 1606 ईस्वी में करवाना शुरू किया जो सन् 1727 ईस्वी में बनकर तैयार हुआ। पच्चीस वर्षों तक बुंदेलों ने यहाँ राज्य किया उसके बाद इस दुर्ग पर मुगलों और अंग्रजों का अधिकार रहा। मराठा शासक नारु शंकर ने सन् 1729 ईस्वी से सन् 1730 ईस्वी के मध्य दुर्ग में अनेक परिवर्तन किए। जिससे यह परिवर्धित क्षेत्र शंकरगढ़ के नाम से प्रसिद्ध हुआ।

इस दुर्ग में दस फाटक हैं। इनमें से कुछ के नाम है - खंडेराव गेट, दतिया दरवाजा, उन्नाव गेट, झरना गेट, लक्ष्मी गेट, सागर गेट, ओरछा गेट, सैयर गेट, चांद गेट आदि। इसके अलावा 4 खिड़कियाँ थीं। इसमें 22 बुर्ज और दो तरफ रक्षा खाई हैं। इस बलवंत नगर को आज झांसी कहा जाता है।

सन् 1938 ईस्वी में यह किला केन्द्रीय संरक्षण में लिया गया। यह दुर्ग 15 एकड़ में फैला हुआ है। दुर्ग के भीतर बारादरी, पंचमहल, शंकरगढ़, रानी के नियमित पूजा स्थल शिव मंदिर और गणेश मंदिर हैं। यह मंदिर मराठा स्थापत्य कला के सुन्दर उदाहरण हैं। फांसी घर को राजा गंगाधर के समय प्रयोग किया जाता था। जिसका प्रयोग रानी ने बंद करवा दिया था। सन् 1857 के स्वतंत्रता संग्राम में इसे अत्यधिक महत्वपूर्ण स्थान प्राप्त हुआ।

दुर्ग के सबसे ऊँचे स्थान पर ध्वज स्थल है। जहाँ आज तिरंगा लहरा रहा है। दुर्ग से शहर का भव्य नजारा दिखाई देता है। यह किला भारतीय पुरातत्व विभाग के संरक्षण में है।

एरच दुर्ग

झांसी जनपद में एरच नामक एक छोटा-सा कस्बा है। जो बेतवा नदी के तट पर बसा है। यह एक प्राचीन दुर्ग है।

चिरगाँव दुर्ग

चिरगाँव झाँसी जनपद का एक कस्बा है। यह झांसी से 48 मील दूर तथा मोड से 44 मील की दूरी पर स्थित है। यहाँ एक दुर्ग है।

गंगाधर राव की छतरी

महाराजा गंगाधर राव की समाधि लक्ष्मी ताल पर स्थित है। सन् 1853 ईस्वी में महाराजा गंगाधर राव की मृत्यु के बाद इस प्राचीन स्मारक को उनकी पत्नी महारानी लक्ष्मी बाई ने बनवाया था।

पारीछा बाँध

पारीछा कस्बे के पास बेतवा नदी पर एक बाँध निर्मित किया गया था। इसे पारीछा बाँध कहते हैं। यह स्थान झांसी-कानपुर राष्ट्रीय राजमार्ग संख्या 25 पर लगभग 25 किलोमीटर दूर है।

बरुआ सागर दुर्ग

बरुआसागर एक झील है। यह झील 260 साल पहले बनाई गई थी। ग्रेनाइट से बने दो चंदेला मंदिरों के खंडहर झील के उत्तर-पूर्व में हैं। इसके समीप गुप्तकालीन मंदिर है। जिसे जराई का मठ कहा जाता है। यह भगवान शिव और देवी पार्वती को समर्पित है। प्राचीन काल में इसको घुघुआ मठ कहा जाता है। ओरछा के राजा उदित सिंह ने यहाँ एक तटबंध निर्मित किया था। इसके समीप एक दुर्ग का निर्माण भी राजा उदित सिंह ने करवाया था।

रानी महल

यह महल रानी लक्ष्मी बाई का महल है। इस महल की दीवारों और छत को रंगीन चित्रकला से सजाया गया है। वर्तमान में इस महल को संग्रहालय में परिवर्तित कर दिया गया है। इसमें 9वीं और 12वीं शताब्दी के बीच की अवधि की मूर्तियों का विशाल संग्रह है।

राजकीय संग्रहालय

राजकीय संग्रहालय में टेराकोटा, कांस्य, हथियार, मूर्तियां, पांडुलिपियों, चित्रकारी और सोने, चांदी और कॉपर के सिक्के का एक अच्छा संग्रह है।

आवागमन

वायुमार्ग

निकटतम हवाई अड्डा दिल्ली में इंदिरा गांधी अंतरराष्ट्रीय हवाई अड्डा है। आगरा के हवाई अड्डा से भी पर्यटकों का आना जाना लगा रहता है। इसके अतिरिक्त दो अन्य हवाई अड्डे हैं - ग्वालियर का हवाई अड्डा, जो झांसी से 102 किलोमीटर दूर है और दूसरा है खजुराहो का हवाई अड्डा, जो 150 किलोमीटर दूर है।

रेलमार्ग

झांसी भारतीय रेलवे के प्रमुख जंक्शन में से एक है। यहाँ देश के विभिन्न क्षेत्रों से रेल का आवागमन होता है।

सड़क मार्ग

उत्तर प्रदेश सड़क परिवहन निगम और अन्य राज्यों की परिवहन निगम की बसें नियमित रूप से अपनी सेवाएं देती हैं। झांसी घूमने के लिए स्थानीय वाहनों का इस्तेमाल किया जा सकता है।

अध्याय : 11

अहिच्छत्र के पर्यटन स्थल

अहिच्छत्र के पांचाल जनपद का इतिहास ईसापूर्व का है। महाभारत के अनुसार उत्तरी पांचाल की राजधानी अहिच्छत्र को कुरुओं ने वहाँ के राज से छीनकर द्रोण को दे दिया था। द्रोण ने द्रुपद को अपने शिष्यों की सहायता से हराकर प्रतिशोध लिया था और उसका आधा राज्य बाँट लिया था।

यह शहर 1430 ईसापूर्व का माना जाता है। यहाँ एक दुर्ग है। यहाँ उत्खनन में मंदिर और मिट्टी के बर्तनों के अवशेष मिले हैं। पांचाल के राजा द्रुपद और द्रोण के बीच संधि के बाद साम्राज्य का विभाजन हुआ था। विभाजन के बाद अहिच्छत्र उत्तर पांचाल और काम्पिल्य दक्षिण पांचाल की राजधानी बन गई। काम्पिल्य को आज कंपिल कहते हैं जो उत्तर प्रदेश के फ़रुख़ाबाद जिला में है। अहिच्छत्र वर्तमान में रामनगर गांव के पास स्थित है।

अहिच्छत्र के पांचाल जनपद का इतिहास ईसापूर्व छठी शताब्दी से मिलता है। तब यह सोलह जनपदों में से एक था। मुद्राओं और लेखों से ज्ञात होता है कि ईसापूर्व पहली शताब्दी में मित्र वंश के राजाओं ने अहिच्छत्र में राज किया। कुछ विद्वानों ने इस वंश को शुंग राजाओं का वंश सिद्ध करने का प्रयास किया। वास्तव में यह प्रांतीय शासक थे। इसके बाद का इतिहास नहीं मिलता। गुप्त साम्राज्य में नि:संदेह यह एक भुक्ति था। चीनी यात्री ह्वेनसांग ने यहाँ पर दस बौद्ध विहार और नौ मंदिर देखे थे। 11वीं शताब्दी में इसका राजनीतिक महत्व जाता रहा। प्राचीन अहिच्छत्र एक विशाल नगरी थी उसके भग्नावशेष आज रामनगर के चारों ओर दूर-दूर तक बिखरे पड़े है। चीनी यात्री ह्वेनसांग के अनुसार इस नगर का विस्तार उस समय तीन मील में था। यहाँ अनेक स्तूप भी बने हुए थे। यहाँ अनेक मित्र वंशी राजाओं के सिक्के मिले है।

पुरातात्विक महत्व

सन् 1940-44 में उत्खनन से चित्रकारी वाले धुंधले रंग के बर्तन मिले थे। यह धुंधले बर्तन उत्तर भारत में लौह युग की विशेषता माने जाते हैं। इनका इस्तेमाल सतलज, घग्गर और ऊपरी गंगा-यमुना घाटियों में आकर बसने वाले लोग करते थे। इसके अलावा प्रतिहार

वंश के सिक्के भी खुदाई में मिले। गुप्त काल में यह शहर टेराकोटा का केंद्र हुआ करता था। इस बात की गवाह अनेक मूर्तियां हैं जो आज भी मौजूद हैं। इसके अलावा यहाँ से शिव-पार्वती और मित्र बुद्ध की छोटी-छोटी मूर्तियां भी मिली हैं।

अलेक्जेंडर कनिंघम ने सन् 1860 ईस्वी के आरंभ में इस क्षेत्र में खुदाई की थी। अहिच्छत्र पर अपनी रिपोर्ट में कनिंघम कहते हैं- "ऐसा माना जाता है कि भगवान बुद्ध ने इस शहर में आकर सांपों के तालाब के पास सात दिन तक विधि के बारे में ज्ञान दिया था।" इस तालाब की खोज चीन के यात्री ह्वेनसांग ने 7वीं शताब्दी में इस शहर के भ्रमण के दौरान की थी। कालांतर में उसी जगह पर सम्राट अशोक का स्तूप बनाया गया। कनिंघम के अनुसार स्तूप को अहि-छत्र या सर्प-छतरी कहा जाता रहा होगा।

बरेली जिले के आंवला स्टेशन से लगभग दस किलोमीटर उत्तर प्राचीन अहिच्छत्र के अवशेष आज देखे जा सकते हैं। तीन मील के त्रिकोणाकार घेरे में ईंटों की किलेबंदी के भीतर बहुत से ऊँचे-ऊँचे टीले हैं। सबसे ऊँचा टीला 75 फुट का है। कनिंघम ने सबसे पहले वहाँ खुदाई कराई थी। महाभारत काल का कोई प्रमाण नहीं मिला है। शुंग, कुषाण और गुप्त काल की अनेक मुद्राएँ, पत्थर और मिट्टी की मूर्तियां मिलीं। कालांतर में घर, सड़कें और मंदिरों के अवशेष भी मिले हैं।

अहिच्छत्र दुर्ग

यहाँ आने वाला पहला व्यक्ति सर्वेक्षक कैप्टन हॉजसन था। उसने इस जगह को एक बड़े दुर्ग का खंडहर बताया था। जो मीलों तक फैला हुआ था। जिसमें 34 गढ़ थे। इस दुर्ग को आदि कोट कहा जाता है। कनिंघम के अनुसार दुर्ग की सारे मीनार प्राचीन नहीं हैं। 18वीं शताब्दी में रोहिल्ला के सूबेदार अली मोहम्मद खान ने दिल्ली सल्तनत से खतरे से बचने के लिये दुर्ग की मरम्मत करवाने की कोशिश की थी। यहाँ प्राचीन खंडहर बिखरे पड़े है। दो टीले विशेष उल्लेखनीय है। एक टीले का नाम ऐंचुली उत्तरिणी है और दूसरा टीला ऐंचुआ कहलाता है। ऐंचुआ टीले पर एक विशाल और ऊंची कुर्सी पर भूरे बलुई पाषाण का सात फुट ऊंचा एक पाषाण स्तंभ है। इसका नीचे का भाग पौने तीन फुट चकौर है। फिर तीन फुट तक छः पहलू है। इसके ऊपर का भाग गोल है। ऐसा प्रतीत होता है कि इसके ऊपर के दो भाग गिर गये है। ऊपर का भग्न भाग नीचे पड़ा हुआ है। इसकी आकृति तथा टीले की स्थिति से ऐसा लगता है कि यह मान स्तंभ रहा होगा। जन साधारण में किंवदंती है कि यही प्राचीन काल कोई सहस्त्रकूट चैत्यालय था। यहाँ खुदाई में अनेक जैन मूर्तियां उपलब्ध हुई है। सम्भवतः यहाँ प्राचीन छोल में अनेक जैन मंदिर और स्तूप रहें होगें। ऐंचुआ टीले के इस पाषाण स्तंभ को भीम की गदा भी कहते है। भीम की गदा कहें जाने के संबंध में एक कहानी

स्थानीय लोगों में प्रचलित है। जिसके अनुसार अपने अज्ञातवास में पांडवों ने इस नगर के एक ब्राह्मण के घर वास किया था। उस समय भीम ने अपनी गदा वहाँ स्थापित कर दी थी।

यहाँ एक जैन मूर्ति का शीर्ष भी मिला था। पहले इस टीले के नीचे शिवगंगा नदी बहती थी। कहा जाता हैं कि अपने वैभव काल में अहिच्छत्र नगर 48 मील की परिधि में था। आंवला, वजीरगंज, रहटुइया क्षेत्र से अनेक प्राचीन मूर्तियां और सिक्के प्राप्त हुए है। यहाँ के भग्नावशेषों में 18 इंच तक की ईंटें मिली है।

प्राचीन दुर्ग

अहिच्छत्र से दो मील दूर एक प्राचीन दुर्ग है। जिसे महाभारत कालीन माना जाता है। इस दुर्ग के निकट कटारी खेड़ा नामक टीले से एक प्राचीन स्तंभ मिला है। उस स्तंभ पर एक लेख है। इसमें महाचार्य इंद्र नंदी के शिष्य महादरि के द्वारा पार्श्वनाथ के मंदिर में दान देने का उल्लेख है। यह लेख पार्श्वनाथ मंदिर के निकट ही मिला है। उत्खनन में इस टीले और दुर्ग से अनेक जैन मूर्तियां मिली है। मूर्तियों को ग्रामीण लोग गांव देवता मानकर अब भी पूजते है। संभव है कि वर्तमान में जो पार्श्वनाथ का मंदिर है वह नवीन मंदिर हो और जिस स्थान पर दुर्ग और टीले से प्राचीन जैन मूर्तियां निकली है वहाँ प्राचीन जैन मंदिर रहा हो।

ऐसा मंदिर गुप्त काल तक अवश्य रहा होगा। शिलालेखों से इसकी पुष्टि होती है। गुप्त काल के परवर्ती इतिहास में इस संबंध में कोई साक्ष्य उपलब्ध नहीं होता। इस काल में यहाँ पाषाण की अनेक जैन प्रतिमाओं का निर्माण हुआ। ऐसी अनेक प्रतिमाएं, स्तूपों के अवशेष, मिट्टी की मूर्तियां और अन्य वस्तुएं प्राप्त हुई है। यह सभी प्रतिमाएं दिगंबर परंपरा की है। यहाँ श्वेतांबर परंपरा की एक भी प्रतिमा न मिलने का कारण यही प्रतीत होता है कि यहाँ पार्श्वनाथ काल में दिगंबर परंपरा की ही मान्यता प्रभाव और प्रचलन रहा है।

आवागमन

वायुमार्ग

लखनऊ निकटतम हवाई अड्डा है। इसके अतिरिक्त पर्यटक दिल्ली स्थित इंदिरा गांधी अंतरराष्ट्रीय हवाई अड्डे पर उतर कर सड़क मार्ग से यहां पहुंच सकते हैं।

रेलमार्ग

आंवला रेलवे स्टेशन से अहिच्छत्र सड़क मार्ग से 18 किलोमीटर दूर है।

सड़क मार्ग

बरेली जिला सड़क मार्ग से संपूर्ण देश से जुड़ा हुआ है। उत्तर प्रदेश सड़क परिवहन निगम की बसें प्रदेश के लगभग हर जिला मुख्यालय को अपनी सेवाएं दे रहीं हैं। स्थानीय भ्रमण के लिए अनेक प्रकार के वाहन सदैव उपलब्ध हैं।

अध्याय : 12

आगरा के पर्यटन स्थल

आगरा महाभारत का कालीन नगर माना जाता है। दिल्ली सल्तनत के सुल्तान सिकंदर लोदी की मृत्यु के बाद उसके बेटे सुल्तान इब्राहिम लोदी ने आगरा पर शासन किया। सन् 1526 ईस्वी में पानीपत की पहली लड़ाई में बाबर ने आगरा पर कब्जा कर लिया। मुगलों के साथ शहर का सुनहरा युग शुरू हुआ। पहले अकबरबाद के रूप में जाना जाता था। बादशाह अकबर, जहांगीर और शाहजहां के शासनकाल तक मुगल साम्राज्य की राजधानी बना रहा। शाहजहां ने बाद में सन् 1649 ईस्वी में अपनी राजधानी शाहजहांनाबाद में स्थानांतरित कर दी।

मुगल राजवंश के संस्थापक बाबर ने यमुना नदी के तट पर पहला औपचारिक फारसी उद्यान का निर्माण किया। बगीचे को आरामबाग या आराम का बाग कहा जाता है। अकबर ने फतेहपुर सीकरी नामक एक शहर अकबरबाद के बाहर विकसित किया। यह शहर पत्थर में एक मुगल सैन्य शिविर के रूप में बनाया गया था।

अपनी पत्नी मुमताज महल की प्रेमपूर्ण स्मृति में निर्मित एक मकबरा सन् 1653 ईस्वी में पूरा हुआ, जिसे ताजमहल कहा जाता है। इसके बाद शाहजहां ने राजधानी को अपने शासनकाल के दौरान दिल्ली में स्थानांतरित कर दिया था। उसका बेटा औरंगजेब राजधानी को पुनः अकबरबाद में वापस ले आया। उसने अपने पिता को गद्दी से उतार कर उन्हें आगरा दुर्ग में कैद कर दिया। औरंगजेब के शासनकाल के दौरान अकबरबाद भारत की राजधानी बना रहा। मुगल साम्राज्य के पतन के बाद आगरा शहर मराठों के प्रभाव में आ गया। सन् 1803 ईस्वी में ब्रिटिश राज के हाथों में आने से पहले आगरा कहा जाता था। सन् 1835 ईस्वी में ईस्ट इंडिया कंपनी ने आगरा प्रेसीडेंसी की स्थापना की।

आगरा यमुना नदी के दोनों किनारों पर फैला हुआ है। पश्चिम की ओर आगरा परिधि सात कोस है और इसकी चौड़ाई एक कोस है। नदी के दूसरी ओर, पूर्व की दिशा में बसे हुए भाग की परिधि 21/2 कोस है। इसकी लंबाई एक कोस और इसकी चौड़ाई आधा कोस है।

आगरा दुर्ग

विश्व धरोहर स्थल है आगरा का किला। इसे लाल किला भी कहा जाता है। इतिहासकारों ने इसे अकबर द्वारा निर्मित बताया है जबकि वास्तविकता इससे भिन्न है। यह दुर्ग मूलतः ईंटों से निर्मित था। इसका प्रथम विवरण सन् 1080 ईस्वी में आता है। जब महमूद गजनवी की सेना ने इस पर कब्जा किया था। सिकंदर लोदी (1487-1517) दिल्ली सल्तनत का प्रथम सुल्तान था। जिसने आगरा की यात्रा की थी। उसने इस दुर्ग की मरम्मत सन् 1504 ईस्वी में करवायी थी। वह इस किले में रहा था। सिकंदर लोदी ने आगरा को सन् 1506 ईस्वी में राजधानी बनाया और यहीं से देश पर शासन किया। उसकी मृत्यु इसी दुर्ग में सन् 1517 ईस्वी में हुई थी। सिकंदर लोदी की मृत्यु के बाद उसके पुत्र इब्राहिम लोदी ने नौ वर्षों तक शासन किया। उसने अपने काल में यहाँ अनेक मस्जिदें व कुएं बनवाये। इस दुर्ग में इब्राहिम के स्थान पर बाबर आया था। उसने यहां एक बावली बनवायी। सन् 1530 ईस्वी में यहीं हुमायुं का राजतिलक हुआ। हुमायुं इसी वर्ष बिलग्राम में शेरशाह सूरी से हार गया। हुमायूं को पराजित करने के बाद इस दुर्ग पर कब्जा कर लिया। इस दुर्ग पर अफगानों का कब्जा पांच वर्षों तक रहा। जिन्हें अन्ततः मुगलों ने सन् 1556 ईस्वी में पानीपत के द्वितीय युद्ध में हरा दिया। दूसरे पानीपत युद्ध के बाद मुगलों ने इस दुर्ग पर भी कब्जा कर लिया। इस दुर्ग में मुगलों को अपार सम्पत्ति मिली। इस सम्पत्ति में एक हीरा भी था जो कि बाद में कोहिनूर के नाम से प्रसिद्ध हुआ। अकबर के इतिहासकार अबुल फजल ने लिखा है - "आगरा किला एक ईंटों का किला था। जिसका नाम बादलगढ़ था। यह तब खस्ता हालत में था। अकबर को इसे दोबारा बनवाना पड़ा। जो कि उसने लाल बलुआ पत्थर से निर्माण करवाया। इसकी नींव बड़े वास्तुकारों ने रखी। इसके निर्माण में चौदह लाख चवालीस हजार कारीगर व मजदूरों ने आठ वर्षों तक मेहनत की।" यह सन् 1573 ईस्वी में बन कर तैयार हुआ।

शाहजहां द्वारा इस दुर्ग का पुनरोद्धार लाल बलुआ पत्थर से करवाया। इसे दुर्ग से प्रासाद में बदला गया। अर्थात इस दुर्ग को महल के रूप में बदल दिया। इस दुर्ग की मुख्य इमारतों में मोती मस्जिद, दीवान-ए-आम, दीवान-ए-खास, जहाँगीर महल, खास महल, शीश महल एवं मुसम्मन बुर्ज हैं। यह दुर्ग अर्ध-चंद्राकार है। इसकी परिधि है 2.4 किलोमीटर। जो दोहरे परकोटे वाली किलेनुमा चहारदीवारी से घिरी है। इस दीवार में छोटे अंतरालों पर बुर्जियां हैं। जिन पर रक्षा छतरियां बनीं हैं। इस दीवार को 9 मीटर चौड़ी व 10 मीटर गहरी खाई घेरे हुए है। यह दुर्ग 1857 के प्रथम भारतीय स्वतंत्रता संग्राम के समय युद्ध स्थली भी बना।

शहर की ओर दिल्ली द्वार है। इसके अंदर एक और द्वार है। जिसे हाथी पोल कहते हैं। जिसके दोनों ओर पाषाण की हाथी की दो मूर्तियां हैं। जिनके साथ रक्षक भी खड़े हैं। पर्यटकों को लाहौर द्वार से प्रवेश मिलता हैं। अबुल फज़ल लिखता है- "यहां लगभग पाँच सौ सुंदर इमारतें, बंगाली व गुजराती शैली में बनी थीं। अनेक इमारतों को श्वेत संगमरमर से प्रासाद बनवाने हेतु ध्वस्त किया गया।" अंग्रेजों ने सन् 1803 ईस्वी से सन् 1862 ईस्वी के बीच बैरक बनवाने के लिए अनेक इमारतों को तुड़वा दिया। अंगूरी बाग 85 वर्ग मीटर में फैला हुआ है।

दीवान-ए-आम में मयूर सिंहासन या तख्ते ताउस स्थापित था। मुगल बादशाह दीवान-ए-आम जनता से मिला करते थे और उनकी फरयाद सुनते थे। दीवान-ए-ख़ास में बादशाह उच्च पदाधिकारियों से गोष्ठी और मंत्रणा किया करते थे। जहाँगीरी महल अकबर ने अपने पुत्र जहांगीर के लिये निर्मित किया था। महल श्वेत संगमरमर से निर्मित है। भवन तालाबों और फव्वारों से सुसज्जित है।

मोती मस्जिद शाहजहाँ की निजी मस्जिद थी। नगीना मस्जिद शाही महिलाओं के लिये निर्मित मस्जिद है। जिसके भीतर जनाना मीना बाजार था। जिसमें केवल महिलाएं ही सामान बेचा करती थी। नौबत खाना में राजा के संगीतज्ञ वाद्य यंत्र बजाते थे। रंग महल में बादशाह की पत्नी और उपपत्नी रहती थी। शाही बुर्ज शाहजहाँ का निजी कार्य क्षेत्र था।

अकबर के उत्तराधिकारी जहांगीर ने लाल किले के अंदर कई उद्यान बनाए। सिकंदरा में अकबर का मकबरा जहांगीर के शासनकाल में बनकर तैयार हुआ था। आगरा दुर्ग में जहाँगीरी महल और एतमादुद्दौला का मकबरा भी जहाँगीर के शासनकाल के दौरान बनाया गया था। जहांगीर आगरा से अधिक लाहौर और कश्मीर से प्रेम करता था।

फतेहपुर सीकरी

यह सिकरवार राजपूत राजा की रियासत थी। कालांतर में सिकरवार राजपूत इसके समीप खेरागढ़ और मध्यप्रदेश के मुरैना में बस गए। मुगल बादशाह बाबर ने राणा सांगा को सीकरी नामक स्थान पर हराया था। अकबर नि:संतान था। संतान प्राप्ति के सभी उपाय असफल होने पर उसने सूफी संत शेख सलीम चिश्ती से प्रार्थना की। इसके बाद पुत्र जन्म से खुश और उत्साहित अकबर ने यहाँ अपनी राजधानी बनाने का निश्चय किया। मुगल बादशाह अकबर ने सन् 1571 ईस्वी में फतेहपुर सीकरी बसाया था। सन् 1585 ईस्वी मुगल साम्राज्य की राजधानी रहने के बाद पानी की कमी के कारण अकबर ने आगरा को पुनः राजधानी बनाया। फतेहपुर सीकरी मस्जिद को मक्का की मस्जिद की नकल माना

जाता है। इसके डिजाइन हिंदू और पारसी वास्तुशिल्प से लिए गए हैं। मस्जिद का प्रवेश द्वार 54 मीटर ऊँचा बुलंद दरवाजा है। यही कारण है कि इसे बुलंद दरवाजा कहा जाता है। आज भी दुनिया में इतना ऊँचा और बड़ा दरवाजा और कहीं नहीं है। इसका निर्माण सन् 1573 ईस्वी में किया गया था। यह दरवाजा जमीन से 280 फुट ऊंचा है। 52 सीढ़ियां चढ़ने के पश्चात पर्यटक दरवाजे के अंदर पहुंचता है। दरवाजे में पुराने जमाने के विशाल किवाड़ लगे हुए हैं। बुलंद दरवाजे को अकबर ने गुजरात विजय की स्मृति में सन् 1602 ईस्वी में बनवाया था। इसी दरवाजे से होकर शेख की दरगाह में प्रवेश करना होता है। इसके बाईं ओर जामा मस्जिद है।

मस्जिद के उत्तर में शेख सलीम चिश्ती की दरगाह है। जहाँ नि:संतान महिलाएँ दुआ मांगने आती हैं। आँख मिचौली, दीवान-ए-खास, पांच महल, ख्वाब्बगाह, जौधा बाई का महल, शेख सलीम चिश्ती के पुत्र की दरगाह, शाही मसजिद, अनूप तालाब फतेहपुर सीकरी के प्रमुख स्मारक हैं। मजार या समाधि के पास उनके संबंधियों की कब्रें हैं। मस्जिद और मजार के समीप एक घने वृक्ष की छाया में एक छोटा संगमरमर का सरोवर है। मस्जिद में एक स्थान पर एक पत्थर लगा है जिसको थपथपाने से नगाड़े की ध्वनि होती है।

फतेहपुर सीकरी में अकबर कालीन अनेक भवनों, प्रासादों तथा राजसभा के भव्य अवशेष आज भी वर्तमान हैं। शेख सलीम की मान्यता के लिए अनेक यात्रियों द्वारा किवाड़ों पर लगाई हुई घोड़े की नालें दिखाई देती हैं।

ताजमहल

ताजमहल शाहजहां की प्रिय बेगम मुमताज महल का मकबरा है। यह विश्व की सबसे प्रसिद्ध इमारतों में से एक है। यह विश्व के नये सात अजूबों में सम्मिलित है। सन् 1653 ईस्वी में इसका निर्माण पूरा हुआ था। ताज को एक लालबलुआ पत्थर के चबूतरे पर बने श्वेत संगमर्मर के चबूतरे पर बनाया गया है। ताजमहल के बनने में बाईस वर्ष लगे। बीस हजार कारीगरों ने लगातार काम किया। यह मुगल शैली के चार बाग के साथ स्थित है। फारसी वास्तुकार उस्ताद ईसा खां के दिशा निर्देश में इसे यमुना नदी के किनारे पर बनवाया गया। इसके मुख्य द्वार पर कुरआन की आयतें खुदी हुई हैं। ताजमहल और आगरा के किले को सन् 1983 ईस्वी में और फतेहपुर सीकरी को सन् 1986 ईस्वी में यूनेस्को विश्व धरोहर स्थल का दर्जा प्राप्त हुआ।

एतमादुद्दौला का मकबरा

सम्राज्ञी नूरजहां ने एतमादुद्दौला का मकबरा बनवाया था। यह उसके पिता गियास-

उद-दीन बेग़ जहांगीर के दरबार में मंत्री भी थे। उसकी याद में बनवाया गया था। जहांगीर के शासनकाल में निर्मित एतमादुद्दौला का मकबरा भारत का पहला ऐसा मकबरा है जो पूर्णतः श्वेत संगमरमर से बना है।

जामा मस्जिद

जामा मस्जिद एक विशाल मस्जिद है। शाहजहाँ की पुत्री शहज़ादी जहांआरा बेगम की याद में बनवाया गया था। इसका निर्माण सन् 1648 ईस्वी में हुआ था। यह अपने मीनार रहित ढाँचे तथा विशेष प्रकार के गुम्बद के लिये जानी जाती है।

इसके अतिरिक्त अन्य पर्यटन स्थलों में प्रमुख हैं चीनी का रोजा, मेहताब बाग, स्वामी बाग, सिकंदरा में अकबर का मकबरा, मरियम मकबरा, मेहताब बाग, सदर बाजार। इसके साथ यहाँ पर्चिनकारी, संगमरमर, नक्काशी के सामान और कालीन उद्योग भी पर्यटकों को आकर्षित करते हैं।

बाबर कालीन फलों और फूलों के बगीचों, महलों, स्नानागारों, तालाबों, कुओं और जलकुंडों के बहुत कम अवशेष बचे हैं। बाबर के चारबाग के अवशेष आज यमुना के पूर्व की ओर आराम बाग में देखा जा सकता हैं।

आवागमन

वायुमार्ग

निकटतम हवाई अड्डा खेरिया हवाई अड्डा है। यह आगरा से 13 किलोमीटर दूर है।

रेलमार्ग

आगरा भारतीय रेलवे का स्टेशन हैं। आगरा छावनी रेलवे स्टेशन से ग्वालियर की एक रेलवे लाइन जाती है। इस लाइन पर राजा की मंडी रेलवे स्टेशन से एक ब्रांच लाइन पूर्व की ओर निकलती है। जिस पर आगरा सिटी रेलवे स्टेशन स्थित है। पश्चिम दिशा से भरतपुर और बयाना से क्रमशः दो ब्रॉड गेज लाइनें आती हैं। ये दोनों लाइनें ईदगाह जंक्शन रेलवे स्टेशन से ठीक पहले मिल जाती हैं।

सड़क मार्ग

आगरा शहर प्रमुख शहर देश के विभिन्न क्षेत्रों से सड़क मार्ग से जुड़ा हुआ है। उत्तर प्रदेश सड़क परिवहन निगम की बसें प्रदेश के विभिन्न शहरों और अन्य राज्यों के लिए सदैव उपलब्ध रहतीं हैं। पर्यटक अपने निजी वाहन से भी यहाँ पहुंच सकते हैं। शहर के विभिन्न हिस्सों में आने-जाने के लिए स्थानीय वाहनों की भरमार है

अध्याय : 13

मथुरा के पर्यटन स्थल

मथुरा सनातन धर्म के अनुयायियों का एक पवित्र शहर है। मथुरा और वृंदावन दोनों नगर एक ही काल खण्ड के हैं। एक रोचक तथ्य यह है कि मथुरा वृन्दावन एक ही ईश्वर से संबंधित हैं। दुनिया में कहीं भी कोई भी दो नगर नहीं है जिसका संबंध किसी एक ईश्वर से हो। मथुरा भगवान श्री कृष्ण की जन्म भूमि है। मथुरा यमुना नदी तट पर बसा है।

मथुरा ऐतिहासिक दृष्टिकोण से कुषाण साम्राज्य का राजधानी नगर माना जाता है। भगवान श्री कृष्ण के जन्म से पहले लगभग 7500 वर्ष पूर्व यह नगर अस्तित्व में था। उत्खनन में जो पुरातात्विक साक्ष्य मिले हैं वह कुषाण कालीन हैं। एक पौराणिक कथा के अनुसार शूरसेन देश की राजधानी मथुरा थी। पौराणिक साहित्य में मथुरा के अनेक नामों का उल्लेख मिलता है। यह नाम हैं - शूरसेन नगरी, मधुपुरी, मधुनगरी, मधुरा आदि। वाल्मीकि रामायण में मथुरा को मधुपुर या मधुदानव का नगर कहा गया है। यह लवणासुर की राजधानी थी। लवणासुर मधुदानव का पुत्र था। लवणासुर को शत्रुघ्न ने युद्ध में पराजित कर मारा था। अतः इतिहासकारों ने यह स्वीकार किया कि मधुपुरी या मथुरा का रामायण कालीन नगर है। इस नगरी का जीर्णोद्धार कर लवणासुर ने नगर को अद्भुत सौंदर्य से परिपूर्ण किया था।

भगवान श्री कृष्ण ने पहले अधर्मी मामा कंस का वध कर यहीं विश्राम लिया था। इस शहर को बृज भूमि के रूप में भी जाना जाता है। लगभग 400 ईस्वी में कुषाण साम्राज्य के समय चीनी राजदूत फाहियान ने मथुरा शहर में बड़ी संख्या में बौद्ध मठों का उल्लेख किया था। महमूद गजनवी ने यहाँ के ज्यादातर मंदिरों को ध्वस्त कर दिया गया था। औरंगजेब ने भी इस पवित्र शहर में तोड़फोड़ की। इसके कुछ समय बाद अंग्रेजो ने इस शहर पर अपना कब्ज़ा कर किया।

महाकवि सूरदास, संगीत के आचार्य स्वामी हरिदास, स्वामी दयानंद के गुरु स्वामी विरजानंद, चैतन्य महाप्रभु आदि के नाम इस नगरी से जुड़े हुए हैं।

सप्तपुरियों में मथुरा

गरुड़ पुराण में वर्णित सप्तपुरियों मथुरा का भी उल्लेख मिलता है। पद्म पुराण में मथुरा का विशेष महत्व बताया गया है। काशी सभी पुरियों में मोक्षदायिनी मानी जाती है तो मथुरा पुरी धन्य मानी जाती है। ऐसा माना जाता है कि मथुरा देवताओं के लिए भी दुर्लभ है। गर्ग संहिता में उल्लेख है - "पुरियों की रानी कृष्णापुरी मथुरा बृजेश्वरी है, तीर्थेश्वरी है, यज्ञ तपोनिधियों की ईश्वरी है। यह मोक्ष प्रदायिनी धर्मपुरी मथुरा नमस्कार योग्य है।" यहाँ यमुना जन्म दिवस चैत्र शुक्ल षष्ठी, यम द्वितीया तथा कार्तिक शुक्ल दशमी को मेला लगता है। श्रद्धालु प्रत्येक मास की एकादशी और अक्षय नवमी को मथुरा की परिक्रमा करते हैं।

कंस दुर्ग

कंस दुर्ग मथुरा में स्थित है। कंस भगवान श्री कृष्ण के मामा थे। यह दुर्ग मथुरा का एक प्रमुख पर्यटक स्थल है। अकबर के नवरत्नों में से एक राजा मान सिंह प्रथम ने संभवत इस दुर्ग का जीर्णोद्धार करवाया था। लापरवाही के कारण यह दुर्ग जीर्ण-शीर्ण हो चुका है। यह दुर्ग ऐतिहासिक दृष्टि से महत्व रखता है। महाभारत काल में यह दुर्ग पांडवों के लिए एक विश्राम घर हुआ करता था।

सौंठ दुर्ग

मुगल काल में सौंठ का दुर्ग जाट राजा हठी सिंह की वीरता के लिए प्रसिद्ध था।

राधा कुंड

राधा कुंड प्रसिद्ध तीर्थ स्थल है। यह कुंड राधा और कृष्ण के समय का माना जाता है।

कुसुम सरोवर

कुसुम सरोवर पर्यटकों को आकर्षित करता है। यह गोवर्धन और राधा कुंड के बीच स्थित है। सरोवर एक सुंदर जलाशय है। जिसका निर्माण राजसी बलुआ पत्थर से किया गया है। इसके जलाशय में सीढ़ियां लगी हुई है। जिसका प्रयोग तालाब में उतरने के लिए किया जा सकता है। पर्यटक कुसुम सरोवर में तैराकी करते हैं और डुबकी भी लगाते हैं।

बरसाना

बरसाना मथुरा जिला में एक ऐतिहासिक नगर है। यह राधा का जन्म स्थान है। बरसाना में श्री राधा रानी मंदिर स्थित है।

मथुरा के घाट

वर्तमान में यमुना नदी के तट पर कुल 25 घाट स्थित है। इन घाटों का संबंध भगवान कृष्ण के समय से बताया जाता है। ऐसा माना जाता है कि यहाँ स्नान करने से भक्तों के पुराने पाप धुल जाते हैं। मथुरा घाटों में विश्राम घाट सहित चक्रतीर्थ घाट, कृष्ण गंगा घाट, गौ घाट, असकुण्डा घाट, प्रयाग घाट, बंगाली घाट, स्वामी घाट, सूरज घाट, ठकुरानी घाट, दोला मोला घाट और ध्रुव घाट आदि प्रमुख घाट हैं।

ब्रज वन

ब्रज में बारह ब्रज वन हैं जो कि द्वादश वन के नाम से प्रसिद्ध हैं। इसके अतिरिक्त यहाँ अनेक वन-उपवन हैं। यथा- काम वन, लोह वन, कोकिला वन, ब्रह्मांड घाट महावन, चिंताहरण महादेव महावन आदि।

मथुरा संग्रहालय

मथुरा का संग्रहालय की स्थापना तत्कालीन जिलाधीश एफ. एस. ग्राउज द्वारा सन् 1874 ईस्वी में की गई थी। सन् 1908 ईस्वी में राय बहादुर पंडित राधाकृष्ण यहाँ के प्रथम सहायक संग्रहाध्यक्ष के रूप में नियुक्त हुए। कालांतर में वह अवैतनिक संग्रहाध्यक्ष हो गए।

उत्खनन में मथुरा से यक्ष और यक्षिणियों की 6 प्रतिमा प्राप्त हुई हैं। जिनमें सर्वाधिक महत्वपूर्ण 'परखम' नामक ग्राम से मिली हुई अभिलिखित यक्ष मूर्ति है। धोती और दुपट्टा धारण किए स्थूलकाय 'मणिभद्र यक्ष' स्थानक अवस्था में है।

मथुरा के पेड़े

मथुरा मिठाइयों और दुग्ध उत्पादों के लिए प्रसिद्ध है। पेड़ों की विभिन्न किस्में यहां आप खरीद सकते है।

पर्यटन काल

मथुरा में सर्वश्रेष्ठ पर्यटन काल अक्टूबर से मार्च के महीनों का माना जाता है क्योंकि इस समय मौसम ठंडा और सुहाना हो जाता है। इसके अतिरिक्त होली महोत्सव और जन्माष्टमी उत्सव पर भी यहां पर्यटकों की संख्या सर्वाधिक होती है।

आवागमन

वायुमार्ग

निकटतम हवाई अड्डा आगरा में है। आगरा से मथुरा की दूरी करीब 58 किलोमीटर है। मथुरा के लिए दूसरा प्रमुख निकटतम हवाई अड्डा दिल्ली में इंदिरा गांधी अंतर्राष्ट्रीय हवाई अड्डा है। दिल्ली से पर्यटक बस, टैक्सी या ट्रेन से यहाँ पहुंच सकते हैं।

रेलमार्ग

मथुरा जंक्शन मध्य और पश्चिम रेलवे का एक प्रमुख रेलवे स्टेशन है। देश सभी क्षेत्रों से ट्रेन द्वारा मथुरा पहुंच सकते हैं।

सड़क मार्ग

मथुरा के लिए विभिन्न शहरों से उत्तर प्रदेश सड़क परिवहन निगम की बसें उपलब्ध है। अन्य राज्यों की बसें भी यहां आती है। इसके अतिरिक्त आप अपनी कार या किसी निजी वाहन से यात्रा करते हुए मथुरा पहुंच सकते हैं। मथुरा से गोवर्धन के लिये बसे उपलब्ध है। मथुरा के विभिन्न मंदिरों और पर्यटन स्थलों पर भ्रमण के लिए स्थानीय वाहनों का उपयोग किया जाता है।

अध्याय : 14

वृंदावन के पर्यटन स्थल

वृंदावन मथुरा के समीप है। देवशयनी और देवोत्थानी एकादशी को वृन्दावन की एक साथ परिक्रमा की जाती है। यह परिक्रमा 21 कोसी या तीन वन की कही जाती है। इसके अतिरिक्त वैशाख शुक्ल पूर्णिमा को रात्रि में परिक्रमा की जाती है। जिसे वनविहार की परिक्रमा कहते हैं।

गोवर्धन पहाड़ी

गोवर्धन पहाड़ी वृंदावन के समीप है। यह मथुरा से लगभग 22 किलोमीटर दूर है। यह वृंदावन का एक प्रमुख पर्यटन स्थल है। इस पहाड़ी का उल्लेख प्राचीन धर्म ग्रंथों में मिलता है। इसे वैष्णवों के प्रमुख तीर्थ स्थलों में से एक माना जाता है।

प्राचीन ग्रंथों में उल्लिखित प्रसंग के अनुसार एक बार अपने गाँव को भयंकर बारिश और आंधी से बचाने के लिए भगवान श्री कृष्ण ने गोवर्धन पहाड़ी को अपनी एक उंगली पर उठाया था। भगवान कृष्ण ने गाँव को बचाने के बाद सभी ग्रामीणों से इस पहाड़ी की पूजा करने का आग्रह किया था। अतः वर्तमान में इस पर्वत को पवित्र माना जाता है। लोक प्रचलित मान्यता के अनुसार दीपावली के उपरांत गोवर्धन पूजा के समय श्री कृष्ण भक्त इस पर्वत का लगभग 23 किलोमीटर का चक्कर नंगे पैर पैदल चलकर लगाते हैं।

आवागमन

वायुमार्ग

निकटतम हवाई अड्डा आगरा में है। आगरा से वृन्दावन की दूरी करीब 67 किलोमीटर है। वृंदावन के लिए दूसरा प्रमुख निकटतम हवाई अड्डा दिल्ली में इंदिरा गांधी अंतर्राष्ट्रीय हवाई अड्डा है। दिल्ली से पर्यटक बस, टैक्सी या ट्रेन की मदद से पहुंच सकते हैं।

रेलमार्ग

वृंदावन जाने के लिए मथुरा जंक्शन मध्य और पश्चिम रेलवे का एक प्रमुख रेलवे स्टेशन है। देश सभी क्षेत्रों से ट्रेन द्वारा मथुरा पहुंच सकते हैं।

सड़क मार्ग

वृंदावन के लिए विभिन्न शहरों से उत्तर प्रदेश सड़क परिवहन निगम की बसें उपलब्ध है। अन्य राज्यों की बसें भी यहां आती है। इसके अतिरिक्त आप अपनी कार या किसी निजी वाहन से यात्रा करते हुए मथुरा पहुंच सकते हैं। गोवर्धन से मथुरा के लिये बस से उपलब्ध है। वृंदावन घूमने के लिए स्थानीय वाहनों का इस्तेमाल किया जा सकता है।

अध्याय : 15

अलीगढ़ के पर्यटन स्थल

वाल्मीकि रामायण में अलीगढ़ क्षेत्र का उल्लेख पाया जाता है। इस क्षेत्र से संबंधित वेद व्यास रचित महाभारत ग्रंथ में अनेक स्थानों पर अनेक प्रसंगों में मिलते हैं। तत्कालीन समय में यह कोल नाम से प्रसिद्ध था। इसी क्षेत्र में महर्षि विश्वामित्र का आश्रम था। ऐतिहासिक दृष्टि से कोल एक अत्यधिक प्राचीन स्थल है।

पौराणिक प्रसंग

पौराणिक कथाओं के अनुसार इस क्षेत्र में कभी कोही नाम के ऋषि रहते थे। जिनके आश्रम का नाम कोहिला आश्रम था। कालांतर में यही कोहिला कोल हो गया। एक कथा में यह उल्लेख मिलता है कि कोहिलाश्रम और मथुरा के मध्य महर्षि विश्वामित्र का भी आश्रम था। वर्तमान अलीगढ़ जनपद में स्थित वेसवा नाम का कस्बा है जहाँ प्राचीन ऐतिहासिक सरोवर धरणीधर है। यहीं विश्वामित्र आश्रम के अवशेष चिन्ह है।

इतिहासकारों के एक वर्ग के अनुसार अलीगढ़ ब्रजमंडल के किनारे अर्थात कोर पर स्थित है। संभवत इसी कोर शब्द को ही कालांतर में कोल कहा जाने लगा। महाभारत काल के पश्चात शनैःशनैः जब इस क्षेत्र के शासकों के छोटे-छोटे राज्य स्थापित हुए तो उनमें राजपूत, नन्द, मौर्य, शुग, शक, कुषाण, गुप्त तथा वर्धन वंश के सम्राटों का यत्रतत्र आधिपत्य होता रहा।

जैन एवं बौद्ध काल में भी इस जनपद का नाम कोल था। विभिन्न संग्राहलों में रखी गई महरावल, पंजुपुर, खेरेश्वर आदि से प्राप्त मूर्तियों को देखकर इसके बौद्ध और जैन काल के राजाओं का शासन होने की पुष्टि होती है।

ऐतिहासिक प्रसंग

महाभारत ग्रंथ के एक समीक्षा कार के अनुसार- पाँच हजार वर्ष पूर्व कौशिरिव-कौशल नामक एक चन्द्रवंशी राजा यहाँ राज्य करता था। उसकी राजधानी का नाम कौशाम्बी था।

कोल दैत्य ने कौशिरिव को पराजित कर कोल पर अपना आधिपत्य स्थापित कर लिया। उसने इस स्थल का नाम बदल कर कोल कर दिया। अनेक वर्षों तक कोल दैत्य ने यहां शासन किया। यह घटना उस समय की है जब पांडव हस्तिनापुर से अपनी राजधानी उठाकर उच्च स्थल अर्थात वर्तमान बुलन्दशहर लाये थे।

उसी काल में भगवान श्री कृष्ण के बड़े भाई बलराम राम घाट गंगा स्नान के लिए यहाँ होकर गुजरे तो उन्होंने वर्तमान खैर रोड पर अलीगढ़ नगर से करीब पांच किलोमीटर दूर स्थित प्राचीन ऐतिहासिक स्थल श्री खेरेश्वर धाम पर अपना पड़ाव डाला था। दैत्य के अत्याचारों से तंग स्थानीय लोगों ने बलराम से सहायता मांगी और निवेदन किया कि वह इस दुष्ट दैत्य से उन्हें मुक्ति दिलाई। कोल की जनता की भावनाओं का सम्मान करते हुए बलराम ने दैत्य सम्राट कोल का वध करके अपना हथियार हल जहाँ धोया था, उस स्थान का नाम हल्दुआ हो गया। बलराम के सेनापति हरदेव ने हल्दुआ गाँव के निकट ही पैंठ लगाई थी। जिस स्थान पर पैंठ लगाई गई कलान्तर उस स्थान का नाम हरदुआगंज पड़ गया। बलराम ने दैत्य कोल का वध करने के उपरांत कोल का राज्य पांडवों को दे दिया। मथुरा संग्रहालय में 200 ईस्वीपूर्व के सिक्के सुरक्षित हैं। यह सिक्के हरदुआगंज, सासनी और लाखनू के समीप की गई खुदाई में प्राप्त हुए थे।

चाणक्य की कर्म भूमि

चाणक्य कालीन इतिहास साक्षी है कि कूटनीतिज्ञ चाणक्य की कार्यस्थली कोल तक थी। कलिंग विजय के उपरान्त अशोक महान ने विजय स्मारक बनवाये थे। जिनमें कौटिल्य नामक स्थान का उल्लेख मिलता है। इतिहासकारों का एक वर्ग यह मानता है कि यह कौटिल्य नामक स्थान कोई और नहीं कोल ही था।

तेरहवीं शताब्दी

इब्नबतूता के रिहला में कोइल का भी उल्लेख मिलता है। जब इब्नबतूता के साथ सन् 1341 ईस्वी में चीन के युआन राजवंश के मंगोल सम्राट उखंतु खान का प्रतिनिधित्व करने वाले 15 राजदूतों के साथ गुजरात के कंबय तट से कोइल शहर की यात्रा की थी। इब्नबतूता ने उल्लेख किया है - "ऐसा प्रतीत होता है कि कोइल एक बहुत परेशान राज्य में था।" इब्नबतूता ने कोइल को आम के वृक्षों से आच्छादित एक अच्छा शहर कहा है।

अठारहवीं शताब्दी

18वीं शताब्दी से पहले अलीगढ़ को कोल या कोइल के नाम से जाना जाता था। कोल नाम न केवल शहर अपितु संपूर्ण जनपद का द्योतक है। इसकी भौगोलिक सीमा

समय-समय पर बदलती रही हैं। कोल नाम की उत्पत्ति को लेकर अनेक मत हैं। कुछ प्राचीन ग्रंथों में कोल को एक जनजाति या जाति, किसी स्थान या पर्वत का नाम और ऋषि या राक्षस के नाम से उल्लेखित किया गया है।

12वीं शताब्दी के मध्य से अलीगढ़ जिला का प्रारंभिक इतिहास अस्पष्ट है। एडविन एटकिंसन के अनुसार - "कोल का नाम बाला राम द्वारा शहर में दिया गया था। जिन्होंने महान असुर कोले को मार डाला और अहीरों की सहायता से दोआब के इस हिस्से को घटा दिया।" दूसरे स्थान पर एटकिंसन ने अपने पहले कथन को किंवदंती माना है। एटकिंसन के अनुसार कोल की स्थापना 372 ईस्वी में दोर जनजाति के राजपूतों द्वारा की गयी थी। यह पुराने डोर किले इसका प्रमाण है। अब डोर दुर्ग खंडहर हो चुका है। इसी दुर्ग के चारों ओर बसावट हुई और कालांतर में यह दुर्ग शहर के केंद्र में स्थित हो गया।

सन् 1194 ईस्वी में कुतुब-उद-दीन ऐबक दिल्ली से कोइल आया था। ऐबक ने कोल दुर्ग पर अपना आधिपत्य स्थापित कर लिया था।

अलीगढ़ मुस्लिम विश्वविद्यालय के इतिहास विभाग के प्रोफेसर जमाल मोहम्मद सिद्दीकी ने अपनी पुस्तक 'अलीगढ़ जनपद का ऐतिहासिक सर्वेक्षण' में लगभग 200 पुरानी बस्तियों और टीलों का उल्लेख किया है जो अपनी गर्त में उक्त राजवंशों के अवशेष छिपाए हुए हैं। अलीगढ़ गजेटियर के लेखक एस आर नेविल के अनुसार जब दिल्ली पर तोमर वंश के राजा अनंगपाल सिंह का राज्य था। तब बरन अर्थात बुलन्दशहर में विक्रमसेन का शासन था। इसी वंश परम्परा में कालीसेन के पुत्र मुकुन्द सेन, उसके बाद गोविन्द सेन और फिर विजयी राम के पुत्र बुद्धसेन अलीगढ़ के प्रसिद्ध शासक रहे। उनके उत्तराधिकारी मंगलसेन थे जिन्होंने बालाये दुर्ग पर एक मीनार गंगा दर्शन हेतु बनवाई थी। इससे विदित होता है कि तब गंगा कोल के निकट ही प्रवाहमान रही होगी। घोड़े पालने के लिए भी यह नगर प्रसिद्ध है।

दर्शनीय स्थल

अलीगढ़ शहर और उसके आस-पास अनेक ऐतिहासिक महत्व के स्थल हैं। पर्यटकों को इन पौराणिक एवं ऐतिहासिक स्थलों पर भ्रमण करना चाहिए।

डोरगढ़ दुर्ग

अलीगढ़ शहर के बीच में स्थित है प्राचीन दुर्ग डोरगढ़। इसका निर्माण सन् 1524 ईस्वी में हुआ था। अब एक खंडहर मात्र रह गया है। इसका एक बड़ा हिस्सा 18वीं शताब्दी की एक मस्जिद द्वारा अधिग्रहित कर लिया गया।

अलीगढ़ दुर्ग

अलीगढ़ दुर्ग इस क्षेत्र में भारत के सबसे मजबूत किलों में से एक माना जाता था। पुरातात्विक साक्ष्यों के अनुसार अलीगढ़ में दो दुर्ग थे। एक दुर्ग ऊपर कोट टीले पर तथा दूसरा मुस्लिम विश्वविद्यालय के उत्तर में बरौली मार्ग पर स्थित है। शहर के पास अलीगढ़ नाम का एक दुर्ग है। यह दुर्ग पहले रामगढ़ कहलाता था। यह इब्राहिम लोधी के दरबार में पीठासीन राज्यपाल के पुत्र द्वारा 16वीं सदी में बनाया गया था। जीटी रोड पर स्थित यह किला एक नियमित बहुभुज आकार की तरह है। इसके चारों ओर एक बहुत गहरी खाई है। 18वीं सदी में माधवराव सिंधिया प्रथम के शासन काल में इसका प्रयोग सैनिकों को यूरोपीय युद्ध तकनीक सिखाने हेतु एक प्रशिक्षण केंद्र के रूप में किया जाता था। ब्रिटिश शासन के खिलाफ 1857 के विद्रोह के लिए भी इस स्थल का प्रयोग किया गया था। अब यह अलीगढ़ मुस्लिम विश्वविद्यालय के वनस्पति विज्ञान विभाग के नियंत्रण में है। भीतरी आंगन में एक वनस्पति उद्यान और अन्य बागानों की किस्में है।

अलीगढ़ नाम नजफ़ खाँ का दिया हुआ है। सन् 1717 ईस्वी में साबित खाँ ने इसका नाम 'साबितगढ़' और सन् 1757 ईस्वी में जाटों ने 'रामगढ़' रखा था। उत्तर मुग़ल काल में यहाँ सिंधिया का कब्जा था।

मथुरा और भरतपुर के जाट राजा सूरजमल ने सन् 1753 ईस्वी में कोल पर अपना अधिकार कर लिया। सूरजमल को बहुत ऊँची जगह पर दुर्ग पसन्द न आने के कारण उसने एक भूमिगत दुर्ग का निर्माण कराया। सन् 1760 ईस्वी में इस दुर्ग के सन् जाने पर इस दुर्ग का नाम रामगढ़ रखा। 6 नवम्बर, 1768 में यहाँ एक शिया मुस्लिम सरदार मिर्जा साहब का आधिपत्य हो गया। सन् 1775 ईस्वी में उनके सिपहसालार अफरासियाब खान ने पैगंबर के चचेरे भाई और दामाद अली के नाम पर कोल का नाम अलीगढ़ रखा था।

अलीगढ़ दुर्ग एक मजबूत दुर्ग था। इसको कलेक्टर गज के नाम से जाना जाता है। दूसरे आंग्ल-मराठा युद्ध में अंग्रेजों ने सन् 1803 ईस्वी में मराठों से छीन लिया था। सन् 1857 के सिपाही-विद्रोह का यह मुख्य केंद्र रहा।

बोना चोर दुर्ग

अलीगढ़ का दूसरा दुर्ग बोना चोर दुर्ग कहलाता है। सन् 1524-25 ईस्वी में इब्राहिम लोधी के कार्यकाल में इस दुर्ग की नींव रखी गई थी। यूरोपीय स्थापत्य कला में गढ़ने के लिए सन् 1759 ईस्वी में इस दुर्ग का पुनर्निर्माण माधव राव सिंधिया के जमाने में हुआ। उन्होंने इसकी जिम्मेदारी फ्रेंच कमांडेंट काउंट बेनोइट और कुलीयर पेरोन को दी।

फ्रेंच इंजीनियरों की भी मदद ली गई। दुर्ग की कमान मीर सादत अली के हाथों में थी। 4 सितंबर, 1803 में ब्रिटिश जनरल लेक ने आक्रमण करके दुर्ग पर कब्जा कर लिया। युद्ध में मारे गए ब्रिटिश अफसरों के नाम यहाँ के शिलालेख में दर्ज हैं। कालांतर में अलीगढ़ का यह दुर्ग 'बौना चोर का किला' हो गया। अलीगढ़ मुस्लिम विश्वविद्यालय की देखरेख में होने के कारण स्थानीय लोग अब इसे अलीगढ़ मुस्लिम विश्वविद्यालय किला भी कहने लगे हैं।

इस दुर्ग के अंदर प्रवेश करने के लिए गेट पर पहचान पत्र दिखाना पड़ता है। अलीगढ़ मुस्लिम विश्वविद्यालय के विद्यार्थियों और शिक्षकों को ही दुर्ग में प्रवेश करने की विशेष अनुमति है। अन्य पर्यटकों को स्वयं अनुमति लेनी पड़ती है। पुरानी चुंगी के समीप से आप इस दुर्ग में प्रवेश कर सकते हैं।

इगलास दुर्ग

इगलास कस्बे के पूर्व दिशा में एक गाँव असाबर हुआ करता था। इगलास के पश्चिम दिशा में एक गाँव था गंगापुरा। इन दोनों गाँवों के बीच ग्वालियर के संस्थापक महादाजी सिंधिया ने सन् 1762 ईस्वी के आस-पास ऊंचे टीले पर एक दुर्ग का निर्माण किया था। दुर्ग में दरबार लगाकर न्याय किया जाता था। फारसी भाषा में दरबार को इज्लास अर्थात अदालत कहा जाता था। सन् 1802 ईस्वी में अंग्रेजों ने इसे अपने आधिपत्य में ले लिया। गंगापुर गाँव का अस्तित्व खत्म हो गया। दोनों गाँवों के मध्य बसावट होती चली गई। एक नया कस्बा बन गया। इस कस्बे का नाम इज्लास से बिगड़ कर इगलास हो गया। गांव असाबर आज भी एक मोहल्ले के रूप में अस्तित्व में है। स्वतंत्रता के बाद दुर्ग में तहसील की स्थापना हुई। नई इमारत बनने के बाद तहसील स्थानांतरित हो गई। सन् 1991 ईस्वी के लगभग यहाँ राजकीय कन्या हाईस्कूल की स्थापना कर दी गई। कुछ वर्ष पहले कॉलेज भी नए भवन में स्थानांतरित हो गया।

यह ऐतिहासिक दुर्ग जमींदोज होने के कगार पर है। रखरखाव के अभाव में दुर्ग के बुर्जों में दरार पड़ गई है। दीवार चटक गई है। ऐतिहासिक धरोहर को पुरातत्व इमारत या पर्यटन स्थल घोषित नहीं किया गया और न तो शासन का ध्यान है न समाज का। देखरेख के अभाव में दुर्ग खंडहर में तब्दील होता जा रहा है। दुर्ग के चारों ओर गंदगी का साम्राज्य है। ऐसी अव्यवस्था में वह दिन दूर नहीं जब इस धरोहर का नामोनिशान ही मिट जायेगा।

शेखा झील

शेखा झील पक्षी विहार को वैश्विक पहचान दिलाने के लिए प्रयास किए जा रहे हैं। अलीगढ़ से 17 किलोमीटर दूर पनैठी-जलाली मार्ग स्थित शेखा झील सन् 1852 ईस्वी

में तब अस्तित्व में आई जब यहाँ पर अपर गंग नगर का निर्माण हुआ। सन् 1977 ईस्वी में महान पक्षी विज्ञानी डॉ. सालिम अली अलीगढ़ मुस्लिम विश्वविद्यालय में आए तो इस झील की पहचान की गई। यह मानसूनी गंगा के मैदानों का जल क्षेत्र है। इस झील को अधिकतम पानी बरसात से मिलता है। साथ ही गंग नगर से भी वर्षों से पानी आ रहा है। इसी खासियत के चलते सरकार ने इस झील को रामसर साइट में शामिल किया गया है।

हर साल साइबेरियन देशों में ठंड बढ़ते ही 18 से 20 हजार पक्षी शेखा झील व आस-पास की झीलों पर प्रवास के लिए आ जाते थे। अक्टूबर से लेकर फरवरी तक झील पक्षियों से गुलजार रहती थी। झील पर विभिन्न प्रजाति के लगभग 16567 पक्षी आते रहते हैं।

डार्टर, ग्रे हीरोन, पैटेंड स्ट्रोक, ग्रेट कोरमोरेंट, पर्पल हीरोन, ब्लैक पिनटेल, कॉम्ब डक, आइबिज, ब्लैक हेडेड आइबिज, ओपन बिल स्ट्रोक, स्पॉट बिल्ड डक, ब्लैक नेक्ड स्ट्रोक, व्हाइट ब्रेस्टेड, वाटर हेन, कॉमन मूरहेन, लिटिल कोरमोरेंट, व्हाइट आइबिज, सोवलर, कॉमन टील आदि देखने को मिल जाते हैं।।

अलीगढ़ मुस्लिम विश्वविद्यालय

सन् 1875 ईस्वी में सर सैयद अहमद खान ने अलीगढ़ में मुहम्मद एंग्लो ओरिएंटल कॉलेज की स्थापना की। कालांतर में इस कॉलेज को सन् 1920 ईस्वी में अलीगढ़ मुस्लिम विश्वविद्यालय बना दिया गया।

आवागमन

वायुमार्ग

निकटतम हवाई अड्डा इंदिरा गांधी अंतरराष्ट्रीय हवाई अड्डा है। शीघ्र ही नोएडा में एक अन्य हवाई अड्डा बनकर तैयार होने जा रहा है।

रेलमार्ग

अलीगढ़ भारतीय रेलवे का प्रमुख जंक्शन है। देश के हर इलाके से यहाँ रेल द्वारा पहुंचा जा सकता है।

सड़क मार्ग

उत्तर प्रदेश सड़क परिवहन की बस सेवा प्रदेश लगभग जनपद के लिए उपलब्ध है। नगर भ्रमण के लिए स्थानीय वाहनों का इस्तेमाल किया जाता है।

अध्याय : 16

बुलंदशहर के पर्यटन स्थल

पौराणिक साक्ष्य के अनुसार बुलंदशहर क्षेत्र पांडवों की राजधानी इंद्रप्रस्थ और हस्तिनापुर के मध्य में है। हस्तिनापुर के बाढ़ से नष्ट होने के उपरांत आहार को पांडवों ने एक सुरक्षित स्थान बना कर अपने साम्राज्य को यहाँ स्थानांतरित कर दिया। आहार बुलन्दशहर जिले के उत्तर-पूर्व भाग में गंगा नदी तट पर अवस्थित है। कुछ इतिहासकारों के अनुसार हस्तिनापुर जब बाढ़ से प्रभावित हुआ तो पांडवों ने ऊच्च स्थान अर्थात बरन को सुरक्षित स्थान मानकर अपने साम्राज्य को यहाँ स्थानांतरित कर दिया था। ऐसा माना जाता है कि कुछ समय बिताने के बाद पांडव वंशज राजा परम ने इस क्षेत्र में एक किले का निर्माण किया था।

बरन व्यापार, वाणिज्य और कला के लिए एक महान केंद्र था। जो सैकड़ों वर्षों से अस्तित्व में था। सन् 1192 ईस्वी में जब मुहम्मद गौरी ने भारत के कुछ हिस्सों पर विजय प्राप्त की तो उसके गुलाम सेनापति कुतुबुद्दीन ऐबक ने बरन को घेर लिया। उसने राजा चंद्रसेन डोर को हराया और बरन साम्राज्य पर अधिकार कर लिया।

बुलंदशहर दो शब्दों से मिलकर बना है। बुलंद + शहर। बुलंद का अर्थ होता है ऊंचा और शहर का अर्थ होता है नगर। वास्तव में बुलंदशहर एक ऊंचा नगर है। असली नगर एक ऊंचे परकोटे पर बसा हुआ है। बुलंदशहर एक नगर भी है और एक जनपद भी है। बुलंदशहर भारत के उत्तर प्रदेश राज्य का एक जिला है। बुलंदशहर, अनूपशहर, जहांगीराबाद, खुर्जा, स्याना, डिबाई, सिकंदराबाद, नरौरा, आहार, दौलतपुर एवं शिकारपुर इसके प्रमुख ऐतिहासिक नगर हैं।

बुलंदशहर का प्राचीन नाम बरन था। इसका इतिहास लगभग 1200 वर्ष पुराना माना जाता है। इसकी स्थापना अहिबरन नाम के राजा ने की थी। बुलन्दशहर पर उन्होंने बरन टॉवर की नींव रखी थी। यह जनपद का मुख्यालय नगर है। यहाँ ब्रिटिश कालीन टाउन हॉल है। जिसमें वर्तमान जिला निर्वाचन कार्यालय है। नगर के काला आम चौराहे के समीप एक पार्क है। जिसमें ब्रिटिश काल का विक्टोरिया क्लॉक टावर आज भी है। इसे मलका पार्क कहा जाता है। काला आम चौराहा शहीदों की वीर भूमि है। इसका वर्तमान

में नामकरण शहीद भगत सिंह के नाम पर शहीद चौक है। यहाँ पर पहले आम का एक बहुत बड़ा बाग था। ब्रिटिश अधिकारी इसी आश्रम के बाग में क्रांतिकारियों को सरेआम फांसी पर लटकाते थे। इसी वजह से इसे क़त्ल-ए-आम कहा जाने लगा था। जो वर्तमान में अपभ्रन्शित होकर काला आम हो गया। इस स्थान पर छः रास्ते मिलते हैं। एक रास्ता दिल्ली जाता है। एक रास्ता सीधे गंगा तट पर स्थित अनूपशहर जाता है। एक रास्ता शहर के अंदर जाता है। एक रास्ता हापुड़ की ओर चला जाता है। एक रास्ता पुलिस लाइन में जाता है और एक रास्ता खुर्जा अलीगढ़ की ओर जाता है।

एक अन्य ऐतिहासिक साक्ष्य के आधार पर यह प्रमाण मिलता है कि 'अहार' तोमर सरदार परमाल ने बुलन्दशहर को बसाया था। उसने यहाँ भूतेश्वर और काली मंदिर की स्थापना की और राजराजेश्वर मंदिर का जीर्णोद्धार कराया था। पहले यह स्थान 'वनछटी' यानि वरणावर्त क्षेत्र कहलाता था। यहीं पांडवो ने यक्ष से प्रश्न किये और युधिष्ठर महाराज के सही उत्तर पाकर उन्होंने उन्हें वरदान दिया। यमराज ने उन्हें उनके भाग्य के सभी अवरोधों को मिटाने के लिए शनिदेव की उपासना करने का आदेश दिया। पण्डवों ने भगवान वर्तमान कचहरी के समीप शनिदेव का मंदिर की स्थापना के साथ यहाँ एक ऊँचे टीले पर शिवलिंग की स्थापना करके उनकी पूजा कर उन्हें प्रसन्न करके राजाधिराज होने का वरदान पाया था। उनके द्वारा पूज्य यह शिवलिंग ही राजराजेश्वर के नाम से विख्यात हुआ। उत्तर कालांतर में नागों के राज्यकाल में इसका नाम 'अहिवरण' रहा। अहिवरण ने भी इस स्थान पर तपस्या करके भगवान शिव से वरदान पाए और सहस्रों वर्ष राज्य किया। इस स्थान पर बसे इस नगर को 'ऊँचनगर' कहा जाने लगा क्योंकि यह एक ऊँचे टीले पर बसा था। कालांतर में इस ऊँचे टीले पर बसे इस शहर को मुस्लिम शासन काल में इसी का पर्यायवाची शब्द बुलन्दशहर नाम देकर इसे बुलंदशहर नाम प्रचलित कर दिया गया। यहाँ यवन राजा 'अलक्षेंद्र' (सिकन्दर) के सिक्के भी मिले थे। 400 से 800 ईस्वी तक बुलन्दशहर के क्षेत्र में कई बौद्ध बस्तियाँ थीं। सन् 1018 ईस्वी में महमूद ग़ज़नवी ने यहाँ आक्रमण किया था। उस समय यहाँ का राजा 'हरदत्त' या 'हरिदत्त' था। हरिदत्त ने भी राजराजेश्वर का जीर्णोद्धार कराया। बहुत पहले मछंदरनाथ और उनके शिष्य गोरक्षनाथ ने भी यहाँ बुलंदशहर में तपस्या की थी। जिस स्थान पर दोनों ने तपस्या की थी वह स्थान राजराजेश्वर मंदिर भी है। यहीं शिवलिंग समीप दोनों ने धूनी रमाई थी। कालांतर में बुलंदशहर के अनेक मन्दिरों को मुस्लिम शासकों ने इसे छति पहुंचाई थी।

बुलंदशहर नगर इस जनपद का मुख्यालय है। बुलंदशहर दिल्ली से 72 किलोमीटर की दूरी पर बसा शहर है। मेरठ यहाँ से 72 किलोमीटर है। अलीगढ़ भी 72 किलोमीटर दूर

है। इसके उत्तर पूर्व में काली नदी बहती है। यह शहर मुख्यतः सड़कों से मेरठ, गणमुक्तेश्वर, मुरादाबाद, अलीगढ़, बदायूं, गौतम बुद्ध नगर व गाजियाबाद आदि से जुड़ा हुआ है। बुलंदशहर जनपद के नरौरा क्षेत्र में गंगा के किनारे भारत में विद्यमान अनेक परमाणु विद्युत ताप गृहों में से एक विद्युत ताप गृह सुचारू रूप से प्रयोग में है। बुलंदशहर राष्ट्रीय राजधानी क्षेत्र का हिस्सा है। पूर्व में गंगा नदी व पश्चिम में यमुना नदी इस जनपद की सीमा बनाती है। बुलंदशहर के उत्तर में मेरठ तथा दक्षिण में अलीगढ़ जिले हैं।

पुरातात्विक महत्व

यहाँ अनेक पुरातात्विक महत्व के स्थान हैं। गुप्त कालीन सिक्के भी प्राप्त हुए हैं। भटोरा, ग़ालिबपुर, वीरपुर आदि स्थानों पर पाए जाने वाले प्राचीन खंडहर बुलंदशहर की प्राचीनता के प्रतीक हैं। जिला में कई अन्य महत्वपूर्ण स्थान हैं जहाँ से मध्यकालीन युग की मूर्तियां और प्राचीन मंदिरों की वस्तुएं मिली हैं। आज भी लखनऊ राज्य संग्रहालय में कई ऐतिहासिक और पूर्वजों की वस्तुएं जैसे सिक्के, शिलालेख आदि संरक्षित हैं। कुछ दर्शनीय स्थलों में आहार, बेलोन, कुचेसर, ऊँचागाँव, दनकौर और सिकंदराबाद शामिल हैं।

मुस्लिम आक्रमण

सन् 1192 ईस्वी के दौरान मोहम्मद गोरी ने भारत पर हमला किया। मोहम्मद गोरी के गुलाम सेनापति कुतुब-उद-दीन ऐबक ने बरन आकर बरन दुर्ग को चारों से घेर लिया। कुछ गद्दारों की मदद से राजा चंद्रसेन डोर की हत्या कर दी गई। इसके बाद कुतुब-उद-दीन ने बरन दुर्ग और चंद्रसेन के साम्राज्य पर अधिकार कर लिया। कुतुब-उद-दीन ऐबक ने बरन शहर के लोगों को इस्लाम अपनाने के लिए मजबूर किया। विद्रोहियों की बेरहमी से हत्या कर दी गई। सिर कलम कर दिया गया और उनका सिर दुर्ग की मीनारों पर लटका दिए गए।

मुगल काल

मुगलों ने बरन दुर्ग एवं नगर पर आधिपत्य स्थापित कर लिया। औरंगजेब काल में यहाँ जन विध्वंस हुआ। भारी संख्या में हिन्दुओं को जबरन मुस्लिम बनाया। औरंगजेब को आखेट का शौक था। इसके लिए औरंगजेब ने बुलंदशहर के वर्तमान उप-नगर शिकारपुर को चुना। उस समय यहाँ घना जंगल था। इस जंगल में विभिन्न वन्य जीवों का वास रहता था। औरंगजेब की मनपसंद शिकारगाह होने के कारण इस स्थान का नाम शिकारपुर पड़ा। ऐसा प्रतीत होता है कि औरंगजेब ने जब यहाँ शिकार के लिए नियमित आना शुरू किया होगा तब यहाँ के वन क्षेत्र के शुरू में ही बादशाह औरंगजेब के लिए एक स्थाई प्रकोष्ठ बनाया गया था। उसकी सुरक्षा के लिए, खानपान के लिए स्थाई खानसामा, दास-दासी

और अन्य लोगों को स्थाई रूप से बसाया। कालांतर में यहाँ आबादी बढ़ती चली गई। औरंगजेब के बाद इस स्थान का शाही महत्व कम होता चला गया।

ब्रिटिश काल

मुगल काल के अंत और ब्रिटिश काल के उद्भव समय में जनपद में मालागढ़ रियासत, छतारी रियासत व दानपुर रियासत की स्थापना हो चुकी थी। जिनके अवशेष जनपद में विद्यमान हैं।

आजादी की जंग

भारत के स्वतंत्रता संग्राम के दौरान बुलन्दशहर के अनेक स्वतंत्रता सेनानियों ने अंग्रेजों के साम्राज्यवाद के खिलाफ लड़ाई लड़ी थी। सन् 1857 ईस्वी में प्रथम स्वतंत्रता संग्राम के दौरान स्वतंत्रता संग्राम का बिगुल बजा। बुलन्दशहर जिला के दादरी और सिकंदराबाद क्षेत्र के गुर्जर योद्धाओं ने अंग्रेजों के खिलाफ लड़ाई लड़ी। सिकंदराबाद की विभिन्न शासकीय इमारतों जैसे टेलीग्राफ कार्यालय,निरीक्षण बंगला आदि को नष्ट कर दिया जो भारत में ब्रिटिश शासन का प्रतीक थे। इसके बाद विभिन्न सरकारी संपत्ति को लूट लिया गया। इमारतों को आग के हवाले कर दिया गया। 10 मई,1857 को विद्रोह के दौरान पंडित नारायण शर्मा ने अलीगढ़ से बुलन्दशहर आकर विद्रोह की आग में घी डालने का काम किया।

महाभारत कालीन साक्ष्य

अनूपशहर के आहार गाँव में प्राचीन काल के अवशेष मिले हैं। पुरातत्व विभाग के अनुसार यह अवशेष महाभारत काल के हैं।

आयुर्वेदिक महाविद्यालय

जनपद के खुर्जा नगर के पास आयुर्वेद मेडिकल कॉलेज है। जिसकी स्थापना वैद्य गोपाल दत्त शर्मा ने की है। जनपद में बुलन्दशहर नगर राष्ट्रीय ख्याति प्राप्त आयुर्वेदिक चिकित्सक वैद्य श्री किशोर मोहन शर्मा जन्मभूमि व कर्मभूमि रहा है। जिसकी सन्तति आज भी आयुर्वेद की निष्काम भाव से सेवा कर रही है। जनपद के गाँव उटरावली में जन्मे बाबू बनारसी दास उत्तर प्रदेश के मुख्यमंत्री भी रहे थे।

उद्योग और व्यापार

दूध के कारोबार में बुलंदशहर देश में अपनी एक नयी पहचान बना रहा है। जहांगीराबाद की गुड़ एवं अनाज की मंडी बहुत प्रसिद्ध है। लिहाफों की छपाई और लोहे की कढ़ाईयों के

लिए भी जहांगीराबाद जाना जाता है। बर्तनों का काम खुर्जा, लकड़ी का काम बुलंदशहर व शिकारपुर में होता है। कांच की चूड़ियां, बोतल आदि भी बनाते हैं।

खुर्जा में बनने वाली क्रॉकरी विश्व प्रसिद्ध है। गणतंत्र दिवस पर जिले का नाम बढ़ने वाली क्रॉकरी खुर्जा में ही बनाई जाती है। बुलंदशहर में पानी के हेंडपम्प बनाने की भी कई ईकाइयां हैं।

पर्यटन

बुलंदशहर जनपद पर्यटन की दृष्टि से भारतवर्ष में उत्तम स्थान पर है। जनपद बुलंदशहर महान संतों, वैद्यों व योगियों की जन्म व कर्म भूमि रहा है। वर्तमान में भी कई उच्च स्थिति संत व योगी यहाँ निवास करते है। यह दोआब की पवित्र भूमि है। आहार, सिद्ध बाबा, अनूपशहर, अवंतिका देवी, राजघाट, बेलोन देवी अपने धार्मिक स्थल हैं। आहार कस्बे में महाभारत कालीन साक्ष्य भी प्रमाण स्वरूप प्राप्त हुए है।

बुलंदशहर दुर्ग

अहिबरन एक क्षत्रिय शासक था और माना जाता था कि वह सूर्यवंशी था। अहिबरन अयोध्या के शासक समरथ मांधाता के 21वें वंशज माने जाते हैं। महालक्ष्मी व्रत कथा के प्राचीन पाठ के अनुसार राजा वल्लभ सम्राट मान्धाता वंश के अग्रसेन नाम का एक पुत्र था। राजा परमाल भी समरथ मांधा वंश का वंशज अहिवर्ण नाम का एक पुत्र था। अग्रसेन और अहिवर्ण दोनों ने अपने-अपने वंश की शुरुआत क्रमशः अग्रवाल और वर्णवाल या बरनवाल के रूप में की।

एक अन्य साक्ष्य के अनुसार 'जाति भास्कर' नामक प्राचीन ग्रंथ में उल्लेख मिलता है कि समरथ मांधाता के दो बेटे थे- राजा मोहन और राजा गुणी। राजा वल्लभ राजा मोहन के वंशज थे और राजा परमाल राजा गुणी के वंशज थे। बरन शहर के पतन के बाद बरनवाल समुदाय के लोगों ने अपना नेता खो दिया और इस समुदाय के सभी लोग यहां से पलायन कर गए। ऐसा कहा जाता है कि बरनवाल गंगा के मैदानों के विभिन्न हिस्सों में बिखर गए।

ऐसा माना जाता है कि इसी अहिबरन नामक राजा ने काली नदी के तट पर ऊंची-पहाड़ी पर एक दुर्ग की नींव रखी। जनश्रुति के अनुसार प्रारंभ में इस आवासीय प्रकोष्ठ को उच्च स्थल कहा जाता था। कालांतर में तोमर अहिबरन ने यहाँ एक दुर्ग का निर्माण किया और उच्च स्थल को वैभव प्रदान किया। इस दुर्ग को बरन दुर्ग कहा जाता है। संभवतः अहिबरन के नाम पर ही इस उच्च स्थल का नाम बरन पड़ा। इसके कोई भी पुरातात्विक साक्ष्य नहीं हैं। अहिबरन से संबंधित न तो कोई शिलालेख मिला है, न ताम्रपत्र प्राप्त हुआ

है। किसी भी प्राचीन ग्रंथ में अहिबरन का उल्लेख नहीं मिलता। कालांतर में शहर को बुलन्दशहर नाम मिला। जिसका फारसी में मतलब होता है हाई सिटी।

राजा अहिबरन ने जिस सुरक्षित किले का निर्माण कराया था उसे ऊपर कोट भी कहा जाता रहा है। इस दुर्ग के चारों ओर सुरक्षा के लिए नहर का निर्माण भी किया गया था। इस नहर को ऊपर कोट के पास बहती हुई काली नदी के जल से इसे भरा जाता था। राजा अहिबरन ने इस सुरक्षित परकोटे में अपनी आराध्या कुलदेवी माँ काली के भव्य मंदिर की भी स्थापना की थी। तुर्क आक्रमणकारी महमूद गजनवी ने बरन शहर पर आक्रमण किया था। यहां भारी तबाही मचाई थी।

राजा अहिबरन के वंशज राजा अनूपराय ने भी यहां शासन किया। अनूपराय ने गंगा तट पर एक नया नगर बसाया। इसे अनूपशहर दिया गया। उसके वंशजों का कोई भी इतिहास उपलब्ध नहीं है।

कुचेसर दुर्ग

बुलंदशहर से लगभग 39 किलोमीटर की दूरी पर कुचेसर एक छोटा-सा गांव है। कुचेसर दिल्ली, नोएडा और गुड़गांव से एक आदर्श साप्ताहिक पर्यटन स्थल है। कुचेसर कुचेसर दुर्ग के लिए जाना जाता है। इस दुर्ग का निर्माण सन् 1734 ईस्वी में हुआ था। इसे राव राज विलास के नाम से भी जाना जाता है। जिसे जाट शासकों द्वारा बनाया गया था। दुर्ग को 18वीं शताब्दी के मध्य में जाट शासकों द्वारा बनाया गया था। यह 100 एकड़ के आम के बाग से घिरा हुआ है। सन् 1740 ईस्वी में जाट मजबूत सैन्य शक्ति बन गए थे। ऐसा कहा जाता है कि ये जाट मूल रूप से हरियाणा के मांडोटी गाँव के थे। यह दलित उपजाति के जाट के वंशज थे। यह धरोहर अजीत सिंह के परिवार की पैतृक संपत्ति है। जिनकी कुचेसर में रियासत थी। सन् 1998 ईस्वी में नीमराना होटल की देख-रेख में इस दुर्ग की मरम्मत की गयी। जाट शासकों द्वारा बनाया गया यह दुर्ग होटल मड किले के नाम से विश्व प्रसिद्ध है।

18वीं शताब्दी में कुचेसर दुर्ग को अजीत सिंह के परिवार के कब्जे में लाया गया था। कुचेसर के मिट्टी के किले पर सन् 1763 ईस्वी में मुगलों ने कब्जा कर लिया गया था। सन् 1782 ईस्वी में जाट शासकों द्वारा इसे पुन: प्राप्त किया गया और यह उनके नियंत्रण में उस समय तक रहा जब ब्रिटिश हुकूमत ने सन् 1807 ईस्वी में इस पर कब्जा नहीं कर लिया।

मड फोर्ट में ब्रिटिश तोपों के हमले से रक्षार्थ सात बुर्ज निर्मित किए गए। प्राचीर बनाने के लिए एक चौड़ी खाई खोदी गई थी। दुर्ग का एक हिस्सा नीमराना होटल के पास है। इसे सन् 1998 ईस्वी में एक हेरिटेज होटल में बदला गया।

बेलोन

बुलंदशहर जिला मुख्यालय से लगभग 58 किलोमीटर की दूरी पर स्थित है बेलोन। यह गंगा किनारे नरौरा उप-नगर के पास स्थित एक छोटा-सा गाँव है। बेलोन, देवी बेलोन के पुराने मंदिर के लिए प्रसिद्ध है। बेलोन नाम की उत्पत्ति बिल्वन से हुई है। बिल्वन बेल के पेड़ से संबंधित है।

बेलोन मंदिर एक बहुत पुराना मंदिर है। यह महत्वपूर्ण सनातन तीर्थ स्थल भी है। मंदिर सर्व मंगल देवी को समर्पित है। बेलोन देवी सभी की भलाई की देवी हैं। माना जाता है कि मंदिर की यात्रा श्रद्धालु के जीवन के सभी पहलुओं में खुशी लाती है। देश के विभिन्न हिस्सों से तीर्थ यात्री माता की एक झलक पाने और प्रार्थना करने के लिए आते हैं।

बेलोन देवी मंदिर में टेसू फूल यानि पलाश के फूलों के साथ होली खेलने की परंपरा है। यह मंदिर आमतौर पर मार्च के माध्य से अक्टूबर के महीनों के दौरान पर्यटकों से भरा रहता है। नवरात्रि, दशहरा पर्व और रामनवमी पर हजारों श्रद्धालु मंदिर में जाते हैं।

कर्णवास

गंगा तट पर अवस्थित कर्णवास बुलंदशहर का एक प्रमुख पर्यटन स्थल है। यह धार्मिक स्थल है। इस जगह का संबंध महाभारत से रहा है। कर्णवास का महाभारत के एक मुख्य पात्र कर्ण से सीधा संबंध माना जाता है। कहा जाता है कि कर्ण यहाँ के राजा हुआ करते थे। वह प्रतिदिन गंगा नदी में स्नान किया करते थे। स्नान के उपरांत कर्ण स्वर्ण का दान किया करते थे। यह जगह महर्षि दयानंद सरस्वती की तपोस्थली भी है। यहां पर गंगा नदी के किनारे सुंदर घाट बना हुआ है। पौराणिक मान्यता के कारण यह घाट प्रसिद्ध है। यहाँ पर हर साल दशहरा के समय मेला लगता है। यहाँ पर बंदरों का भी साम्राज्य है। यह जगह बुलंदशहर में कर्णवास नाम के गांव में स्थित है। यहाँ सिद्ध साधु बंगाली बाबा का भी आश्रम है।

ऊंचा गांव

बुलंदशहर से लगभग 38 किलोमीटर की दूर और गढ़मुक्तेश्वर से 36 किलोमीटर की दूरी पर नदी गंगा के पास स्थित है ऊँचा गाँव। दिल्ली और नोएडा से छोटी यात्रा करने और गंगा स्नान के लिए यह एक आदर्श स्थान है। ऊँचा गांव को जेनेटिक डॉल्फिन के दर्शन के लिए जाना जाता है।

ऊंचा गांव दुर्ग के लिए भी प्रसिद्ध है। यहाँ एक मिट्टी का दुर्ग है जो सन् 1850 ईस्वी के दौरान बनाया गया था। यह राजपूत जमींदारों का दुर्ग था। अब इसका मालिकाना हक

राजा सुरेंद्र पाल सिंह के पास है। जिन्हें 10 साल की उम्र में यह विरासत मिली थी। इस महल का नवीनीकरण सुरेंद्र पाल सिंह ने किया था और अब इसका एक हिस्सा हेरिटेज रिसोर्ट के रूप में खोला गया है।

दुर्ग भव्य है। दुर्ग अच्छी तरह से सुव्यवस्थित है। महल का एक हिस्सा 18वीं शताब्दी में ज़मींदारों का मुख्य कार्यालय हुआ करता था। आज इसमें एक सम्मेलन कक्ष और सात बेडरूम हैं जो अतीत की भव्यता को प्रदर्शित करते हैं। लिविंग रूम में एक छोटा संग्रहालय है। जिसमें पूर्वजों के चित्र, बाघ की खाल और तलवारों के दुर्लभ चित्र देखे जा सकते हैं।

अनूपशहर

गंगा तट पर बसा यह शहर छोटी काशी के नाम से भी प्रसिद्ध है। इस शहर को राजा अनूपराय ने बसाया था। इसी नगर के अंतर्गत महर्षि भृगु जी की तपस्थली है। जिसे भृगु आश्रम के नाम से जानते है। महाकवि सेनापति की यह जन्मभूमि है।

जहांगीराबाद दुर्ग

जहांगीराबाद में कुंवर भानु प्रताप का शाही परिवार और दुर्ग है। दुर्ग के सामने नवाब साहब की कोठी है।

छतारी रियासत

छतारी पहले दशनाम गोस्वामीयों (गोसाइयों) की रियासत थी। छत्तर और हरि दो गोसाई भाई थे। जिनके नाम पर इसका नाम छतारी पड़ा। कालांतर में छतारी पर मुसलमानों का कब्जा हो गया। वहां का शासक "छतारी नवाब" कहलाता था। जिसकी बड़ी धाक थी। रुतबा था। उसके पास लम्बी-चौड़ी रियासत थी। जायदाद थी। छतारी का नवाब अलीगढ़ मुस्लिम विश्वविद्यालय को बहुत मदद करता था। अनेक वर्ष पूर्व नवाब के शहजादे ने कानपुर के आर्य समाज मंदिर में मुस्लिम धर्म को छोड़कर हिन्दू धर्म अपनाया था और अपना नाम "आनंद सिंह" रख लिया था। जो अब देहरादून में सपरिवार रह रहा है।

दानपुर रियासत

दानपुर रियासत का नबाब जलील खान कट्टर इस्लामिक था।

नरौरा

यह स्थान परमाणु विद्युत ताप गृह के स्थापित होने से प्रसिद्ध है। आजादी के बाद गंगा पर प्रथम बैराज यहीं बना था। जिसका उद्घाटन भारत के प्रथम प्रधानमंत्री पंडित

जवाहरलाल नेहरू ने किया था। परमाणु विद्युत केंद्र का उद्घाटन श्रीमती इंदिरा गांधी ने किया था। थर्मल पावर प्लांट है।

दनकौर

गुड़गांव का नाम भले ही गुरुग्राम कर दिया गया हो लेकिन गुरु द्रोणाचार्य की वास्तविक कर्म स्थली द्रोण नगरी दनकौर आज भी उपेक्षा का शिकार है। यहाँ बने ऐतिहासिक द्रोणाचार्य मंदिर और द्रोण तालाब अपनी दुर्दशा पर आंसू बहा रहे हैं।

द्रोणाचार्य मंदिर

संपूर्ण देश में गुरु द्रोणाचार्य का एकमात्र मंदिर और प्रतिमा दनकौर के प्राचीन मंदिर में ही स्थापित है। यहाँ द्रोणाचार्य की वह दुर्लभ मूर्ति भी स्थापित है, जिसको अपना गुरु मानकर भील बालक एकलव्य ने धनुर्विद्या प्राप्त की थी।

मंदिर परिसर के समीप गुरु द्रोण तालाब प्राचीन काल से आकर्षण का केंद्र है। यहाँ के तालाब में प्रतिवर्ष श्री कृष्ण जन्मोत्सव के अवसर पर राष्ट्रीय राजधानी क्षेत्र का सबसे बड़ा मेला लगता है। यहाँ होने वाला मल्ल युद्ध देखने अनेक राज्यों के लोग और पहलवान आते हैं। द्रोण तालाब का जीर्णोद्धार बुलंदशहर के तत्कालीन जिला कलक्टर ने पानी के लिए किया था। इसी तालाब में द्रोणाचार्य की पत्थर की बनी वह प्राचीन मूर्ति मिली थी जिसको एकलव्य ने अपना गुरु मानकर धनुर्विद्या सीखी थी।

महाभारत में उल्लिखित है कि एक बार वन में शिकार खेलते पांडव इस क्षेत्र में आ गए थे। पांडवों के साथ आए कुत्ते ने भील बालक के स्वरूप को देख करके उस पर भोंकना शुरू कर दिया था। एकलव्य ने इसे अपना अपमान समझ अपने बाणों से कुत्ते के मुंह को सिल दिया था। यह देखकर पांडव सकते में आ गए और गुरु द्रोणाचार्य को यह बताया। उन्होंने मौके पर जाकर देखा तो वहाँ भील बालक द्रोणाचार्य की प्रतिमा बना धनुविद्या सीख रहा था। तब गुरु ने दक्षिणा में अंगूठा मांगा था। पुरातत्व विभाग ने राष्ट्रीय महत्त्व का दर्जा दिया है। पुरातत्व विभाग ने सन् 2013 में इसको राष्ट्रीय स्मारक घोषित किया था। विभाग में द्रोण तालाब और मंदिर को ऐतिहासिक महत्व की इमारत तो घोषित कर दिया किन्तु आज तक कोई यहाँ की सुध लेने नहीं आया।

दनकौर का द्वापर युग से ही पुराणों और धार्मिक ग्रंथों में विशेष महत्व रहा है। यह क्षेत्र इंद्रप्रस्थ के अति समीप यमुना के किनारे वाला सघन वन क्षेत्र रहा है। प्राचीन काल में यह क्षेत्र द्रोणकौर के नाम से जाना जाता था। द्रोणकौर का नाम अपभ्रंश होकर धनकौर और बाद में दनकौर हो गया। इसी क्षेत्र में गुरु द्रोणाचार्य ने पांडवों और कौरवों को धनुर्विद्या सिखाई थी।

गंगा घाट

गंगा घाट बुलंदशहर का एक प्रमुख धार्मिक स्थल है। गंगा घाट बुलंदशहर में अनूपशहर तहसील में स्थित है। अनूपशहर तहसील गंगा नदी के किनारे स्थित है। अनूपशहर की स्थापना सन् 1610 में राजा अनूपराय ने की थी। यहां पर बहुत सारे घाट देखने के लिए मिलते हैं। आप यहां पर बहुत आसानी से पहुंच सकते हैं और इन सभी घाटों में घूम सकते हैं। इन घाटों में आप गंगा नदी में स्नान कर सकते हैं और गंगा नदी में नाव की सवारी का मजा भी ले सकते हैं। इन घाटों में मकर संक्रांति के समय मेला भी लगता है।

नरवर घाट

नरवर घाट बुलंदशहर का एक सुंदर घाट है। यह घाट बुलंदशहर में नरौरा में स्थित है। यहाँ पर शिव भगवान जी का भव्य मंदिर है। यह घाट बहुत ही सुंदर है। आप यहां पर आकर स्नान कर सकते हैं। यहाँ पर महिलाओं के लिए कपड़े बदलने के लिए चेंजिंग रूम भी है। यहाँ पर आकर गंगा नदी का सुंदर दृश्य देखने के लिए मिलता है। यहां पर आप बोटिंग का मजा भी ले सकते हैं।

आवागमन

वायुमार्ग

निकटतम हवाई अड्डा दिल्ली में इंदिरा गांधी अंतरराष्ट्रीय हवाई अड्डा है।

रेलमार्ग

भारतीय रेलवे के मानचित्र पर बुलंदशहर रेलवे स्टेशन उपेक्षित है। संगम एक्सप्रेस एकमात्र रेल है जो मेरठ से चलकर बुलंदशहर होते हुए इलाहाबाद तक जाती है। एक सवारी गाड़ी बुलंदशहर से चलकर दिल्ली जाती है।

सड़क मार्ग

बुलंदशहर दिल्ली से लगभग 72 किलोमीटर दूर है। उत्तर प्रदेश सड़क परिवहन निगम की बसें प्रदेश के विभिन्न शहरों के अतिरिक्त अन्य अनेक राज्यों में जाती हैं और अन्य राज्यों की बसें भी यहां आती हैं। नगर भ्रमण के लिए अनेक प्रकार के वाहन उपलब्ध हैं। बुलंदशहर जनपद के विभिन्न पर्यटन स्थलों पर जाने के लिए परिवहन निगम की बसों के अतिरिक्त निजी बस संचालकों की बस सेवा उपलब्ध है, जो जिला मुख्यालय के अलग-अलग बस अड्डों से संचालित होती हैं। पर्यटक टैक्सी सेवा का भी लाभ उठा सकते हैं।

अध्याय : 17

गढ़मुक्तेश्वर के पर्यटन स्थल

गढ़मुक्तेश्वर हापुड़ जिला का एक उपनगर एवं तहसील का मुख्यालय है। एक समय गंगा नदी के किनारे बसा यह शहर गढ़वाल राजाओं की राजधानी था। कालांतर में इस पर पृथ्वीराज चौहान का अधिकार हो गया। गढ़मुक्तेश्वर राष्ट्रीय राजधानी दिल्ली से सौ किलोमीटर दूर राष्ट्रीय राजमार्ग 9 पर बसा है। गढ़मुक्तेश्वर मेरठ से 42 किलोमीटर दूर स्थित है। धार्मिक एवं सांस्कृतिक दृष्टि से गढ़मुक्तेश्वर अत्यंत महत्त्वपूर्ण है। यहाँ कार्तिक पूर्णिमा के अवसर पर लगने वाला गंगा स्नान पर्व उत्तर भारत का सबसे बड़ा मेला माना जाता है।

पौराणिक महत्व

मर्यादा पुरुषोत्तम भगवान श्री राम के पूर्वज महाराज शिव ने अपना चतुर्थ आश्रम गढ़मुक्तेश्वर में ही व्यतीत किया था। भगवान शिव ने भगवान श्री परशुराम द्वारा यहां शिव मंदिर की स्थापना कराई थी। उस समय गढ़मुक्तेश्वर खाण्डवी वन क्षेत्र के नाम से जाना जाता था। शिव मंदिर की स्थापना और बल्लभ सम्प्रदाय का प्रमुख केंद्र होने के कारण इसका नाम शिव बल्लभपुर पड़ा। जिसका वर्णन शिव पुराण में मिलता है। भगवान विष्णु के गण जय और विजय को नारद श्राप के चलते मृत्यु लोक में आना पड़ा था। उन्होंने अपनी मुक्ति के लिए अनेक तीर्थ स्थलों की यात्रा की। लेकिन कहीं भी शांति नहीं मिली। अन्त में वह यहां आए और भगवान शंकर की उपासना की। भगवान ने प्रसन्न होकर उन्हें दर्शन दिए। जिस पर दोनों गणों का उद्धार हुआ। भगवान विष्णु के इन गणों की मुक्ति होने के कारण शिवबल्लभपुर नामक तीर्थ स्थल गढ़मुक्तेश्वर नामक तीर्थ स्थल के नाम से जाना जाने लगा।

भागवत पुराण व महाभारत के अनुसार यह कुरु की राजधानी हस्तिनापुर का भाग था। गढ़मुक्तेश्वर में अति प्राचीन शिवलिंग कारखण्डेश्वर स्थित है। काशी, प्रयाग, अयोध्या आदि तीर्थों की तरह 'गढ़मुक्तेश्वर' भी पुराणों में उल्लिखित तीर्थ है। शिवपुराण के अनुसार 'गढ़मुक्तेश्वर' का प्राचीन नाम 'शिव वल्लभ' अर्थात शिव को प्रिय है। यहाँ भगवान

मुक्तेश्वर अर्थात शिव के दर्शन करने से अभिशप्त शिवगणों की पिशाच योनि से मुक्ति हुई थी। अतः इस तीर्थ का नाम 'गढ़मुक्तेश्वर' यानि गणों की मुक्ति करने वाले ईश्वर के रूप में विख्यात हो गया। पुराण में भी उल्लेख है - "गणानां मुक्ति दानेन गणमुक्तीश्वर: स्मृत:।"

शिवपुराण प्रसंग

शिवपुराण के अनुसार एक बार महर्षि दुर्वासा मंदराचल पर्वत पर तपस्या करने में लीन थे। तभी भगवान शिव के गण घूमते हुए वहाँ पहुंचे और उनका महर्षि दुर्वासा का उपहास उड़ाने लगे। तब क्रोधित होकर दुर्वासा ने गणों को पिशाच बनने का श्राप दे दिया। श्राप की बात सुनकर शिव के गण महर्षि दुर्वासा के चरणों में गिरकर इससे मुक्त होने की प्रार्थना करने लगे। तब महर्षि ने बताया कि श्राप से मुक्त होने के लिए शिव बल्लभ जाकर भगवान शिव की तपस्या करनी होगी। इसके बाद शिवगण शिव बल्लभ आकर कार्तिक पूर्णिमा तक भगवान शिव की तपस्या की। उनकी तपस्या से प्रसन्न होकर भगवान शिव ने पिशाच बने गणों को मुक्ति दे दी। तब से इस स्थान का नाम गणमुक्तेश्वर और बाद में गढ़मुक्तेश्वर हो गया।

हस्तिनापुर से उत्तर दिशा की ओर पुष्पावती जो आज गंगा के किनारे बसा ग्राम पूठ है। वह भी खाण्डव वन क्षेत्र था। उस समय पुष्पावती नाम का एक मनमोहन भव्य उद्यान था। द्रोपदी यहां स्थित फूलों की घाटी में प्राय: घूमने आया करती थीं।

हस्तिनापुर से पुष्पावती के बीच 35 किलोमीटर तक एक गुप्त मार्ग था। जिसके चिन्ह कुछ वर्ष पहले तक मौजूद थे।

व्यापार

एक समय यह गंगा के जल मार्ग से व्यापार का मुख्य केंद्र था। उन दिनों यहाँ इमारती लकड़ी, बाँस आदि का व्यापार होता था। जिसका आयात दून और गढ़वाल से किया जाता था। इसके साथ ही यहाँ गुड़ की बड़ी मंडी थी। यहाँ का मूढ़ा (मूढ़ा बाँस के कमची और मुज के सुतली से बना बैठने का गोलनुमा मचिया होता है) उद्योग भी अति प्राचीन है। यहाँ के बने मूढ़े अनेक देशों में निर्यात किए जाते हैं।

पर्यटन

गढ़मुक्तेश्वर में गंगा किनारे स्थित देवी गंगा को समर्पित मुक्तेश्वर महादेव मंदिर, गंगा मंदिर, मीराबाई की रेती, गुदड़ी मेला, बृज घाट, झारखंडेश्वर महादेव, कल्याणेश्वर महादेव का मंदिर आदि दर्शनीय स्थल हैं। यहाँ गंगा स्नान पर्व भी होता है। गढ़मुक्तेश्वर से तीन

किलोमीटर की दूरी पर स्थित बृज घाट पर्यटन का मुख्य केंद्र है। वर्ष भर बृज घाट में गंगा स्नान होता है। यहाँ के नवनिर्मित गंगा घाट, घंटाघर, गंगा आरती, प्राचीन हनुमान मंदिर, वेदांत मंदिर, अमृत परिसर मंदिर आकर्षण के मुख्य केंद्र हैं।

पुष्पावती उद्यान

ऐसा माना जाता है कि महाभारत काल के दौरान यह शहर हस्तिनापुर के अंतर्गत आता था। इसके अलावा खाण्डव वन क्षेत्र में एक पुष्पावती उद्यान था। जिसे द्रोपदी ने निर्माण करवाया था।

आवागमन

वायुमार्ग

निकटतम हवाई अड्डा दिल्ली स्थित इंदिरा गांधी अंतरराष्ट्रीय हवाई अड्डा है।

रेलमार्ग

गढ़मुक्तेश्वर भारतीय रेल मार्ग से जुड़ा हुआ है। यहाँ का रेलवे स्टेशन बृज घाट है। रेलवे स्टेशन से लगभग 6 किलोमीटर की दूरी पर है गढ़मुक्तेश्वर।

सड़क मार्ग

दिल्ली से यहाँ की दूरी लगभग 85 किलोमीटर है। उत्तर प्रदेश सड़क परिवहन निगम की बस सेवा अनेक शहरों से गढ़मुक्तेश्वर के लिए उपलब्ध है।

अध्याय : 18

मेरठ के पर्यटन स्थल

मेरठ महाभारत काल से लेकर 1857 की क्रांति की यादें संजोए हुए है। महाभारत का हस्तिनापुर मेरठ में ही स्थित है। इसके अलावा यह स्थल जैन धर्म के लिए भी खास है। यह प्रथम तीर्थंकर ऋषभदेव का पारण स्थल भी है। वहीं शहर में 1857 की क्रांति के दौरान मारे गए अंग्रेजों की कब्रें भी हैं। इसके अलावा यहाँ मुगल काल के भी अवशेष मिलते हैं। पर्यटन के लिहाज से यहाँ कई स्थान हैं। दिल्ली से मेरठ की दूरी करीब 72 किलोमीटर है।

हस्तिनापुर

यह कुरूवंश का नगर रहा है। महर्षि वेदव्यास ने इस स्थान का विस्तृत वर्णन अपने ग्रंथ महाभारत में किया है। आज कौरव-पांडवों के दुर्ग के अवशेष देखे जा सकते हैं।

हस्तिनापुर में जैन धर्म का भव्य मंदिर स्थापित है। प्रवेश द्वार से होते ही 31 फीट का ऊंचा मान स्तंभ बना हुआ है। मंदिर में केवल एक खंड है। हस्तिनापुर में विदुर टीला, पांडेश्वर मंदिर बारादरी, द्रोणेश्वर मंदिर, कर्ण मंदिर स्थित है। वहीं यह स्थल सिख धर्म के लिए भी खास है। यहाँ पंच प्यारे भाई धर्म सिंह का जन्म हुआ था।

हस्तिनापुर वन्य जीव अभयारण्य

इस अभयारण्य को हस्तिनापुर नेशनल पार्क के नाम से भी जाना जाता है। इसकी स्थापना सन् 1986 ईस्वी में की गई। है। 2073 वर्ग किलोमीटर में फैली इस सेंचुरी में हिरण, सांभर, नीलगाय, तेंदुआ, जंगली बिल्ली, हैना, चीतल पाए जाते हैं। वहीं यह स्थान 350 से भी ज्यादा प्रजाति के पक्षियों का घर है। जिसमें पेंट स्टॉर्क, सारस क्रेन, भारतीय सींग उल्लू, किंगफिशर, बुलबुल समेत अन्य चिड़ियां यहाँ रहती हैं। घूमने के लिहाज से यहाँ नवंबर से जून का महीना बेहतरीन होता है।

शहीद स्मारक

सन् 1995 ईस्वी में उत्तर प्रदेश सरकार ने यहाँ एक संग्रहालय का निर्माण करवाया था। यहाँ सफेद मार्बल से बना 30 फीट ऊँचा स्मारक है। इसका निर्माण 1857 की क्रांति में शहीद हुए सिपाही को श्रद्धांजलि देने के लिए कराया गया था। मेरठ ने ही प्रथम स्वतंत्रता संग्राम का बिगुल फूंका था।

सेंट जॉन चर्च

सेंट जॉन चर्च का निर्माण ब्रिटिश सेना के पादरी रेवरेंड हेनरी फिशर ने सन् 1819 ईस्वी में निर्माण कार्य शुरू करवाया था। जो सन् 1824 में बनकर तैयार हुआ। यह उत्तर भारत के पुराने चर्च में से एक है। इसमें साथ दस हजार लोग प्रार्थना कर सकते हैं। 1857 की क्रांति के दौरान मारे गए अंग्रेजों का अंतिम संस्कार यहीं पर हुआ था। इस चर्च का निर्माण संगमरमर, पीतल, लकड़ी और कांच से हुआ है। यह पेरिस के चर्च की वास्तुकला पर बनाया गया है।

अन्य पर्यटन स्थल

मेरठ के अन्य पर्यटन स्थलों में करण मंदिर, कमल मंदिर, दिगम्बर जैन मंदिर, जम्बूद्वीप जैन मंदिर, श्वेतांबर मंदिर, अस्तमद जैन मंदिर, मनसा देवी मंदिर, गांधीबाग और सूरजकुंड पार्क आदि हैं।

आवागमन

वायुमार्ग

निकटतम हवाई अड्डा दिल्ली स्थित इंदिरा गांधी अंतरराष्ट्रीय हवाई अड्डा है।

रेलमार्ग

मेरठ भारतीय रेलवे के मानचित्र पर एक प्रमुख रेलवे जंक्शन है। देश के विभिन्न हिस्सों से यहां रेल का आवागमन होता रहता है।

सड़क मार्ग

देश के सभी क्षेत्रों में सड़क मार्ग द्वारा आ जा सकते हैं। उत्तर प्रदेश सड़क परिवहन निगम की बस सेवाएं चौबीस घंटे उपलब्ध हैं। शहर में घूमने के लिए अनेक प्रकार के वाहन उपलब्ध हैं।

***

देवालय

देवालय वह पवित्र स्थल है जो अति प्राचीन काल से आराध्य की आस्था, आराधना, अर्चना, अनुराग, श्रद्धा, भक्ति, शक्ति, समर्पण, पूजा, यज्ञ इत्यादि के प्रमुख केंद्र रहे। इस खंड में हम आपको उत्तर प्रदेश के प्रमुख देवालयों की संपूर्ण जानकारी दे रहे हैं।

अध्याय : 1

अयोध्या में देवालय

अयोध्या का वर्णन उपमा-उपमानों के साथ अत्यंत रोचक और सुंदर शब्दों में वाल्मीकि कृत रामायण में मिलता है। वाल्मीकि कृत रामायण की तर्ज पर रामचरितमानस में गोस्वामी तुलसीदास ने भी अयोध्या नगरी का वर्णन बहुत सुंदर शब्दों में किया है। श्री राम की जन्मस्थली है अयोध्या। यहीं पर राम का बचपन व्यतीत हुआ और चौदह वर्ष के वनवास से वापस आने के बाद राम ने यहां शासन किया।

कुश ने बनवाया था पहला राम मंदिर

पौराणिक कथाओं और धर्म ग्रंथों के आधार पर ऐसा माना जाता है कि श्री राम मंदिर का निर्माण उनके पुत्र कुश ने करवाया था। अतः यह कहने में कोई आपत्ति नहीं होनी चाहिए कि अयोध्या में पहला राम मंदिर राम के पुत्र कुश ने बनवाया था। जिसे आज श्री राम जन्म भूमि मंदिर कहा जाता है। जनश्रुति के अनुसार ऐसा माना जाता है कि जब भगवान श्री राम प्रजा सहित बैकुंठ धाम चले गए तो पूरी अयोध्या नगरी सरयू में समाहित हो गई। अयोध्या का कुछ भूभाग ही बचा। अनेक वर्षों तक यह भूमि निर्जन ही पड़ी रही। कालांतर में कौशांबी के महाराज कुश ने अयोध्या को फिर से बसाया। इसका वर्णन कालिदास के ग्रंथ 'रघुवंश' में किया है। लोमश रामायण के अनुसार उन्होंने ही सर्वप्रथम पत्थरों के खंभों वाले मंदिर का अपने परम पिता की पूज्य जन्म भूमि पर निर्माण करवाया।

शहर के पश्चिमी हिस्से के रामकोट में स्थित अयोध्या का सबसे प्रमुख स्थान श्री राम जन्म भूमि है। राम, लक्ष्मण, भरत और शत्रुघ्न चारों भाइयों के बालरूप के दर्शन यहाँ होते हैं। यहाँ भारत और विदेश से आने वाले श्रद्धालुओं का साल भर आना जाना लगा रहता है। जैन साहित्य और परंपराओं के मुताबिक अयोध्या को ऋषभदेव ने फिर से बसाया था।

राम मंदिर का जीर्णोद्धार

भविष्य पुराण के अनुसार उज्जैन के महाराजा विक्रमादित्य ने ईसापूर्व में दूसरी बार उजड़ चुकी अयोध्या का निर्माण करवाया। धार्मिक ग्रंथों के अनुसार उन्होंने अयोध्या में सरयू नदी के लक्ष्मण घाट को आधार बनाकर 360 मंदिरों का निर्माण करवाया था। वह

भगवान विष्णु के परम भक्त थे। उन्होंने ही श्रीराम जन्म भूमि पर एक भव्य मंदिर का निर्माण करवाया था। इतिहासकारों के एक वर्ग के अनुसार बाबर से पहले भी सन् 1033 ईस्वी में मुस्लिम आक्रमणकारी सालार मसूद ने जन्म भूमि मंदिर को ध्वस्त कर दिया था। उसके बाद गहड़वाल वंश के राजाओं द्वारा इस पवित्र मंदिर का फिर से निर्माण करवाया गया था। यह निर्माण तीसरी बार हुआ।

हनुमानगढ़ी

अयोध्या नगर के केन्द्र में स्थित हनुमानगढ़ी। स्थानीय मान्यता है कि यहाँ हनुमान जी सदैव वास करते हैं। अयोध्या आने वाले श्रद्धालु भगवान श्री राम के दर्शन से पहले उनके भक्त हनुमान जी के दर्शन करते हैं।

यह मंदिर राजद्वार के सामने ऊंचे टीले पर स्थित है। मंदिर तक पहुंचने के लिए लगभग 76 सीढ़ियां चढ़नी पड़ती हैं। इसके बाद पवन पुत्र हनुमान की 6 इंच की प्रतिमा के दर्शन होते हैं। मुख्य मंदिर में बाल हनुमान अपनी माँ अंजनी की गोद में बालक के रूप में विराजमान हैं। विद्वानों एवं आध्यात्मिक लोगों का मत है कि हनुमान जी यहाँ एक गुफा में रहते थे। इसी गुफा में रहकर हनुमान राम जन्म भूमि और रामकोट की रक्षा करते थे। एक अन्य मान्यता के अनुसार लंका को विजित करने के बाद अयोध्या वापस आने के उपरांत श्री राम ने हनुमान जी को इसी गुफा में रहने के लिए यही स्थान दिया गया था। श्रीराम ने हनुमान जी को यह अधिकार दिया था कि जो भी भक्त मेरे दर्शनों के लिए अयोध्या आएगा उसे पहले तुम्हारा दर्शन पूजन करना होगा। छोटी दीपावली के दिन आधी रात को संकटमोचन का जन्म दिवस मनाया जाता है। यह भी मान्यता है कि पवित्र सरयू नदी में पाप धोने से पहले लोगों को भगवान हनुमान से आज्ञा लेनी होती है। श्रद्धालुओं का मानना है कि इस मंदिर में आने से उनकी सारी मनोकामनाएं पूर्ण होती हैं।

हनुमानगढ़ी के निर्माण के विषय में एक कथा प्रचलित है। बात उस समय की है जब सुल्तान मंसूर अली अवध का नवाब था। एक बार उसका एकमात्र पुत्र गंभीर रूप से बीमार पड़ गया। वैद्य उसको बचाने में विफल हो रहे थे। प्राण बचने के आसार नहीं थे। रात्रि की कालिमा गहराने के साथ ही उसकी नाड़ी उखड़ने लगी थी। तब सुल्तान ने थक हार कर संकटमोचन हनुमान जी के चरणों में शीश नवाया। हनुमान ने अपने आराध्य प्रभु श्री राम का ध्यान किया और सुल्तान के पुत्र की धड़कनें पुनः प्रारम्भ हो गई। अपने इकलौते पुत्र के प्राणों की रक्षा होने पर अवध के नवाब मंसूर अली ने बजरंगबली का अनन्य भक्त हो गया और सुल्तान मंसूर अली ने हनुमान जी के चरणों में माथा टेक दिया। जिसके बाद नवाब ने न केवल हनुमानगढ़ी गढ़ी मंदिर का जीर्णोद्धार कराया बल्कि ताम्रपत्र पर लिख कर यह घोषणा की कि कभी भी इस मंदिर पर किसी राजा या शासक का कोई अधिकार नहीं रहेगा

और न ही यहाँ के चढ़ावे से कोई कर वसूल किया जाएगा। उसने 52 बीघा भूमि हनुमान गढ़ी व इमली वन के लिए उपलब्ध करवाई।

इस हनुमान मंदिर के निर्माण के कोई स्पष्ट साक्ष्य नहीं मिलते हैं। इस मंदिर का निर्माण कब और किसने किया यह कोई नहीं जानता। लोक प्रचलित मान्यता के अनुसार अयोध्या न जाने कितनी बार उजड़ी और कितनी बार सही यह भी कोई नहीं जानता। अयोध्या के बसने और उजड़ने के मध्य केवल एक स्थान है जो हमेशा अपने मूल रूप में रहा, वह है हनुमानगढ़ी।

लंका से विजय के प्रतीक रूप में लाए गए निशान भी इसी मंदिर में रखे गए, जो आज भी खास मौके पर बाहर निकाले जाते हैं। अनेक स्थानों पर उनकी पूजा-अर्चना की जाती है। मंदिर में विराजमान हनुमान को वर्तमान अयोध्या का राजा माना जाता है।

मणि पर्वत

कनिंघम के अनुसार मणि पर्वत 65 फीट ऊँचा टूटी फूटी ईंटों और कोटरों का टीला है। आजकल इसको "ओड़ा झार" या "मौवा झार" कहते हैं। इसका अर्थ यह हुआ कि यह रामकोट के बनाने वाले मजदूरों के टोकरों का झाड़न है। जनरल कनिंघम का यह कहना है कि यह 200 फुट ऊँचे एक स्तूप का भग्नावशेष है। यह वहीं बना हुआ है जहाँ बुद्धदेव ने अपने छ: वर्ष के निवास में धर्म का उपदेश दिया था। कनिंघम का अनुमान है कि नीचे की भूमि शायद बौद्ध के समय से पहले की हो और पक्का स्तम्भ अशोक ने बनवाया। हिन्दुओं का विश्वास है कि जब लक्ष्मण को शक्ति लग गई और हनुमान उस शक्ति के घात से लक्ष्मण को बचाने के लिये संजीवनी लेने हिमालय गए और पर्वत को लेकर लौट रहे थे तो उसका एक ढोंका यहीं गिर पड़ा था।

दूसरा कथन यह भी है कि जब रामकोट के मजदूर काम कर चुकते तो अपनी टोकरियों का भाड़न यहाँ फेंक देते थे। जिसका ढेर है यह मणि पर्वत।

सोनखर

दूसरा ऐतिहासिक स्थान सोनखर है। रघु को एक ब्राह्मण को बहुत-सा सुवर्ण देना था। जबकि उनका कोश खाली हो चुका था। उन्होंने ठान लिया कि कुबेर पर चढ़ाई कर के उससे इतना सुवर्ण प्राप्त कर लेना चाहिये। कुबर ने डर के मारे रात में यहीं सुवर्ण की वर्षा कर दी। अयोध्या में नवाब वजीरों के राज से आज तक हजारों मंदिर बने और नित नये बनते जाते हैं।

आवागमन

वायुमार्ग

निकटतम हवाई अड्डा लखनऊ में है। शीघ्र ही यहां एक हवाई अड्डा बनकर तैयार हो जाएगा।

रेलमार्ग

अयोध्या लखनऊ पंडित दीनदयाल रेलवे प्रखंड का एक स्टेशन है। लखनऊ से बनारस रूट पर फैजाबाद से आगे अयोध्या जंकशन है। देश के लगभग सभी शहरों से अयोध्या रेल मार्ग से जुड़ा हुआ है।

सड़क मार्ग

उत्तर प्रदेश सड़क परिवहन निगम की बसें लगभग सभी प्रमुख शहरों से अयोध्या के लिए चलती हैं। राष्ट्रीय और राज्य राजमार्ग से अयोध्या जुड़ा हुआ है। नगर में घूमने के लिए अनेक प्रकार के वाहन उपलब्ध हैं।

अध्याय : 2

काशी में देवालय

वाराणसी का इतिहास लगभग 800 ईस्वी पूर्व से शुरू होता है। काशी नरेश दिवोदास के प्रपितामह "काश" के शासनकाल में ही वाराणसी का नाम काशी प्रसिद्ध हो गया था। इन्हें विष्णु का वंशज माना जाता है। काशी संसार के प्राचीन नगरों में गिना जाता है। यह प्राचीन नगर गंगा के उत्तर तट पर वरुणा और असी नदियों के संगम के बीच बसा हुआ है। वरुणा और असी के तट पर अवस्थित इस नगर का नाम प्राचीन काल 'वाराणसी' हुआ। कालांतर में लोकोच्चारण से 'बनारस' हो गया। जिसे उत्तर प्रदेश सरकार ने शासकीय रूप से पूर्ववत 'वाराणसी' कर दिया।

काशी विश्वनाथ मंदिर

काशी विश्वनाथ मंदिर बारह ज्योतिर्लिंगों में से एक है। यह मंदिर अतिप्राचीन मंदिर है। यह हजारों वर्ष से वाराणसी में स्थित है। काशी विश्वनाथ मंदिर का हिंदू धर्म में एक विशिष्ट स्थान है। ऐसा माना जाता है कि एक बार इस मंदिर के दर्शन करने और पवित्र गंगा में स्नान कर लेने से मोक्ष की प्राप्ति होती है। ऋग्वेद में काशी का उल्लेख मिलता है -

'काशिरित्ते... आप इवकाशिनासंगृभीता:।'

कपाल मोचन तीर्थ

पुराणों के अनुसार यह आद्य वैष्णव स्थान है। पहले यह भगवान विष्णु की पुरी थी। जहाँ श्रीहरि के आनंदाश्रु गिरे थे। वहाँ बिंदु सरोवर बन गया और प्रभु यहाँ बिंदुमाधव के नाम से प्रतिष्ठित हुए। एक कथा के अनुसार - जब भगवान शंकर ने क्रुद्ध होकर ब्रह्मा जी का पांचवां सिर काट दिया। तो वह उनके करतल से चिपक गया। बारह वर्षों तक अनेक तीर्थों में भ्रमण करने पर भी वह सिर उनसे अलग नहीं हुआ। जैसे ही उन्होंने काशी की सीमा में प्रवेश किया। ब्रह्म हत्या ने उनका पीछा छोड़ दिया और वह कपाल भी अलग हो गया। जहाँ यह घटना घटी वह स्थान कपाल मोचन तीर्थ कहलाता है। महादेव को काशी इतनी

अच्छी लगी कि उन्होंने इस पावन पुरी को विष्णु जी से अपने नित्य आवास के लिए मांग लिया। तब से काशी उनका निवास-स्थान बन गया।

पंचतीर्थ

विश्वेश्वर के आनंदकानन में पांच मुख्य तीर्थ माने जाते हैं। यथा- दशाश्वेमघ, लोलार्क कुण्ड, बिन्दुमाधव, केशव और मणिकर्णिका। इन्हीं से युक्त यह अविमुक्त क्षेत्र कहा जाता है

पंचक्रोशीत मक ज्योतिर्लिंग

काशी की परिक्रमा करने से सम्पूर्ण पृथ्वी की प्रदक्षिणा का पुण्य फल प्राप्त होता है। भक्त सब पापों से मुक्त होकर पवित्र हो जाता है। तीन पंचक्रोशी परिक्रमा करने वाले के जन्म-जन्मान्तर के सभी पाप नष्ट हो जाते हैं। काशी में हुए पाप का नाश केवल पंचकोसी प्रदक्षिणा से ही संभव है।

काशी और विश्वेश्वर ज्योतिर्लिंग में तत्त्वत: कोई भेद नहीं है। नि:संदेह सम्पूर्ण काशी बाबा विश्वनाथ का स्वरूप है। काशी महात्म्य में ऋषियों का उद्घोष है - "काशी सर्वाडपि विश्वेशरूपिणीनात्रसंशय:।" अतएव काशी को विश्वनाथ का रूप मानने में कोई संशय नहीं होना चाहिए।

ज्येष्ठ मास के शुक्ल पक्ष की निर्जला एकादशी के दिन श्री काशी विश्वनाथ की वार्षिक कलश यात्रा वाराणसी में बड़े धूमधाम एवं श्रद्धा के साथ आयोजित होती है। इस पर्व पर बाबा का पाँच महान नदियों के जल से अभिषेक होता है।

अधिमास को पुरुषोत्तम मास भी कहा जाता है। इसे मलमास भी कहा जाता है। मलमास प्रथम-ज्येष्ठ शुक्ल (अधिक) प्रतिपदा से प्रारम्भ होकर द्वितीय-ज्येष्ठ कृष्णपक्ष (अधिक) अमावस्या तिथि को समाप्त होता है। अधिमास वाले वर्ष में अधिमास माह में पंचक्रोशी यात्रा की जाती है। पंचक्रोशी या पंचकोशी यात्रा करके भक्तगण भगवान शिव और उनकी नगरी काशी के प्रति अपना सम्मान प्रकट करते हैं। ऐसी मान्यता है कि पंचक्रोशी यात्रा से लौकिक और पारलौकिक अभीष्ट की सिद्धि होती है।

पंचक्रोशी यात्रा के नियम

पंचक्रोशी यात्रा के कुछ नियम है। इन नियमों का पालन यात्रियों को करना पड़ता है। परिक्रमा नंगे पांव की जाती है। वाहन से परिक्रमा करने पर पंचक्रोशी-यात्रा का पुण्य नहीं मिलता। शौचादिक्रिया काशी क्षेत्र से बाहर करने का विधान है। परिक्रमा करते समय शिव के भजन कीर्तन होते रहते हैं। अनेक श्रद्धालु यात्री सम्पूर्ण परिक्रमा दण्डवत करते हैं।

इस यात्रा हर हर महादेव शम्भो, काशी विश्वनाथ गंगे, काशी विश्वनाथ गंगे, माता पार्वती संगे का गीत गूंजता रहता है। साधु, महात्मा एवं संस्कृतज्ञ यात्री शिव ताण्डव एवं रुद्राष्टक आदि का सस्वर गायन करते हुए परिक्रमा करते हैं। महिलाएं सामूहिक रूप से शिव संबंधी लोक गीतों का गायन करती हैं। पंचक्रोशी यात्रा मणिकर्णिका घाट से प्रारम्भ होती है। सबसे पहले यात्रीगण मणिकर्णिका कुण्ड एवं गंगा जी में स्नान करते हैं। इसके बाद परिक्रमा का संकल्प लेने के लिए श्रद्धालु ज्ञानवापी जाते हैं। यहाँ पर पंडे यात्रियों को संकल्प दिलाते हैं। संकल्प लेने के उपरांत यात्री श्रृंगार गौरी, बाबा विश्वनाथ एवं अन्नपूर्णा का दर्शन करके पुन: मणिकर्णिका घाट लौट आते हैं। यहाँ वह मणिकर्णिकेश्वर महादेव एवं सिद्धि विनायक का दर्शन पूजन करके पंचक्रोशी यात्रा का प्रारम्भ करते हैं। गंगा के किनारे चलकर यात्री अस्सी घाट आते है। यहाँ से वह नगर में प्रवेश करते है। लंका, नरिया, करौंदी, आदित्य नगर, चितईपुर होते हुए यात्री प्रथम पड़ाव कन्दवा पर पहुंचते हैं। यहाँ वह कर्दमेश्वर महादेव का दर्शन पूजन करके रात्रि विश्राम करते हैं। रास्ते में पड़ने वाले सभी मंदिरों में यात्री देव पूजन करते हैं। अक्षत और द्रव्य दान करते हैं। मार्ग में अनेक स्थानों पर भिक्षार्थी पदयात्रियों को नंदी के प्रतीक के रूप में सजे हुए वृषभ का दर्शन कराते हैं। यात्री उन्हें दान दक्षिणा देते हैं। कुछ भिक्षार्थी शिव की सर्प माला के प्रतीक रूप में यात्रियों को सर्प-दर्शन कराते हैं। बदले में अक्षत और द्रव्य-दान प्राप्त करते हैं। परिक्रमा अवधि में यात्री अपनी पारिवारिक और व्यक्तिगत चिन्ताओं से मुक्त होकर पांच दिनों के लिए शिवमय, काशीमय हो जाते हैं। दूसरे दिन भोर में यात्री कन्दवा से अगले पड़ाव के लिए चलते हैं। अगला पड़ाव है भीमचण्डी। यहाँ यात्री दुर्गा मंदिर में दुर्गा जी की पूजा करते हैं और पहले पड़ाव के सारे कर्मकाण्ड को दुहराते हैं। पंचक्रोशी यात्रा का तीसरा पड़ाव रामेश्वर है। यहाँ शिव मंदिर में यात्रीगण शिव की पूजा करते हैं। चौथा पड़ाव पांचोंपण्डवा है। यह पड़ाव शिवपुर क्षेत्र में पड़ता है। यहाँ पांचों पाण्डव (युधिष्ठिर, अर्जुन, भीम, नकुल तथा सहदेव) की मूर्तियां हैं। द्रौपदी कुण्ड में स्नान करके यात्रीगण पांचों पाण्डवों का दर्शन करते हैं। रात्रि विश्राम के उपरांत यात्री पांचवें दिन अंतिम पड़ाव के लिए प्रस्थान करते हैं। अंतिम पड़ाव कपिल धारा है। यात्रीगण यहाँ कपिलेश्वर महादेव की पूजा करते हैं। यात्री प्रतिदिन पांच कोस की यात्रा करते हैं। पड़ाव संख्या भी पांच है। कपिल धारा से यात्रीगण मणिकर्णिका घाट आते हैं। यहाँ वह साक्षी विनायक यानि गणेश जी का दर्शन करते हैं। ऐसी मान्यता है कि गणेश जी भगवान शंकर के सम्मुख इस बात का साक्ष्य देते हैं कि अमुक यात्री ने पंचक्रोशी यात्रा कर काशी की परिक्रमा की है। इसके उपरांत यात्री काशी विश्वनाथ एवं काल-भैरव का दर्शन कर यात्रा संकल्प पूर्ण करते हैं।

कालेश्वर देवालय

320 साल प्राचीन सकलडीहा में स्थित रेलवे लाइन के किनारे स्वयंभू कालेश्वर महादेव मंदिर हैं। मंदिर की भव्यता और दिव्यता देखते बन रही है। लोगों की आस्था है कि स्वयंभू के दर्शन मात्र से अकाल मृत्यु टल जाती है।

सन् 1800 ईस्वी में राजस्थान के अलवर जिला से राजपूताना काफिला सकलडीहा कोट में ठहरा था। बनारस स्टेट के बाबू बखत सिंह सेनापति हुआ करते थे। एक दिन स्वप्न में स्वयंभू कालेश्वर महादेव का दर्शन होने के बाद चतुर्भुजपुर बरठी गाँव के समीप मंदिर का खोदाई कराया। जमीन के अंदर से भगवान स्वयंभू भोलेनाथ की अवतरित शिवलिंग दिखाई पड़े। इसके बाद सेनापति बाबू बखत सिंह ने मंदिर का निर्माण कराया।

ब्रिटिश अधिकारी रॉबिन विक्टर एग्जलेंडर स्टॉक असिस्टेंट सुपरिटेंडेंट रेल पथ इंजीनियर थे। उन्हें इस बात को पता नहीं था कि रेल पथ में जो मंदिर है वह स्वयंभू है। उसने प्लेटफार्म के विस्तार के लिए मंदिर की दहलीज तोड़कर चौड़ा करने की योजना बनायी गयी है। वह विशेष सैलून से निरीक्षण करने आ रहा था। विशेष सैलून मंदिर से कुछ दूर पहले ही पलट जाने से 4 अगस्त,1928 को रेलपथ अधिकारी की मौत हो गई। ब्रिटिश अधिकारी की पत्नी ने पति की मौत के बाद यादगार में रेलवे स्टेशन पर शिलापट् लगाकर प्लेटफार्म का विस्तार बंद करा दिया था।

आवागमन

वायुमार्ग

निकटतम हवाई अड्डा है- लखनऊ अंतरराष्ट्रीय हवाई अड्डा। इसके अतिरिक्त सैलानी गोरखपुर, प्रयागराज और वाराणसी हवाई अड्डे से भी अयोध्या पहुंचा जा सकता है।

रेलमार्ग

फैजाबाद और अयोध्या जिले के प्रमुख रेलवे स्टेशन पर उतर कर यहाँ पहुंच सकते हैं।

सड़क मार्ग

उत्तर प्रदेश सड़क परिवहन निगम की सेवा प्रदेश के विभिन्न शहरों के लिए और अन्य राज्यों के लिए चौबीस घंटे उपलब्ध हैं। शहर में घूमने के लिए पर्यटकों को अनेक प्रकार के वाहन मिलते हैं।

अध्याय : 3

मथुरा के देवालय

भगवान श्रीकृष्ण की जन्मस्थली है मथुरा। मथुरा को मंदिरों का नगर कहा जाता है। यहाँ कृष्ण कालीन अनेक मंदिर हैं।

कृष्ण जन्म मंदिर

भगवान कृष्ण के जन्म जेल की एक कोठरी में हुआ था। अब उस जेल की कोठरी वाले स्थान पर एक मंदिर है। भगवान कृष्ण विष्णु के आठवें अवतार माने जाते हैं। जहाँ पर हर साल लाखों पर्यटक और श्रद्धालु दर्शन करने आते हैं।

राधा रानी मंदिर

राधा का जन्म स्थान बरसाना में है। बरसाना में ही राधा रानी मंदिर स्थित है।

भूतेश्वर महादेव : शहर का कोतवाल

यह मंदिर कृष्ण कालीन माना जाता है। भूतेश्वर महादेव को लेकर अनेक पौराणिक मान्यताएं हैं। ऐसा माना जाता है कि समय-समय पर भगवान शंकर ने विभिन्न रूप धारण कर अपने प्रिय आराध्य श्री कृष्ण की लीलाओं का यहाँ दिव्य दर्शन करने आया करते थे।

एक अन्य पौराणिक मान्यता के अनुसार भगवान शिव का यह विग्रह स्वयं प्राकट्य है। मधु ने तपस्या कर इनको प्रकट किया था। दैत्यों का संहार करने की वजह से उनका नाम भूतेश्वर महादेव पड़ा। एक लोक प्रचलित मान्यता के अनुसार द्वापर में भगवान कृष्ण की पूजा करने और भगवान शिव द्वारा ब्रजवासियों की रक्षा के लिए यहाँ विराजमान होने के कारण भोलेनाथ का नाम शहर कोतवाल पड़ गया।

भूतेश्वर महादेव मंदिर में घंटे घड़ियालों के साथ-साथ आरती होती है। घंटी-घड़ियालों के साथ श्रद्धालु ताली बजाकर भगवान शिव की आरती करते हैं।

आवागमन

वायुमार्ग

निकटतम हवाई अड्डा आगरा है। इसके अतिरिक्त दिल्ली स्थित इंदिरा गांधी अंतरराष्ट्रीय हवाई अड्डे पर उतर कर सड़क मार्ग से यहां पहुंचा जा सकता है।

रेलमार्ग

भूतेश्वर महादेव मंदिर मथुरा रेलवे जंक्शन से दो किलोमीटर की दूरी पर शहर के बीचों-बीच स्थित है।

सड़क मार्ग

उत्तर प्रदेश सड़क परिवहन निगम की बसें सभी शहरों के लिए समय-समय पर चलती रहती हैं। इसके अतिरिक्त अन्य राज्यों की परिवहन निगम की बसें यहां आती हैं। नगर में घूमने-फिरने के लिए विभिन्न प्रकार के वाहन उपलब्ध हैं।

अध्याय : 4

बुलंदशहर के देवालय

बुलंदशहर जिला महाभारत कालीन है। जिला मुख्यालय सहित इसके अन्य उपनगरों में अति प्राचीन देवालय हैं। यहाँ वर्ष भर श्रद्धालु आते रहते हैं। उत्तर प्रदेश सरकार को बुलंदशहर जिला के देवालयों को अंतरराष्ट्रीय पर्यटन मानचित्र पर प्रमुखता से प्रचार-प्रसार करना चाहिए। ऐसा करने से निश्चित रूप से यहां न केवल श्रद्धालुओं की संख्या में इजाफा होगा बल्कि रोजगार के अवसर भी बढ़ेंगे। इससे विदेशी मुद्रा भंडार भी बढ़ेगा।

माँ अवंतिका देवी देवालय

मां अवंतिका देवी मंदिर बुलंदशहर जिला मुख्यालय से लगभग 45 किलोमीटर दूर गंगा नदी के किनारे बसा है आहार। यह पौराणिक स्थल अनूपशहर से लगभग 15 किलोमीटर दूर है। यहीं पर है एक देवालय। महाभारत कालीन यह देवालय माँ अवंतिका देवी को समर्पित है। यह देवालय सिद्ध पीठ है। माता अम्बिका साक्षात् यहाँ प्रकट हुई थीं। माँ अवंतिका का एक नाम अम्बिका भी है। इस मंदिर के गर्भगृह में दो संयुक्त मूर्तियां हैं। बाईं ओर माता भगवती जगदम्बा की मूर्ति है और दायीं ओर देवी सती की मूर्ति है। गर्भगृह में स्थापित दोनों मूर्तियां 'अवंतिका देवी' के नाम से प्रतिष्ठित हैं।

सिन्दूर और देशी घी का चोला या आभूषण माता को चढ़ाए जाते हैं। इसका कारण क्या है यह कहना कठिन है। कुंवारी युवतियां अपने मनचाहे वर की कामना से माता अवंतिका देवी का पूजन करती हैं।

श्री कृष्ण और देवी रुक्मणी के विवाह का साक्षी है अवंतिका देवी मंदिर। ऐसा कहा जाता है श्री कृष्ण ने यहाँ पर रुक्मणी को पहली बार देखा था। रुक्मणी यहाँ पर माँ अवंतिका जी की पूजा करने के लिए आई थी। इसी देवालय से श्री कृष्ण जी ने रुक्मणी का हरण करके उनसे से विवाह किया था। इस लोक प्रचलित कथा से स्पष्ट होता है कि माँ अवंतिका देवी देवालय महाभारत काल से भी पहले का है। महाभारत काल में भी इसका विशेष महत्व था।

एक अन्य लोक प्रचलित मान्यता के अनुसार कहा जाता है कि यह वही मंदिर है जिसमें रुक्मणी ने भगवान श्री कृष्ण को पति रूप में प्राप्त करने के लिए देवी अवंतिका का पूजन किया था। उसी के बाद भगवान श्री कृष्ण ने इसी मंदिर से रुक्मणी की इच्छा पर उनका हरण किया था। कहते हैं कि रुक्मणी के पिता राजा रुकम ने रुक्मणी का विवाह शिशुपाल से तय कर दिया था। लेकिन रुक्मणी ने वर के रूप में माँ अवंतिका देवी से भगवान श्री कृष्ण को मांगा था और रुक्मणी की पूजा अर्चना से प्रसन्न होकर माँ अवंतिका देवी ने उनकी मनोकामना पूरी की थी।

एक अन्य रोचक कथा मिलती है श्री कृष्ण एवं रुक्मणी के विवाह के संबंध में। माना जाता है कि अहार या आहार में महाभारत काल के महाप्रतापी राजा भीष्मक के देश विदर्भ की राजधानी कुण्डिनपुर हुआ करती थी। राजा भीष्मक चाहते थे कि उनकी पुत्री रुक्मणी का विवाह श्री कृष्ण के साथ हो लेकिन रुक्मणी के भाई रुक्मी नहीं चाहते थे कि श्री कृष्ण के साथ उनकी बहन का विवाह हो। श्री कृष्ण को जब इसका पता चला तो उन्होंने इस क्षेत्र के माता अवंतिका देवी के प्राचीन मंदिर में पूजन करने आई रुक्मणी का हरण कर लिया और इसके बाद श्री कृष्ण रुक्मणी का विवाह हो गया। इसलिए देवी रुक्मणी को साक्षात् माता लक्ष्मी का अवतार भी माना गया है।

बताया जाता है कि यहां के सैकड़ों वर्ष पुराने खिन्नी, कदंब, इंद्रजों वृक्ष के कुछ पेड़ आज भी इस क्षेत्र में अपनी महक बिखेर रहे हैं। जिनके फूलों से श्री कृष्ण की बारात का स्वागत किया गया था। इसके अतिरिक्त इस क्षेत्र के अनेक गाँवों के नाम श्री कृष्ण और रुक्मणी के विवाह की रस्मों पर ही आधारित हैं।

मोहरसा गाँव के विषय में कहा जाता है कि श्री कृष्ण का मोहर बंधा था, इसलिए इसका नाम मोहरसा पड़ा। दराबर गाँव में श्री कृष्ण का दरबार लगा था। बामनपुर गाँव में श्री कृष्ण की बारात का ब्रह्मभोज हुआ था। सिरोरा नाम के गाँव में श्री कृष्ण का मोहर सिराया गया था। खंदोई गाँव में ब्रह्मभोज के लिए मिट्टी के बर्तन बनाए गए थे। आज भी यहाँ पर मिट्टी के बर्तनों का बहुत बड़ा मेला लगता है।

अवंतिका देवी मंदिर के समीप श्री कृष्ण और रुक्मणी का मंदिर है। यहाँ पर शंकर जी का मंदिर भी हैं। अवंतिका देवी मंदिर के अतिरिक्त यहाँ अनेक दर्शनीय स्थलों में रुक्मणी कुण्ड, महानन्द ब्रह्मचारी का विशाल रुक्मिणी वल्लभ धाम आश्रम, यज्ञशाला और उनकी साधना स्थली प्रमुख हैं।

मंदिर के आसपास न कोई गाँव है। न कोई कस्बा। यहाँ पर देवी अवंतिका के दर्शनों के लिए आने वाले श्रद्धालुओं और भक्तजनों के ठहरने के लिए धर्मशालाएं, आश्रम और

साधु-संतों की कुटिया आदि की अच्छी व्यवस्था है। उत्तरप्रदेश सरकार के पर्यटन विभाग ने अवंतिका देवी मंदिर के पीछे एक धर्मशाला का निर्माण कराया है।

बेलोन शक्तिपीठ

इस स्थान पर सिद्ध शक्तिपीठ है। यहाँ माँ दुर्गा से मनोकामना मांगने पर मनोकामना पूरी होती ही है। यह स्थान डिबाई नगर व नरौरा उपनगर के मध्य स्थित है।

भूतेश्वर महादेव देवालय

राजराजेश्वर महादेव सैकड़ों वर्ष पुराना देवालय है। बताया जाता है कि यह नागाओं ने इस मंदिर की स्थापना की थी। इसकी प्रमाणिक जानकारी नहीं है कि शिवलिंग को स्थापित किया गया या शिवलिंग स्वयं प्रकट हुआ है। ऐसी मान्यता है कि जो भी सच्चे मन से राजराजेश्वर महादेव शिवलिंग पर शिव मंत्र जपते हुए दूध की धार व फल चढ़ाता है उसकी मनोकामनाएं पूर्ण होती हैं।

देवालय में भगवान भूतेश्वर खड़े मुद्रा में हैं। देवालय की संरचना वैदिक शैली के अनुसार है। यह शैली दक्षिण भारत में प्रचलित है।

राजराजेश्वर देवालय

बुलंदशहर में स्थित भगवान भोलेनाथ का देवालय प्राचीन ही नहीं बल्कि अपने अंदर बहुत से रहस्यों को समेटे हुए है। कहा जाता है कि यहाँ पर महादेव स्वयं प्रकट हुए। यहाँ आज भी एक स्वयं भू शिवलिंग देखा जा सकता है। यह अत्यंत प्राचीन है। एक कथा के अनुसार पांडवों ने यहाँ एक ऊँचे टीले पर शिवलिंग की स्थापना करके उनकी पूजा की। शिव जी को पांडवों ने प्रसन्न करके राजाधिराज होने का वरदान पाया था। उनके द्वारा पूज्य यह महादेव शिवलिंग ही राजराजेश्वर के नाम से विख्यात हुआ। एक अन्य मान्यता के अनुसार इस मंदिर का निर्माण राजा अनूपराय ने कराया था। हरिदत्त ने भी राजराजेश्वर का जीर्णोद्धार कराया था। राजराजेश्वर महादेव का महामंत्र है - 'ॐ राजराजेश्वर देवाय नमः।' बुलंदशहर के श्री राजराजेश्वर महादेव का प्रसिद्ध सिद्ध गायत्री मंत्र है - 'ॐ राजेश्वर विद्महे श्री राजेश्वरी धीमहि गणेशाय तन्नौ हरि शिवे नमो प्रचोदयात्।'

कर्णवास का भूतेश्वर देवालय

बुलंदशहर के उपनगर कर्णवास में स्थित है प्राचीन भूतेश्वर महादेव देवालय। प्राचीन देवालय का मूल स्थान गंगा नदी के घाट पर था। इस मंदिर के विषय में एक प्रसंग मिलता है। ऐसा कहा जाता है कि महात्मा रणधीर दास नाम के एक संत यहाँ निवास करते थे।

वह प्रतिदिन गंगा में स्नान करते और भूतेश्वर महादेव में पूजा करते थे। गंगा की जल धारा धीरे-धीरे देवालय के समीप आने लगी थी। उन्हें लगा कि देवालय जलमग्न हो जाएगा और देवालय का अस्तित्व समाप्त हो जाएगा। उन्होंने ध्यान और तपस्या के बल पर शिवलिंग को हटाया और इसे अपनी धोती से ढक दिया। स्थानीय लोगों को अपनी इच्छा बताते हुए शिवलिंग को नवीन स्थल पर स्थापित करने का मन बनाया। दिव्य भगवान को एक नए स्थान पर स्थापित कर दिया। काकिया ईंटों से बना मौजूदा देवालय लगभग 250 साल पुराना माना जाता है। मुख्य देवालय के सामने लगभग 400 साल पुराना एक इमली का पेड़ है। भूतेश्वर महादेव देवालय में महाकाल की तर्ज पर होता है महादेव का श्रृंगार।

एक अन्य मान्यता के अनुसार देवालय का इतिहास सैंकड़ों वर्ष पुराना है। प्राचीन काल में एक खेत में स्वयंभू शिवलिंग था। ग्रामीणों ने इसे एक मठ में स्थापित कर दिया था। शिवलिंग की लंबाई करीब ढाई फीट है। शिवलिंग पर फावड़े के निशान भी हैं। जो इसके खुदाई में मिलने की पुष्टि करते हैं। देवालय की स्थापना के लिए सन् 1880 ईस्वी में सैनी समाज के कल्लू, घसीटा, झंडू, न्यादर व हरदेव ने भूमि दान की थी। प्राचीन रूप से हनुमान जी, भैरव बाबा व शिवलिंग के साथ ही विशाल पीपल का वृक्ष स्थापित हैं। कुछ वर्ष पूर्व मंदिर का पुनरुद्धार किया गया।

देवी भवन मंदिर

नगर के चौक बाजार में प्राचीन देवालय है। यहीं पर स्वयंभू प्रकट सिद्ध हनुमान जी का देवालय है।

आवागमन

जिला बुलंदशहर नगर और इसके सभी देवालयों में दर्शन करने के लिए श्रद्धालु निम्नलिखित यातायात के साधनों का लाभ उठा सकते हैं।

वायुमार्ग

निकटतम हवाई अड्डा है दिल्ली स्थित इंदिरा गांधी अंतरराष्ट्रीय हवाई अड्डा।

रेलमार्ग

जिला बुलंदशहर मुख्यालय में रेलवे स्टेशन तो है किन्तु दुर्भाग्यवश स्वतंत्रता के पचहत्तर साल बाद भी महाभारत काल से ही पूर्व का यह क्षेत्र भारतीय रेलवे के मानचित्र पर उपेक्षित है। देश के किसी भी क्षेत्र से रेल द्वारा दिल्ली पहुंच कर सड़क मार्ग से यहां पहुंचा जा सकता है।

सड़क मार्ग

उत्तर प्रदेश सड़क परिवहन निगम की बस द्वारा यहाँ श्रद्धालु आते हैं। इसके अतिरिक्त श्रद्धालु अपने निजी वाहन से और किराए के वाहन से भी यहाँ पहुंच सकते हैं। अनेक सामाजिक कार्यकर्ता, संस्थाएं और श्रद्धालु समय-समय पर बसों में भक्तजनों लेकर यहां आते रहते हैं। नगर भ्रमण और बुलंदशहर जनपद के विभिन्न उपनगरों में स्थित मंदिर में दर्शन करने के लिए परिवहन निगम की बसों के अतिरिक्त निजी बस संचालकों की सेवाओं का लाभ उठाया जा सकता है। जनपद मुख्यालय में अनेक प्राइवेट बस अड्डे हैं जहाँ से बस सेवा उपलब्ध रहती है। टैक्सी सेवा का भी लाभ उठाया जा सकता है।

अध्याय : 5

सहारनपुर के देवालय

सहारनपुर जिला में अवस्थित है शक्तिपीठ शाकम्भरी देवी मंदिर। कामाख्या, रजरप्पा पीठ, तारापीठ की भांति यह भी एक सिद्ध पीठ है। यहाँ माँ की प्रतिमा स्वयं सिद्ध है। यह क्षेत्र भगवती शताक्षी का सिद्ध स्थान कहलाता है। इस तीर्थ को पंचकोसी सिद्धपीठ भी कहा जाता है। भगवती सती का शीश इसी क्षेत्र में गिरा था। ऐसी मान्यता है कि उत्तर भारत की नौ देवियों की यात्रा माँ शाकम्भरी देवी के दर्शन बिना पूर्ण नही होती। स्कंदपुराण के केदारखंड में इसका उल्लेख मिलता है।

शाकम्भरी यत्र जाता मुनिनात्राण कारणात्।
तस्य पीठं परम पीठं सर्वपाप प्राणशनं।
गत्वा शाकम्भरी पीठें नत्वा शाकम्भरी तथा।

केदारखंड, स्कंद पुराण

ब्रह्मपुराण में इस पीठ को सिद्धपीठ कहा गया है। अनेक पुराणों और आगम ग्रंथों में यह पीठ परम पीठ, शक्तिपीठ, सतीपीठ और सिद्धपीठ नामों से चर्चित है। शिवालिक पर्वत पर स्थित यह शाकम्भरी देवी का सबसे प्राचीन तीर्थ है। दुर्गा शाकम्भरी माँ शक्ति हिन्दुओं की प्रमुख देवी हैं जिन्हें देवी, शक्ति और पार्वती, जगदम्बा और आदि नामों से भी जाना जाता हैं।

शाकम्भरी देवी की कथा

प्राचीन काल में दुर्गम नाम का एक दैत्य था। दैत्य के मन में विचार किया- "देवताओं का बल वेदों में है। वेदों के लुप्त हो जाने पर देवता भी नहीं रहेंगे। अतः पहले वेदों को ही नष्ट कर देना चाहिये।" यह सोचकर दैत्य ने ब्रह्मा जी का ध्यान करके हिमालय क्षेत्र में तपस्या शुरू की। वह केवल वायु पीकर ही रहता था। उसने वर्षों तक बड़ी कठिन तपस्या की। भगवान ब्रह्मा प्रसन्नतापूर्वक हंस पर सवार होकर वर देने के लिये दैत्य के सम्मुख प्रकट हो गये। ब्रह्मा जी बोले- "तुम्हारा कल्याण हो! तुम्हारे मन में जो वर पाने की इच्छा हो मांग

लो। आज तुम्हारी तपस्या से प्रसन्न होकर यहाँ आया हूँ।'' दुर्गम दैत्य ने कहा- ''देव, मुझे संपूर्ण वेद प्रदान करने की कृपा कीजिये। साथ ही मुझे देवताओं को परास्त करने का बल दीजिये।'' ब्रह्मा जी ने 'तथास्तु' कहा और चले गये।

ब्राह्मण सभी वेदों का अध्ययन करना भूल गये। सारे संसार में घोर अनर्थ उत्पन्न हो गया। इस प्रकार का भीषण अनिष्टप्रद समय उपस्थित होने पर ब्राह्मण और देव हिमालय की शिवालिक पर्वत श्रृंखला पर चले गये। समाधि, ध्यान और पूजन के द्वारा उन्होंने देवी भुवनेश्वरी की स्तुति की। ब्राह्मणों के प्रार्थना 'मां भुवनेश्वरी' साक्षात् प्रकट हो गई। ब्राह्मणों और देवताओं की करुण पुकार सुनकर भगवती शिवा ने अनेक प्रकार के शाक तथा स्वादिष्ट फल अपने हाथ से उन्हें खाने के लिये दिये। उसी दिन से भगवती का नाम ''शाकम्भरी'' पड़ गया।

शिवालिक पहाड़ियों में देवताओं की उपस्थिति का आभास दैत्य दुर्गम को हो गया। उसके पास एक अक्षोहिणी सेना थी। दैत्य और देवताओं में समर छिड़ गया। धनुष की प्रचण्ड टंकार से चारों दिशाएँ गूँज उठी। दुर्गम स्वयं शक्तियों के सामने उपस्थित होकर उनसे युद्ध करने लगा। दस दिनों में राक्षस की सम्पूर्ण अक्षोहिणी सेनाएँ देवी शाकम्भरी की माया से वध कर दी गयी। इक्कीस दिनों तक युद्ध चलता रहा। इक्कीसवें दिन जगदम्बा शाकम्भरी ने पाँच बाणों से दुर्गम की छाती को भेद दिया। दैत्य भगवती परमेश्वरी के सामने प्राणहीन होकर गिर पड़ा।

माता के मंदिर का पुनः अस्तित्व

माता शाकम्भरी देवी का मंदिर महाभारत काल के बाद घने वनों में लुप्त हो गया। नैन गूजर नाम का अंधा ग्वाला इस जंगल में भटक गया। रात भी अंधेरी थी और चारों और जंगली जानवरों की आवाजें भयग्रस्त लग रही थी। कहते हैं नैन गूजर को देवी शताक्षी की दिव्य और मधुर वाणी सुनाई दी- ''यह हमारा परम पीठ है। तुम इसे पुनः प्रकाश में लाओ।'' नैन गूजर ने पूछा आप कौन है तो आवाज आई - ''मै शक्तिस्वरूपा शाकम्भरी देवी हूँ।'' तब ग्वाले ने कहा - ''अगर आप सचमुच शक्ति स्वरूपा है तो मुझे नैत्र ज्योति प्रदान करके दिखाओ।'' उसी समय प्रकाश हुआ और ग्वाले को दिखाई देना लगा। तब ग्वाले गूजर ने माता का स्थान खोज कर साफ सफाई की और माता का यह स्थान पुनः अस्तित्व में आ गया।

माता का मुख्य प्रसाद

माँ का प्रिय फल सराल है। सराल एक विशेष प्रकार का कंद मूल है जो केवल शिवालिक पहाड़ियों के आस-पास के क्षेत्र में ही पाया जाता है। यह शकरकंद की तरह का

होता है। किंवदंती है कि जब धनुष धारिणी माँ शाकम्भरी यहाँ प्रकट हुई और भूख-प्यास से संतप्त देवों को देखा तो माता ने अपने धनुष से पहाड़ियों पर एक तीर दे मारा। जिसमें सबसे पहले सराल की बेल चली और फिर अन्य वनस्पतियों और फल पैदा हुए। अतः अवतार दिवस पर माँ शाकम्भरी को मुख्यतः सराल और सराल के हलवे का भोग भवन में लगाया जाता है।

पुरातात्विक और ऐतिहासिक महत्व

माँ शाकम्भरी देवी शक्तिपीठ पौराणिक होने के साथ-साथ पुरातात्विक और ऐतिहासिक भी है। यहाँ से अनेक पुरातन मंदिरों के अवशेष और मूर्तियां प्राप्त हुई है। जिसमें दो प्रतिमाएं एकमुखी शिवलिंग की मिली हैं। इनको आठवीं शताब्दी से पूर्व का माना जाता है।

लगभग 350 ईसापूर्व में आचार्य चाणक्य और चंद्रगुप्त ने इस सिद्धपीठ में रह कर अपनी सेना का गठन किया था। सिद्धपीठ में आने का एकमात्र रास्ता वृहदहट्ट अर्थात वर्तमान बेहट से होकर है। वृहदहट्ट के दो अर्थ होते हैं - एक बड़ा बाजार और दुसरा बड़ा जंगला। संभवतः प्राचीन काल में बेहट मैदानी और पहाड़ी राजाओं के लिए संयुक्त बाजार था। यह क्षेत्र घने जंगलों से घिरा हुआ था।

आवागमन

वायुमार्ग

निकटतम हवाई अड्डा देहरादून में है।

रेलमार्ग

सहारनपुर रेलवे का जंक्शन है। विभिन्न नगरों से चलने वाली अनेक रेलगाड़ी यहाँ से गुजरती है। उत्तराखंड की राजधानी देहरादून को जाने वाली शताब्दी ट्रेन भी यहां से होकर गुजरती है।

सड़क मार्ग

दिल्ली सहित हरियाणा, पंजाब, उत्तराखंड आदि राज्यों से सहारनपुर सड़क मार्ग द्वारा जुड़ा हुआ है। उत्तर प्रदेश सड़क परिवहन निगम की बस सेवा प्रदेश के विभिन्न क्षेत्रों के अतिरिक्त अन्य राज्यों के लिए भी उपलब्ध है। स्थानीय भ्रमण के लिए अनेक प्रकार के वाहन उपलब्ध हैं। शाकम्भरी देवालय के लिए परिवहन निगम की बस सेवा के अतिरिक्त निजी बस संचालकों की बस सेवा भी उपलब्ध है। किराए की टैक्सी भी दी जा सकती है।

***

मंदिर

मंदिर वह पवित्र स्थल हैं जिनका निर्माण महाराजा, राजा, सम्राट, राजकुमार, राजकुमारियों, क्षेत्रीय शासकों, क्षत्रपों, सामंतों, संतों, धनी व्यक्तियों और आम जनमानस ने अपनी-अपनी आस्था के अनुरूप अपने-अपने आराध्य की पूजा-अर्चना हेतु निर्मित करवाए। आज ये मंदिर श्रद्धा और आस्था के प्रमुख स्थल बन गए हैं।

अध्याय : 1

अयोध्या के मंदिर

श्री राम की जन्म और कर्म भूमि अयोध्या में अनेक मंदिर हैं। उनकी अपनी मान्यताएं हैं। सभी मंदिर में श्रद्धालु अपनी-अपनी आस्था, आराधना, अर्चना और पूजा करने के उद्देश्य से आते रहते हैं। अयोध्या सनातन धर्म के अनुयायियों के लिए परम श्रद्धेय है।

आदिनाथ मन्दिर

यह मन्दिर स्वर्गद्वार के पास मुराई टोले में एक ऊँचे टीले पर है। जो शाहजूरन के टीले के नाम से प्रसिद्ध है।

अजितनाथ मन्दिर

यह मन्दिर इटौआ अर्थात सप्तसागर के पश्चिम में है। इसमें एक मूर्ति और शिलालेख है। यह मन्दिर संवत् 1781 में नवाब शुजाउद्दौला के खजानची केसरी सिंह ने नवाब की आज्ञा से बनवाया था।

अभिनन्दन नाथ मन्दिर

यह मंदिर सराय के पास है। यह मंदिर भी अजितनाथ मंदिर का समकालीन माना जाता है।

सुमंन नाथ मन्दिर

सुमंत नाथ मंदिर रामकोट के भीतर है। अवध गजेटियर के अनुसार इस मंदिर में पार्श्वनाथ की दो और नेमिनाथ की तीन मूर्तियां हैं।

अनन्तनाथ मन्दिर

यह मंदिर गोला घाट नाले के पास एक ऊँचे टीले पर है और इसका दृश्य बढ़ा मनोहर है। इन मन्दिरों में तीर्थंकरों के चरण-चिह्न बने हैं।

रामानंदी संप्रदाय

मध्यकालीन भारत के प्रसिद्ध संत रामानंद जी का जन्म भले ही प्रयाग क्षेत्र में हुआ हो। रामानंदी संप्रदाय का मुख्य केंद्र अयोध्या ही हुआ।

रामकोट

अयोध्यावासियों सहित सभी श्रद्धालु रामकोट की सर्वाधिक पूजा अर्चना करते हैं। यह अतिप्राचीन स्थान है। शहर के पश्चिमी भाग में एक ऊंचे स्थान पर स्थित है।

हनुमान गढ़ी

यहां 76 सीढ़ियां चढ़कर पहुंच जाता है। ऐसा माना जाता है कि भगवान हनुमान रामकोट या राम की जन्मभूमि की रक्षा करते हुए वहां एक गुफा में रहते थे। शहर में आने वाले सभी भक्तों के लिए यह पवित्र स्थान है।

नागेश्वरनाथ मंदिर

लोक प्रचलित मान्यता है कि इस मंदिर का निर्माण राम के पुत्र कुश ने करवाया था। कुश को एक नाग कन्या से प्रेम हो जाने के बाद ने यह मंदिर बनवाया था। नागेश्वर नाथ मंदिर को भगवान राम के पुत्र कुश ने बनवाया था। कहा जाता है जब कुश सरयू नदी में नहा रहे थे तो उनका बाजूबंद खो गया था। बाजूबंद एक नाग कन्या को मिला। जिसे कुश से प्रेम हो गया। वह शिवभक्त थी। कुश ने उसके लिए यह मंदिर बनवाया। ऐसा माना जाता है कि यही एकमात्र मंदिर है जो विक्रमादित्य के काल के पहले से है।

कनक भवन

हनुमान गढ़ी के निकट स्थित कनक भवन अयोध्या का एक महत्वपूर्ण मंदिर है। यह मंदिर सीता और राम के सोने मुकुट पहने प्रतिमाओं के लिए लोकप्रिय है। इसी कारण बहुत बार इस मंदिर को सोने का घर भी कहा जाता है। यह मंदिर टीकमगढ़ की रानी ने सन् 1891 ईस्वी में बनवाया था। इस मन्दिर के श्री विग्रह अर्थात श्री सीतारामजी जी भारत के सुन्दरतम स्वरूप कहे जा सकते है। यहाँ नित्य दर्शन के अलावा सभी समैया-उत्सव भव्यता के साथ मनाये जाते हैं। मंदिरों में 'कनक भवन' सबसे सुंदर है।

राजद्वार मंदिर

यह अयोध्या के महत्वपूर्ण स्थलों में से एक है। हनुमानगढ़ी के पास स्थित है। यह भव्य मंदिर एक उच्च पतला शिखर वाला एक उच्च भूमि पर खड़ा है और दूर से दिखाई देता है। मंदिर भगवान राम को समर्पित है।

श्री अनादि पंचमुखी महादेव मंदिर

अन्तर्गृही अयोध्या के शिरोभाग में गोप्रतार घाट पर पंचमुखी शिव का स्वरूप विराजमान है। इसे अनादि माना जाता है। शैवागम में वर्णित ईशान, तत्पुरुष, वामदेव, सद्योजात और अघोर नामक पाँच मुखों वाले लिंग स्वरूप की उपासना से भोग और मोक्ष दोनों की प्राप्ति होती है।

राघव जी का मंदिर

यह मंदिर अयोध्या नगर के केन्द्र में स्थित है। श्री राम का स्थान माना जाता है। जिसको राघव जी का मंदिर कहा जाता है। मंदिर में स्थित भगवान राघव जी अकेले ही विराजमान हैं। यह मात्र एक ऐसा मंदिर है जिसमें भगवान श्री राम के साथ माता सीता की मूर्ति विराजमान नहीं है। सरयू जी में स्नान करने के बाद राघव जी के दर्शन किये जाते है।

सप्त हरि

मर्यादा पुरुषोत्तम श्री राम की लीला के अतिरिक्त अयोध्या में श्री हरि के अन्य सात प्राकट्य हुये हैं। जिन्हें सप्त हरि के नाम से जाना जाता है। अलग-अलग समय देवताओं और मुनियों की तपस्या से प्रकट हुये भगवान विष्णु के सात स्वरूपों को ही सप्त हरि के नाम से जाना जाता है। उनके नाम भगवान गुप्त हरि, विष्णु हरि, चक्र हरि, पुण्य हरि, चन्द्र हरि, धर्म हरि और बिल्व हरि हैं।

जैन मंदिर

हिन्दुओं के मंदिरों के अलावा अयोध्या जैन मंदिरों के लिए भी खासा लोकप्रिय है। जैन धर्म के अनेक अनुयायी नियमित रूप से अयोध्या आते रहते हैं। अयोध्या को पांच जैन तीर्थकरों की जन्मभूमि भी कहा जाता है। जहाँ जिस तीर्थकर का जन्म हुआ था। वहीं उस तीर्थकरों का मंदिर बना हुआ है। इन मंदिरों को फैजाबाद के नवाब के खजांची केसरी सिंह ने बनवाया था।

घाटों की नगरी

अयोध्या घाट और मंदिरों की एक धर्मनगरी है। सरयू नदी के किनारे 14 प्रमुख घाट हैं। यथा - गुप्त द्वार घाट, कैकेयी घाट, कौशल्या घाट, पापमोचन घाट, लक्ष्मण घाट आदि विशेष उल्लेखनीय है।

राम मंदिर का निर्माण 5 अगस्त, 2020 से शुरू

तत्कालीन मुख्य न्यायाधीश रंजन गोगोई की अगुवाई वाली सर्वोच्च न्यायालय की पांच सदस्यीय संविधान पीठ ने सुनवाई के बाद 9 नवंबर, 2019 को सर्वोच्च न्यायालय ने संपूर्ण विवादित परिसर पर भगवान रामलला का मालिकाना हक दे दिया। भव्य मंदिर निर्माण के लिए केंद्र सरकार को तीन महीने के भीतर एक ट्रस्ट बनाने की जिम्मेदारी सौंप दी। अदालत ने सरकार को मुस्लिम पक्ष को भी मस्जिद बनाने के लिए अयोध्या में किसी महत्वपूर्ण स्थान पर 5 एकड़ जमीन देने का आदेश दिया। अदालत के इसी आदेश के बाद श्री रामजन्मभूमि तीर्थ क्षेत्र ट्रस्ट ने 5 अगस्त, 2020 को वहां भव्य राम मंदिर के निर्माण के लिए भूमि पूजन और आधारशिला का कार्यक्रम तय किया गया है।

आवागमन

वायुमार्ग

निकटतम हवाई अड्डा चौधरी चरण सिंह अंतरराष्ट्रीय हवाई अड्डा लखनऊ में है। इसके अतिरिक्त गोरखपुर, प्रयागराज और वाराणसी हवाई अड्डे से भी यहाँ पहुंच सकते हैं। शीघ्र ही अयोध्या में एक हवाई अड्डा बनकर तैयार हो जाएगा।

रेलमार्ग

अयोध्या लखनऊ पंडित दीनदयाल रेलवे प्रखंड का एक जंक्शन है। लखनऊ से बनारस रूट पर फैजाबाद से आगे अयोध्या जंक्शन है। फैजाबाद रेलवे जंक्शन से अयोध्या लगभग सात किलोमीटर की दूरी पर है। फैजाबाद रेलवे स्टेशन पर उतर कर सड़क मार्ग से अयोध्या पहुंच सकते हैं। देश के लगभग सभी शहरों से अयोध्या रेल मार्ग से जुड़ा हुआ है।

सड़क मार्ग

उत्तर प्रदेश सड़क परिवहन निगम की बसें लगभग सभी प्रमुख शहरों से अयोध्या के लिए चलती हैं। राष्ट्रीय और राज्य राजमार्ग से अयोध्या जुड़ा हुआ है। पर्यटक अपने निजी वाहन और टैक्सी से भी यहाँ पहुंच सकते हैं। नगर भ्रमण के लिए अनेक प्रकार के वाहन उपलब्ध हैं।

अध्याय : 2

काशी के मंदिर

काशी भी मथुरा की भांति मंदिरों का शहर है। हालांकि यहाँ हर गली हर घर में मंदिर तो नहीं है किन्तु यहाँ अति प्राचीन मंदिर है। काशी में इस समय लगभग 1,500 मंदिर हैं। जिनमें से बहुतों की परंपरा इतिहास के विविध कालों से जुड़ी हुई है। इनमें विश्वनाथ, संकटमोचन और दुर्गा के मंदिर भारत भर में प्रसिद्ध हैं। विश्वनाथ के मूल मंदिर की परंपरा अतीत के इतिहास के अज्ञात युगों तक चली गई है। इसके शिखर पर महाराजा रणजीत सिंह ने सोने के पत्तर चढ़ा दिए थे।

संकटमोचन मंदिर

संकटमोचन मंदिर की स्थापना गोस्वामी तुलसीदास ने की थी।

दुर्गा मंदिर

दुर्गा के मंदिर को सत्रहवीं सदी में मराठों ने बनवाया था।

आदिकेशव मंदिर

काशी घाटों के तट पर भी अनेक मंदिर बने हुए हैं। इनमें सबसे प्राचीन गहड़वालों का बनवाया राजघाट का 'आदिकेशव' मंदिर है।

भारत माता मंदिर

नवीन मंदिरों में भारत माता का मंदिर तथा तुलसी मानस मंदिर प्रसिद्ध हैं।

अन्य मन्दिर

अन्नपूर्णा मंदिर, काल भैरव मंदिर, तुलसी मानस मंदिर, संकटमोचन मंदिर, दुर्गा मंदिर, दुर्गाकुण्ड भारत माता मंदिर, रविदास मंदिर आदि।

आवागमन

वायुमार्ग

काशी का अपना हवाई अड्डा लाल बहादुर शास्त्री अंतरराष्ट्रीय हवाई अड्डा है बाबतपुर में। यह काशी से लगभग बीस किलोमीटर दूर है।

रेलमार्ग

काशी भारतीय रेलवे का एक प्रमुख जंक्शन है। यहाँ चार रेलवे स्टेशन हैं। बनारस रेलवे स्टेशन का नाम बदल कर 'मंडुआडीह' कर दिया गया है। दूसरे रेलवे स्टेशन का नाम है - 'काशी' रेलवे स्टेशन। तीसरा है- 'वाराणसी कैंट' और चौथा रेलवे स्टेशन है- 'वाराणसी सिटी' रेलवे स्टेशन। इसके अतिरिक्त सारनाथ रेलवे स्टेशन है। मुगलसराय जंक्शन भी काशी से लगभग 11 किलोमीटर दूर है। अब इसका नाम बदलकर पंडित दीनदयाल उपाध्याय जंक्शन कर दिया गया है। यहाँ देश के सभी क्षेत्रों से रेल सेवा है।

सड़क मार्ग

उत्तर प्रदेश सड़क परिवहन निगम की सेवा प्रदेश के विभिन्न शहरों के लिए और अन्य राज्यों के लिए चौबीस घंटे उपलब्ध हैं। पर्यटक अपने निजी वाहन और टैक्सी से भी यहाँ पहुंच सकते हैं। शहर में घूमने के लिए पर्यटकों को अनेक प्रकार के वाहन मिलते हैं।

अध्याय : 3

प्रयागराज के मंदिर

सनातन धर्म में प्रयागराज का विशेष महत्व है। इस नगर के विषय प्राचीन ग्रंथों में उल्लेख मिलता है। यहाँ अनेक मंदिर हैं।

पातालपुर मंदिर

प्रयागराज दुर्ग के अंदर स्थित पातालपुर मंदिर है। इस मंदिर में अलग-अलग भगवान की प्रतिमाएं हैं। इसके संबंध में अनेक कथाएं प्रचलित हैं। सन् 1766 ईस्वी में एक डच मिशनरी टिफेन थॉलर ने इस मंदिर के विषय में लिखा है - "दुर्ग के अंदर दक्षिण पूर्व की ओर पत्थरों से बनी हुई एक कंदरा है। जब कोई इस तंग मार्ग में प्रवेश करता है तो उसे यह 4 या 5 कदमों की सड़क तथा 7 पगों की लंबाई से फट कर त्रिभुजाकार मालूम पड़ती है। इस पतले तथा अंधेरे मार्ग से जाने के लिये प्रकाश आवश्यक है। दीवारें पत्थरों से बनी हुई हैं और दीवारों के पत्थरों को काटकर राम, गणेश, पार्वती आदि देवताओं की मुर्तियां रखी हुई है। इसी कंदरा के एक चकोर पत्थर में महादेव के पैरो के चिन्ह भी दिखाई देते है।"

टिफेन थॉलर ने अक्षयवट के सबंध में भी अपना अनुभव लिखा है। उसका कथन है- "इन मूर्तियों की अपेक्षा एक वृक्ष के प्रति, जिसे हिन्दुस्तानी 'बड' कहते हैं, अधिक सम्मान प्रकट करते हैं। यह कंदरा में स्वयं विकसित होता है तथा सदैव हरा रहता है। इसकी शाखायें दो समान भागा में विभक्त हैं। इसमें पत्तियां नहीं है। फिर भी इसमें रस है। यदि चाकू से काटा जाता है तो इसमें से एक प्रकार का दूध निकलता है। हिन्दू अपने इस पवित्र वृक्ष को सूखने से बचाने के लिये सर्वदा इसकी जड़ सींचते हैं। साथ ही सुगंधित पुष्प ऊपर रख देते हैं। पत्थर की दीवारों के कारण वृक्ष बढ़ नहीं सकता है।"

सोमेश्वर महादेव मंदिर

सोमेश्वर महादेव मंदिर को शिव कोटि मंदिर भी कहा जाता है। यह मंदिर इलाहाबाद नैनी गांव में यमुना नदी के तट पर संगम के पास स्थित है। सोमेश्वर महादेव मंदिर भगवान शिव को समर्पित है। यह मंदिर रेलवे स्टेशन से 12 किलोमीटर की दूरी पर स्थित है।

हनुमान मंदिर

हनुमान मंदिर इलाहाबाद के प्रसिद्ध मंदिरों में से एक है। इस मंदिर में हनुमान जी की बीस फीट ऊंची और आठ फीट चौड़ी मूर्ति है।

कल्याणी देवी मंदिर

इलाहाबाद में पवित्र शक्तिपीठों में से एक यह कल्याणी मंदिर पवित्र शक्तिपीठ माना जाता है। माना जाता है कि माता सती की उंगलियां यहाँ गिर गई थीं। इस मंदिर के भीतर स्थित मूर्ति हजार साल से अधिक पुरानी है।

नागवासुकी मंदिर

यह इलाहाबाद के सबसे प्राचीन मंदिरों में से एक है। नागवासुकी मंदिर इलाहाबाद के दारागंज में गंगा नदी के तट पर स्थित है। यह मंदिर नागों के राजा वासुकी को समर्पित है। इस मंदिर में हर साल बड़ी संख्या में दूर-दूर से लोग आते हैं। नागवासुकी मंदिर के पास हर साल नाग पंचमी के अवसर पर मेला लगता है। आप यहाँ महाभारत के महान योद्धा भीष्म पितामह जैसे कई पौराणिक पात्रों की मूर्तियाँ देख सकते हैं।

अलोपी देवी मंदिर

अलोपी देवी मंदिर माँ शक्ति के प्रमुख शक्तिपीठों में से एक है। यह मंदिर माँ अलोपशंकरी के सिद्धपीठ के नाम से प्रसिद्ध है। इस मंदिर की सबसे खास बात यह है कि इस मंदिर में कोई मूर्ति नहीं है। कहते हैं कि मां सती की कलाई यहाँ पर गिरी थी। इस मंदिर में लोग किसी मूर्ति की नहीं बल्कि झूला या पालना की पूजा करते हैं। अलोपी नामकरण के पीछे भी एक कहानी है। कहते हैं कि देवी सती के सीधे हाथ का पंजा यहाँ पर गिरकर अदृश्य या अलोप हो गया था। इसी कारण इस शक्तिपीठ का नाम अलोपशंकरी रखा गया। इस अलोपी देवी मंदिर में दूर-दूर से भक्तगण यहाँ दर्शन के लिए आते हैं।

ललिता देवी मंदिर

यह मंदिर इलाहाबाद के सीतापुर में स्थित है। यह ललिता देवी को समर्पित है। इलाहाबाद के ललिता देवी मंदिर का मां शक्ति के भक्तों के लिए खास महत्व है। इस मंदिर के अंदर एक छोटा मंदिर है। जिसमें पारे से बना शिवलिंग है। इस मंदिर के पास स्थित बरगद घाट है जिसे बहुत पवित्र माना जाता है।

मनकामेश्वर मंदिर

मनकामेश्वर मंदिर यमुना नदी के किनारे स्थित है। यह मंदिर भगवान शिव को समर्पित है। इस मंदिर के बारे में कहा जाता है कि यहां पर सच्चे मन से पूजा करने पर मनोकामना पूरी हो जाती है।

शंकर विमान मंडपम

शंकर विमान मंडपम इलाहाबाद में स्थित एक धार्मिक स्थल है। जहाँ आपको अनेक देवी देवताओं की प्रतिमा के दर्शन करने को मिलेंगे।

नारायणी आश्रम

नारायणी आश्रम अपनी भव्यता और सुंदरता के लिए प्रसिद्ध है। इस आश्रम को नारायण आश्रम के नाम से भी जाना जाता है।

आवागमन

वायुमार्ग

प्रयागराज में एक हवाई अड्डा है। प्रमुख नगरों से यहाँ आने-जाने के लिए हवाई सेवा उपलब्ध है।

इलाहाबाद के हवाई अड्डे बमरौली से प्रयागराज लगभग 12 किलोमीटर दूर है। प्रयागराज से निकटतम दो हवाई अड्डे और है। वाराणसी का लाल बहादुर शास्त्री हवाई अड्डा, जो प्रयागराज से लगभग 150 किलोमीटर दूर है और दूसरा लखनऊ का अमौसी अंतरराष्ट्रीय हवाई अड्डा लगभग 200 किलोमीटर दूर है। हवाई अड्डे से स्थानीय वाहन सेवा उपलब्ध है। अंतरराज्यीय बसों द्वारा भी इलाहाबाद पहुंच सकते हैं।

रेलमार्ग

प्रयागराज भारतीय रेलवे नेटवर्क पर एक प्रमुख जंक्शन है। यहाँ पर देश के हर क्षेत्र से रेल का आवागमन होता है। प्रयागराज में आठ रेलवे स्टेशन हैं।

सड़क मार्ग

प्रयागराज राष्ट्रीय और राज्य राजमार्ग के माध्यम से देश के बाकी हिस्सों से जुड़ा है। उत्तर प्रदेश सड़क परिवहन निगम की बसें भी प्रदेश के विभिन्न शहरों के साथ-साथ सीमावर्ती प्रदेशों के यात्रियों को सुविधा प्रदान करता है।

अध्याय : 4

कालपी के मंदिर

जालौन जिला का एक उपनगर है कालपी। कालपी एक पौराणिक स्थल है। यहां अनेक मंदिर हैं।

वेदव्यास मंदिर

कालपी ऋषि वेदव्यास का जन्म स्थान माना जाता है। कालपी नगर के मदारपुर स्थित यमुना किनारे स्थित है व्यास मंदिर।

माँ वनखंडी मंदिर

पहले मंदिर में जो डाली चढ़ती थी, उसका प्रसाद वहीं मंदिर प्रांगण में ग्रहण करने का नियम था। भारी भीड़ की वजह से लोग डाली चढ़ाकर सार्वजनिक स्थानों एवं रिश्तेदारों के यहाँ ग्रहण करते हैं।

आवागमन

वायुमार्ग

उरई जिला जालौन का मुख्यालय है। उरई कानपुर झांसी के मध्य स्थित है। उरई में हवाई अड्डा नहीं है। अतः निकटतम हवाई अड्डा है कानपुर का चकेरी हवाई अड्डा। जो उरई से करीब 115 किलोमीटर दूर है। यहाँ से सड़क मार्ग से कालपी पहुंच सकते हैं।

रेलमार्ग

उरई में उत्तर-मध्य रेलवे नेटवर्क है। उरई स्टेशन शहर से 5 किलोमीटर की दूरी पर है। यहाँ उतरकर पर्यटक कालपी जाते हैं।

सड़क मार्ग

उरई देश की सभी सड़कों से जुड़ा हुआ है। उत्तर प्रदेश सड़क परिवहन निगम की बस सेवा उपलब्ध है। जालौन के सभी पर्यटन स्थलों पर आने जाने के लिए अनेक प्रकार के वाहन उपलब्ध हैं। कालपी जाने के लिए स्थानीय वाहनों का उपयोग कर सकते हैं।

अध्याय : 5

चित्रकूट के मंदिर

चित्रकूट सनातन धर्म के प्रसिद्ध धार्मिक स्थलों में प्रमुख है। वाल्मीकि कृत रामायण के अनुसार श्री राम अपने छोटे भाई लक्ष्मण और पत्नी सीता के साथ प्रयाग से होते हुए चित्रकूट पहुंचे। यहाँ पर अनेक माह अनुसूया के आश्रम में तीनों रहे। यहाँ ऐसे कई स्थल हैं जो राम, लक्ष्मण और सीता के जीवन से जुड़े हुए हैं। जिनमें राम घाट, जानकी कुंड, हनुमान धारा, गुप्त गोदावरी, आदि प्रमुख हैं। वाल्मीकि आश्रम, मांडव्य आश्रम, भरतकूप इत्यादि सैलानियों के लिए आकर्षण का केंद्र हैं।

कामदगिरि मंदिर

यह माना जाता है कि कामदगिरि मंदिर पहाड़ी को श्री राम, लक्ष्मण और सीता ने वनवास के समय निवास के लिए चुना था। कामदगिरि मंदिर की परिक्रमा करना बहुत ही महत्वपूर्ण माना जाता है। हर अमावस्या को श्रद्धालु मंदाकिनी नदी में स्नान करने के बाद यहाँ की परिक्रमा करते हैं।

कामदगिरि का शाब्दिक अर्थ है - 'इच्छाओं को पूरा करने वाली पहाड़ी।' यह मंदिर अन्य प्रमुख मंदिरों से घिरा हुआ है। धार्मिक मान्यता है कि सभी पवित्र तीर्थ इस परिक्रमा स्थल में स्थित हैं। इस पहाड़ी की परिक्रमा पथ लगभग पाँच किलोमीटर का है। इस परिक्रमा में अनेक मंदिर हैं। यह मान्यता है कि परिक्रमा करने से सभी पापों में से एक को नष्ट कर देती है।

भरत मिलाप मंदिर

भरत मिलाप मंदिर महत्वपूर्ण मंदिरों में से एक है। यह वही स्थान है जहां श्री राम और भरत मिलाप हुआ था। यह मंदिर कामदगिरि पहाड़ पर स्थित है। वार्षिक उत्सव के समय लाखों भक्त सम्मिलित होते हैं।

आवागमन

वायुमार्ग

चित्रकूट का निकटतम हवाई अड्डा इलाहाबाद है। यहाँ से चित्रकूट 135 किलोमीटर दूर है। खजुराहो हवाई अड्डे से चित्रकूट से 185 किलोमीटर दूर है। शीघ्र चित्रकूट में हवाई अड्डा शुरू हो जाएगा।

रेलमार्ग

चित्रकूट से निकटतम रेलवे स्टेशन कर्वी है। यहाँ से चित्रकूट से 8 किलोमीटर दूर है। चित्रकूट जाने के लिए आप इलाहाबाद से या फिर झांसी से ट्रेन ले सकते हैं।

सड़कमार्ग

चित्रकूट जाने के लिए बांदा, महोबा, कानपुर आदि शहरों से उत्तर प्रदेश सड़क परिवहन निगम की नियमित बस सेवाएं हैं। चित्रकूट में एक स्थान से दूसरे स्थान जाने के लिए आप ऑटो, कार अथवा बाइक किराए पर ले सकते हैं।

अध्याय : 6

झांसी के मंदिर

ऐतिहासिक नगर झांसी में अनेक मंदिर हैं। उनकी अपनी मान्यताएं हैं। जो केवल पर्यटन के उद्देश्य से झांसी की सैर करने आते हैं वह भी झांसी के मंदिरों की उपेक्षा नहीं कर पाते।

महा लक्ष्मी मंदिर

महालक्ष्मी मंदिर देवी महालक्ष्मी को समर्पित है। इस प्राचीन मंदिर का 18वीं शताब्दी में किया गया था। यह गौरवशाली मंदिर लक्ष्मी ताल के पास लक्ष्मी दरवाजा के बाहर स्थित है।

गणेश मंदिर

यहाँ सन् 1857 ईस्वी के स्वतंत्रता संग्राम की बहादुर नायिका महारानी लक्ष्मी बाई और महाराजा गंगाधर राव का विवाह समारोह संपन्न हुआ था। यह मंदिर भगवान गणेश को समर्पित है।

अन्य मंदिर

काली जी का मंदिर, मुरली मनोहर का मंदिर, पंचकुइयां मंदिर, कुञ्ज बिहारी जी का मंदिर आदि।

आवागमन

वायुमार्ग

निकटतम हवाई अड्डा दिल्ली में इंदिरा गांधी अंतरराष्ट्रीय हवाई अड्डा है। आगरा के हवाई अड्डा से भी पर्यटकों का आना जाना लगा रहता है। इसके अतिरिक्त दो अन्य हवाई अड्डे हैं - ग्वालियर का हवाई अड्डा, जो झांसी से 102 किलोमीटर दूर हैं और दूसरा है खजुराहो का हवाई अड्डा, जो 150 किलोमीटर दूर है।

रेलमार्ग

झांसी भारतीय रेलवे के प्रमुख जंक्शन में से एक है। यहाँ देश के विभिन्न क्षेत्रों से रेल का आवागमन होता है।

सड़क मार्ग

उत्तर प्रदेश सड़क परिवहन निगम और अन्य राज्यों की परिवहन निगम की बसें नियमितरूप से अपनी सेवाएं देती हैं। झांसी घूमने के लिए स्थानीय वाहनों का इस्तेमाल किया जा सकता है।

अध्याय : 7

मथुरा के मंदिर

भगवान श्रीकृष्ण की जन्म और कर्म स्थली मथुरा में अनेक मंदिर हैं। जहाँ श्रद्धालुओं का मेला लगा रहता है।

द्वारकाधीश मंदिर

द्वारकाधीश मंदिर का निर्माण लगभग 180 साल पहले भगवान कृष्ण के एक भक्त ने करवाया था। यह मंदिर अपने अद्भुत झूला उत्सव के लिए जाना-जाता है। इस मंदिर को जगत मंदिर और निज मंदिर के नाम से भी जाना जाता है।

प्रेम मंदिर

यह मंदिर संगमरमर से बना जो लगभग 54 एकड़ क्षेत्र में फैला हुआ है। यह मंदिर कृष्ण-राधा और सीता-राम के प्रेम का प्रतीक है।

निधिवन मंदिर

लोक प्रचलित है कि निधिवन मंदिर में भगवान श्रीकृष्ण की आत्मा बसती है। एक कहावत के अनुसार शाम के समय इस मंदिर के पट बंद कर दिए जाते हैं क्योंकि भगवान श्री कृष्ण अपनी गोपियों के साथ रासलीला करते हैं। पट बंद होने के बाद किसी को मंदिर में जाने की अनुमति नहीं है।

गीता मंदिर

यहाँ पर भगवान श्रीकृष्ण और भगवान राम के अतिरिक्त अन्य देवी देवताओं की प्रतिमाएं हैं।

जुगल किशोर मंदिर

यह मंदिर केशी घाट पर अवस्थित है। इसे केशी घाट के नाम से भी जाना जाता है। यह लाल बलुआ पत्थर में निर्मित मंदिर है।

भूतेश्वर मंदिर

यह मंदिर भूतेश्वर चौराहे पर है। इस मंदिर में प्राचीन महादेव लिंग स्थापित है।

चामुंडा देवी मंदिर

यह मंदिर माँ गायत्री तपोभूमि के ठीक सामने स्थित है। ऐसा माना जाता है कि यह ऋषि शांडिल्य की तपोस्थली थी।

शिव मंदिर

मथुरा के चारों ओर चार शिव मंदिर हैं। पूर्व में पिपलेश्वर का मंदिर है। दक्षिण में रंगेश्वर का मंदिर है। उत्तर में गोकर्णेश्वर का मंदिर है और पश्चिम में भूतेश्वर महादेव का मंदिर है। चारों दिशाओं में स्थित होने के कारण भगवान शिव को मथुरा का कोतवाल कहते हैं। मथुरा को आदिवराह भूतेश्वर क्षेत्र के नाम से भी जाना जाता है। वाराह जी की गली में नीलवरह और श्वेतवाराह के सुंदर विशाल मंदिर हैं।

केशव मंदिर

नया केशव देवी का मंदिर बन गया है। प्राचीन केशव मंदिर के स्थान को केशव कटरा कहते हैं। खुदाई होने से यहाँ बहुत-सी ऐतिहासिक वस्तुएं प्राप्त हुई थीं।

कंकाली देवी मंदिर

एक कंकाली टीले पर कंकाली देवी का मंदिर है। कंकाली टीले के उत्खनन में अनेक वस्तुएँ प्राप्त हुई थीं। मस्जिद से थोड़ा-सा पीछे पोतरा कुण्ड के पास मल्लपुरा में भगवान् श्री कृष्ण की जन्म भूमि है। इस मंदिर में वसुदेव तथा देवकी की मूर्तियाँ हैं। इसी स्थान में कंस के चाणूर, मुष्टिक, कूटशल, तोशल आदि प्रसिद्ध मल्ल रहा करते थे।

मदन मोहन मंदिर

बंगाली घाट पर श्री वल्लभ कुल के गोस्वामी परिवारों के बड़े-छोटे दो मदनमोहनजी के मंदिर है।

राधा बिहारी जी मंदिर

गऊ घाट पर प्राचीन विष्णुस्वामी सम्प्रदाय का श्री राधाविहारीजी का मंदिर है।

विरक्तों का मंदिर

वैराग पुरा में प्राचीन विष्णुस्वामी सम्प्रदाय के विरक्तों का मंदिर है।

गोहिल मंदिर

वैराग पुरा में गोहिल छिपि जाति के चौधरी श्री गोर्धनदास नागर पुत्र श्री हरकरण दास नागर ने सकल पंच मथुरा को संवत 1981 तदनुसार सन् 1924 ईस्वी में मंदिर बनाने के हेतु आपने भूमि दान में दिया और उस भूमि के ऊपर दाऊजी महाराज और रेवती देवी की मूर्ति पधार कर मन्दिर दान कर दिया।

महादेव मंदिर

पशुपति महादेव का मंदिर है। जिसके नीचे सरस्वती नाला है। किसी समय यहाँ सरस्वती नदी बहती थी। गोकर्णेश्वर-महादेव के पास आकर यमुनाजी में मिलती थी। एक प्रसंग में यह वर्णन है कि एक सर्प नंद बाबा को रात्रि में निगलने लगा था। तब श्री कृष्ण ने सर्प को लात मारी। जिस पर सर्प शरीर छोड़कर सुदर्शन विद्याधर हो गया। टीकाकारों का मत है कि यह लीला श्री कृष्ण की महाविद्या है।

जाहर पीर मठ

चामुण्डा से मथुरा की ओर लौटते हुए बीच में अम्बरीष टीला पड़ता है। यहाँ राजा अम्बरीष ने तप किया था। अब उस स्थान पर नीचे जाहरवीर का मठ है।

नरसिंहगढ़

मथुरा के समीप नरसिंहगढ़ एक स्थान है। जहाँ नरहरि नाम के एक पहुंचे हुए महात्मा हो गए हैं। कहा जाता है उन्होंने 400 वर्ष के होकर अपना शरीर त्याग किया था।

नंदगांव

भगवान श्रीकृष्ण ने अपने बचपन के दिन वृंदावन में बिताए थे। विभिन्न प्राचीन ग्रंथों में उल्लेख मिलता है कि श्री कृष्ण ने नंदगांव में भी कुछ समय बिताया था।

बरसाना

भगवान श्रीकृष्ण राधा के साथ यहां अपने बचपन के दिन व्यतीत किए थे। वैष्णववाद के उपासक राधा को अपनी देवी के रूप में मानते हैं। यह लाठी मार होली के लिए प्रसिद्ध है।

गोवर्धन

यह गोवर्धन पहाड़ी के लिए प्रसिद्ध है। इस पहाड़ी की 21 किलोमीटर लंबी परिक्रमा

का धार्मिक महत्व है। ऐसा माना जाता है कि भगवान कृष्ण ने इस पहाड़ी को अपनी छोटी उंगली में उठाकर वृंदावन के लोगों को बचाया था।

गोकुली

यह स्थान भगवान कृष्ण के बचपन से संबंधित है। यहीं पर भगवान कृष्ण ने यमुना नदी में कालिया नाग का वध कर वृंदावन वासियों को इसके प्रकोप से बचाया था।

विश्राम घाट

विश्राम घाट या विश्रान्त घाट एक बड़ा सुंदर स्थान है। मथुरा में यह प्रधान तीर्थ है। विश्रांतिक तीर्थ (विश्राम घाट) असिकुंडा तीर्थ (असकुंडा घाट) वैकुंठ तीर्थ, कालिंजर तीर्थ और चक्रतीर्थ नामक पांच प्रसिद्ध मंदिरों का वर्णन मिलता है।

मंदिरों की नगरी

मथुरा को मंदिरों का शहर कहा जाता है। यहाँ हर गली हर घर में मंदिर हैं। वैष्णो माता मंदिर, अंग्रेज मंदिर, गोविंद मंदिर, विष्णु मंदिर, महाविद्या मंदिर, सुंदर काण्ड मंदिर, गोकुलेश का मंदिर, ध्रुव जी का मंदिर, हनुमान मंदिर, सरस्वती मंदिर, चामुंडा मंदिर, केशव देव मंदिर, वासुदेव घाट पर गोवर्धन नाथ जी का मंदिर, उदयपुर वाली रानी का मदनमोहनजी का मंदिर, बिहारी जी का मंदिर, रायगढ़ वासी राय सेठ का बनाया हुआ मदनमोहनजी का मंदिर, उन्नाव की रानी श्याम कुंवर का बनाया राधेश्याम जी का मंदिर, असकुण्डा घाट पर हनुमानजी , नरसिंह मंदिर, वराह मंदिर, गणेश जी के मंदिर, इस्कॉन मंदिर, जय गुरुदेव मंदिर, सौंख गोवर्धन, रमणरेती, महावन, श्री नंद भवन चौरासी खंभा, पुरानी गोकुल, महावन, पुरानी गोकुल आदि। मथुरा से वृंदावन की ओर की ओर जाते समय बांके बिहारी मंदिर, श्री गरुड़ गोविन्द मंदिर, शाडांग वन (छटीकरा), शांतिकुंज, बिरला मंदिर, राधावल्लभ मंदिर राधावल्लभ मंदिर, मथुरा संग्रहालय देखने को मिलते हैं। मथुरा से गोकुल की ओर की ओर जाते समय नवनीतप्रिया जी का मंदिर, रमण रेती, चौरासी खम्बे बल्दे आदि मंदिर आदि के दर्शन होते हैं। इसके अतिरिक्त यहाँ अनेक घाट भी हैं। यथा- विश्राम घाट, दाऊजी बड़े मदन मोहनजी मंदिर बंगाली घाट, ब्रम्हांड घाट आदि।

आवागमन

वायुमार्ग

निकटतम हवाई अड्डा आगरा में है। आगरा से मथुरा की दूरी करीब 58 किलोमीटर है। मथुरा के लिए दूसरा प्रमुख निकटतम हवाई अड्डा दिल्ली में इंदिरा गांधी अंतर्राष्ट्रीय हवाई अड्डा है। दिल्ली से पर्यटक बस, टैक्सी या ट्रेन की मदद से पहुंच सकते हैं।

रेलमार्ग

मथुरा जंक्शन मध्य और पश्चिम रेलवे का एक प्रमुख रेलवे स्टेशन है। देश सभी क्षेत्रों से ट्रेन द्वारा मथुरा पहुंच सकते हैं।

सड़क मार्ग

मथुरा के लिए विभिन्न शहरों से उत्तर प्रदेश सड़क परिवहन निगम की बसें उपलब्ध है। अन्य राज्यों की बसें भी यहां आती है। इसके अतिरिक्त आप अपनी कार या किसी निजी वाहन से यात्रा करते हुए मथुरा पहुंच सकते हैं। मथुरा से गोवर्धन के लिये बस से उपलब्ध है।

अध्याय : 8

वृंदावन के मंदिर

वृंदावन में अनेक मंदिर हैं। गोविन्द देव मंदिर, हरे राम हरे कृष्णा मंदिर, बांके बिहारी मंदिर, शाहजी मंदिर, रंगनाथ जी मंदिर, प्रेम मंदिर, इस्कॉन मंदिर, राधा दामोदर मंदिर, मदन मोहन मंदिर, श्री राधा रास बिहारी आस्था सखी मंदिर हैं। अनेक घाट है - केशी घाटा। अनेक वन हैं- निधिवन।

बांके बिहारी मंदिर

बांके बिहारी मंदिर प्राचीन और प्रसिद्ध मंदिरों में से एक है। यहाँ बांके बिहारी जी के दर्शन होते हैं। भगवान कृष्ण को उनके त्रिभंग मुद्रा के कारण बांके या मुड़ा हुआ नाम मिला था। वह खड़े होकर बांसुरी बजाते थे और संगीत का आनंद लेते थे। ऐसा माना जाता है कि इस प्रतिमा की निधिवन में पूजा की जाती थी। स्वामी हरिदास ने इस प्रतिमा की खोज की थी। स्वामी हरिदास जी ने जिस स्थान पर इस प्रतिमा को स्थापित किया था वहीं पर भव्य मंदिर का निर्माण किया गया।

रंगजी मंदिर

रंगजी मंदिर वृंदावन में मथुरा मार्ग पर स्थित है। यह मंदिर भगवान श्री गोदा का है। जो कि भगवान विष्णु के एक अवतार माने जाते हैं। रंगजी मंदिर दक्षिण वास्तुशिल्प का बेजोड़ नमूना है।

पागल बाबा मंदिर

लोक प्रचलित मान्यता है कि जहां भगवान कृष्ण ने अपना पूरा बचपन बिताया था। वहीं पर यह मंदिर है। यह स्थान मथुरा के मुख्य शहर से 10 किलोमीटर दूर है। इस जगह के बारे में एक दिव्य और पवित्र भावना है। यह मंदिरों से घिरा हुआ है। जो ज्यादातर कृष्ण और राधा को समर्पित हैं। इस स्थान को सनातन धर्म में सबसे पवित्र स्थानों में से एक माना जाता है।

मदन मोहन मंदिर

चैतन्य महाप्रभु से जुड़ा हुआ है। यह मंदिर वृंदावन में सबसे पुराना मंदिर माना जाता है। यह मंदिर काली घाट के पास स्थित है। इसे मुल्तान के कपूर राम दास ने बनवाया था।

राधा वल्लभ मंदिर

यह मंदिर राधा और कृष्ण को फिर से समर्पित है। इस मंदिर का निर्माण राधावल्लभ समुदाय या संप्रदाय द्वारा किया गया था। मंदिर फारसी वास्तुकला और हिंदू धर्म का मिश्रण है।

जयपुर मंदिर

जयपुर के सवाई माधोसिंह द्वितीय द्वारा इस मंदिर का निर्माण किया गया। इस मंदिर को बनने में लगभग 30 साल लगे। इस मंदिर की भव्यता रेत के पत्थरों पर शिल्प कौशल और कारीगरी है।

सेवा कुंज

राधा रानी मंदिर के समीप स्थित है सेवा कुंज। यह जंगल एक पवित्र स्थान है। माना जाता है कि श्रीकृष्ण और राधा यहाँ रास लीला किया करते थे। प्रत्येक वृक्ष पृथ्वी की ओर झुका हुआ है। जिन्हें देखकर लगता है मानो दिव्य जोड़े रास के लिए झुक रहे हैं। यहां बंदरों की बहुतायत है।

इस्कॉन मंदिर

इस्कॉन को अंतरराष्ट्रीय स्तर पर कृष्ण चेतना जागृत करने वाली अंतरराष्ट्रीय सोसायटी के रूप में जाना जाता है। इस्कॉन मूल रूप से संयुक्त राज्य अमेरिका की संस्था है।

आवागमन

वायुमार्ग

निकटतम हवाई अड्डा आगरा में है। आगरा से वृन्दावन की दूरी करीब 67 किलोमीटर है। वृंदावन के लिए दूसरा प्रमुख निकटतम हवाई अड्डा दिल्ली में इंदिरा गांधी अंतर्राष्ट्रीय हवाई अड्डा है। दिल्ली से पर्यटक बस, टैक्सी या ट्रेन की मदद से पहुंच सकते हैं।

रेलमार्ग

वृंदावन जाने के लिए मथुरा जंक्शन मध्य और पश्चिम रेलवे का एक प्रमुख रेलवे स्टेशन है। देश सभी क्षेत्रों से ट्रेन द्वारा मथुरा पहुंच सकते हैं।

सड़क मार्ग

वृंदावन के लिए विभिन्न शहरों से उत्तर प्रदेश सड़क परिवहन निगम की बसें उपलब्ध है। अन्य राज्यों की बसें भी यहां आती है। इसके अतिरिक्त आप अपनी कार या किसी निजी वाहन से यात्रा करते हुए मथुरा पहुंच सकते हैं। गोवर्धन से मथुरा के लिये बस से उपलब्ध है।

अध्याय : 9

बुलंदशहर के मंदिर

बुलंदशहर नगर में राज राजेश्वर मंदिर, साठा देवी मंदिर, सिद्धेश्वर मंदिर, भूतेश्वर मंदिर, हनुमान मंदिर, शीतलगंज स्थित शिवालय मंदिर, पंचशील कॉलोनी स्थित मंदिर, गौरीशंकर मंदिर, कालेश्वर मंदिर, आवास विकास प्रथम स्थित शिव मंदिर, टीचर्स कॉलोनी स्थित शिव मंदिर विशेष रूप से श्रद्धा केंद्र हैं। आज बुलंदशहर जिला में लगभग 300 शिवालय हैं।

बेलोन देवी मंदिर

बेलोन देवी मंदिर बुलंदशहर का एक प्रसिद्ध मंदिर है। यह मंदिर श्री सर्वमंगला भवानी देवी को समर्पित है। इस मंदिर में भक्त माता के दर्शन और मन्नत मांगने के लिए आते हैं। यह मंदिर बुलंदशहर से नरौरा की ओर बेलोन गांव में स्थित है।

कर्ण मंदिर

दानवीर राजा कर्ण का मंदिर बुलंदशहर के कर्णवास में स्थित है। ऐसी लोक मान्यता है कि दानवीर कर्ण प्रतिदिन सवा मन सोना ब्राह्मणों को दान किया करते थे। यहाँ पर राजा कर्ण का प्राचीन मंदिर है। यहाँ एक कर्ण शिला है। कर्णवास अनेक प्राचीन मंदिर देखने के लिए मिलते हैं। कर्णवास माता मंदिर, प्राचीन चामुंडा माता का मंदिर प्रमुख हैं। दानवीर राजा कर्ण का मंदिर कल्याणी देवी मंदिर के पास में स्थित है।

राजघाट

राजघाट बुलंदशहर जनपद का प्रसिद्ध धार्मिक स्थल है। यह घाट बुलंदशहर में नरौरा के पास गंगा तट पर में स्थित है। यहाँ पर आप आकर घाट में स्नान कर सकते हैं। घाट में साफ सफाई बहुत अच्छी है। यहाँ पर बहुत सारे पूजा-पाठ और रीति-रिवाज भी होते रहते हैं।

राजराजेश्वर मंदिर

बुलंदशहर जिला मुख्यालय में साठा मोहल्ले में एक पहाड़ी पर स्थित है प्राचीन राजराजेश्वर मंदिर। यह मंदिर लगभग बारह सौ वर्ष प्राचीन है। यहाँ शिवलिंग है।

आवागमन

वायुमार्ग

निकटतम हवाई अड्डा है दिल्ली स्थित इंदिरा गांधी अंतरराष्ट्रीय हवाई अड्डा।

रेलमार्ग

रेल व्यवस्था न के बराबर है। खुर्जा जंक्शन पर उतर कर सड़क मार्ग से बुलंदशहर जिला मुख्यालय पहुंचा जा सकता है। दूसरी ओर हापुड़ जंक्शन पर उतर कर सड़क मार्ग से यहां पहुंच सकते हैं। ठीक ऐसे ही दिल्ली के किसी भी रेलवे स्टेशन पर उतर कर बुलंदशहर आ सकते हैं।

सड़क मार्ग

बुलंदशहर सड़क मार्ग से संपूर्ण देश से जुड़ा हुआ है। उत्तर प्रदेश सड़क परिवहन निगम की बस सेवा के अतिरिक्त अन्य राज्यों की बसें भी यहां आती हैं। बुलंदशहर जनपद के सभी प्रमुख मंदिरों के दर्शन के लिए सड़क मार्ग द्वारा ही पहुंचा जा सकता है।

अध्याय : 10

गढ़मुक्तेश्वर के मंदिर

गढ़मुक्तेश्वर गंगा नदी तट पर स्थित है। दिल्ली, बुलंदशहर, मेरठ, मुरादाबाद के समीप है यह पवित्र स्थान। हरिद्वार के बाद गढ़मुक्तेश्वर की बहुत मान्यता है।

शिव मंदिर

यहाँ पर भगवान परशुराम ने शिव मंदिर की स्थापना की थी। उस वक्त इस स्थान को खांडवी नाम से जाना जाता था। एक पौराणिक कथा के अनुसार भगवान शिव ने श्री परशुराम से यहां शिव मंदिर की स्थापना करवाई थी। उस समय उसे खाण्डव वन क्षेत्र के नाम से जाना जाता था। शिव पुराण के अनुसार यहां शिव मंदिर की स्थापना और वल्लभ सम्प्रदाय का प्रमुख केंद्र होने के कारण इस स्थान का नाम शिव वल्लभपुर पड़ा।

आवागमन

वायुमार्ग

निकटतम हवाई अड्डा है दिल्ली स्थित इंदिरा गांधी अंतरराष्ट्रीय हवाई अड्डा।

रेलमार्ग

गढ़मुक्तेश्वर देश के रेल मानचित्र पर उपलब्ध है। देश के किसी भी क्षेत्र से रेल द्वारा गढ़मुक्तेश्वर पहुंचा जा सकता है।

सड़क मार्ग

सड़क मार्ग से गढ़मुक्तेश्वर संपूर्ण देश से जुड़ा हुआ है। उत्तर प्रदेश सड़क परिवहन निगम की बस सेवा सदैव उपलब्ध है।

अध्याय : 11

मेरठ के मंदिर

मेरठ अति प्राचीन शहर है। यहीं से आजादी के पहले संग्राम की जोत जलाई गई थी।

भूतेश्वर मंदिर

मेरठ में बुढ़ाना गेट स्थित सिद्धपीठ श्री भूतेश्वर महादेव मंदिर है। सिद्धपीठ से लगा हुआ है हनुमान मंदिर। यह मंदिर अति प्राचीन माना जाता है। लोक प्रचलित मान्यता के अनुसार यह स्वयंभू शिवलिंग है। शहर के बीच स्थित इस मंदिर पर किसी भी क्षेत्र से पहुंचा जा सकता है।

औघड़नाथ मंदिर

भगवान शिव के प्राचीन मंदिरों मे से एक मेरठ स्थित बाबा औघड़नाथ शिव मंदिर है। ये मंदिर प्रथम स्वतंत्रता संग्राम का केंद्र भी बनना। पहले इस मंदिर को काली पलटन के नाम से जाना जाता था। इतिहासकारों के मुताबिक 1803 के बाद अंग्रेजों ने ये हिस्सा मराठाओं से छीन लिया था।

आवागमन

वायुमार्ग

निकटतम हवाई अड्डा है दिल्ली स्थित इंदिरा गांधी अंतरराष्ट्रीय हवाई अड्डा।

रेलमार्ग

मेरठ शहर देश के रेल मानचित्र पर उपलब्ध है। देश के किसी भी क्षेत्र से रेल द्वारा मेरठ पहुंचा जा सकता है।

सड़क मार्ग

सड़क मार्ग से मेरठ संपूर्ण देश से जुड़ा हुआ है। स्थानीय परिवहन के सुलभ साधन उपलब्ध हैं।

अध्याय : 12

शाकुम्भरी के मंदिर

सहारनपुर के समीप जसमोर गांव में शाकुम्भरी देवी मंदिर और भूरा देव मंदिर आस्था और विश्वास का केंद्र हैं।

बाबा भूरा देव मंदिर

बाबा भूरादेव जी का मंदिर माँ शाकुम्भरी देवी के भवन से लगभग डेढ़ किलोमीटर पहले स्थित है। बाबा भूरादेव मंदिर के पास से ही शिवालिक पर्वतमाला शुरू हो जाती है। माता शाकुम्भरी देवी के वरदान स्वरूप सर्वप्रथम यात्री बाबा भूरादेव जी की पूजा अर्चना करते हैं।

माँ शाकुम्भरी देवी

शक्तिपीठ की मान्यता है माँ शाकुम्भरी मंदिर को। शक्तिपीठ से अभिप्राय है कि यह शक्ति देवी शाकुम्भरी का निवास स्थान है। सहारनपुर नगर से उत्तर दिशा में 40 किलोमीटर की दूरी पर जसमोर गांव के क्षेत्र में यह स्थित है। इसमें दो महत्वपूर्ण मंदिर हैं। एक देवी शाकुम्भरी का मंदिर और दूसरा भुरा-देव मंदिर। भुरा देव को माता जी का सुरक्षाकर्मी माना जाता है।

आवागमन

वायुमार्ग

निकटतम हवाई अड्डा देहरादून में है। देहरादून से आप सड़क या भारतीय रेलवे से यात्रा कर सहारनपुर होते हुए यहां पहुंच सकते हैं। इसके अतिरिक्त नई दिल्ली स्थित इंदिरा गांधी अंतरराष्ट्रीय हवाई अड्डे पर उतर कर सहारनपुर की यात्रा का दूसरा विकल्प है। इसके पुनः सड़क या भारतीय रेलवे से सहारनपुर तक यात्रा कर यहा स्थित बेहट बस स्टैंड से बस द्वारा मन्दिर पहुंचा जा सकता है।

रेलमार्ग

संपूर्ण देश से रेल मार्ग द्वारा सहारनपुर पहुंचा जा सकता है।

सड़क मार्ग

संपूर्ण देश से सहारनपुर सड़क मार्ग से जुड़ा हुआ है। श्रद्धालु बस या अपने स्वयं के वाहन से यहां पहुंच सकते हैं। जो श्रद्धालु बस द्वारा सहारनपुर पहुंचते हैं उन्हें सहारनपुर में स्थित बेहट बस स्टैंड से शाकुम्भरी देवी मंदिर के लिए बस मिलती है।

अध्याय : 13

उत्तर प्रदेश के मेले एवं उत्सव-महोत्सव

मेले भारतीय संस्कृति और पर्यटन का मुख्य भाग हैं। राज्य में हर साल लगभग 2,250 मेले लगते हैं। उत्तर प्रदेश में आयोजित होने वाले सभी मेलों में सबसे बड़ा मेला कुंभ मेला है। यह प्रयागराज में लगता है। इसके बाद दूसरे नंबर पर नौचंदी का मेला होता है। नौचंदी मेला मेरठ में लगता है।

कजली मेला

837 साल पहले महोबा के चंदेल राजा परमाल के शासन से कजली मेले की शुरुआत हुई थी। राजा परमाल की पुत्री चंद्रावल अपनी 14 सखियों के साथ भुजरियां विसर्जित करने कीरत सागर जा रही थीं। तभी रास्ते में पृथ्वीराज चौहान के सेनापति चामुंडा राय ने आक्रमण कर दिया था। पृथ्वीराज चौहान की योजना चंद्रावल का अपहरण कर उसका विवाह अपने बेटे सूरज सिंह से कराने की थी। उस समय कन्नौज में रह रहे आल्हा और ऊदल को जब इसकी जानकारी मिली तो वे चचेरे भाई मलखान के साथ महोबा पहुंच गए और राजा परमाल के पुत्र रंजीत के नेतृत्व में चंदेल सेना ने पृथ्वीराज चौहान की सेना से युद्ध किया। 24 घंटे चली लड़ाई में पृथ्वीराज का बेटा सूरज सिंह मारा गया। युद्ध में पृथ्वीराज चौहान को पराजय का सामना करना पड़ा। युद्ध के बाद राजा परमाल की पत्नी रानी मल्हना, राजकुमारी चंद्रावल व उसकी सखियों ने कीरत सागर में भुजरियां विसर्जित कीं। इसके बाद पूरे राज्य में रक्षाबंधन का त्योहार मनाया गया। तभी से महोबा क्षेत्र के ग्रामीण रक्षाबंधन के एक दिन बाद अर्थात भादों मास की परीवा को कीरत सागर के तट से लौटने के बाद ही बहने अपने भाइयों को राखी बांधती हैं। आल्हा-ऊदल की इस वीरभूमि में आठ सदी बीतने के बाद भी लाखो लोग कजली मेले में आते हैं।

ग्रामीण कजली मेला आज भी अपनी पहचान कायम रखता है। महोबा जिला मुख्यालय में कीरत सागर के तटपर लगने वाले ऐतिहासिक मेले की धमक दूर-दूर तक है। इसलिए दूर दराज के दुकानदार एक सप्ताह पहले से ही यहां आकर अपना डेरा जमा लेते हैं।

कैलाश मेला

इस मेले का आयोजन हर साल सावन के तीसरे सोमवार को राज्य के आगरा जनपद में कैलाश तथा सिकंदरा नामक स्थान पर किया जाता है।

कुंभ मेला

यह 12 वर्षों के दौरान गंगा नदी पर हरिद्वार में, उज्जैन में शिप्रा पर, नासिक में गोदावरी पर और प्रयाग में गंगा, यमुना और पौराणिक सरस्वती के संगम पर चार बार आयोजित किया जाता है। यह मेला यूनेस्को के प्रतिनिधि "मानवता की अमूर्त सांस्कृतिक विरासत की सूची" पर अंकित है। कुंभ का मेला प्रति 12 वर्ष में इलाहाबाद के संगम के तट पर आयोजित किया जाता है। यहां देश-विदेश से लाखों संख्या में श्रद्धालु जन विश्व के सबसे बड़े मेले में आते हैं और पवित्र पावन संगम में स्नान करके पुण्य कमाते हैं।

कार्तिक मेला

गढ़मुक्तेश्वर में गंगा नदी के किनारे गढ़ गंगा खादर क्षेत्र के रेतीले मैदान पर लगने वाले कार्तिक मेले का इतिहास लगभग पांच हजार वर्ष पुराना है। महाभारत के विनाशकारी युद्ध के बाद धर्मराज युधिष्ठिर, अर्जुन तथा कृष्ण के मन में युद्ध विभीषिका तथा नरसंहार को देखकर भारी ग्लानि पैदा हुई। युद्ध में मारे गये कुटुम्बियों, बंधुओं एवं निर्दोश व्यक्तियों को आत्मा की शाति किस प्रकार मिले तथा उनका मृत्यु संस्कार कैसे पूर्ण किया जाए इस पर गंभीर चर्चा हुई। वेद उपनिषदों तथा पुराणों का अध्ययन किया गया। भगवान कृष्ण की अध्यक्षता में सभी विद्वानों ने सर्वसम्मति से निर्णय लिया कि खाण्डवी वन में भगवान परशुराम द्वारा स्थापित शिवबल्लभपुर नामक स्थान पर मुक्तेश्वर महादेव की पूजा एवं यज्ञोपरात पतित पावनी गंगा मैया में स्नान करके पिण्डदान करने से सभी संस्कार पूर्ण हो जायेंगे। इस निर्णय का सभी विद्वानों ने एक मत से स्वागत किया तत्पश्चात शुभ मुहुर्त निकाला गया। कार्तिक मास के शुक्ल पक्ष की अष्टमी को गौ पूजन करके गंगाजी में स्नान किया तथा एकादशी को गंगाजी के रेतीले मैदान में अपने सभी पूर्वजों के उत्थान हेतु धार्मिक संस्कार करके उन्हें पिण्डदान किया। यही एकादशी देवोत्थान एकादशी (देव उठान) कहलायी।

एकादशी से चतुदर्श तक युद्ध में मारे गये सभी स्वजनों की आत्मा की शांति के लिये यज्ञ किया गया तथा चतुर्दशी की संध्या यज्ञ सम्मो रात स्वर्गीय आत्मा को दीपदान कर श्रद्धांजलि अर्पित की गयी। अगले दिन पूर्णिमा को स्नान करके पूजा अर्चना की गयी। इस प्रकार एक सप्ताह तक यह धार्मिक उत्सव सम्पन्न होने पर संतोष व्यक्त किया। तभी से

यहां कार्तिक मेला लगता है। जिसमें उत्तर प्रदेश के अलावा हरियाणा, राजस्थान, पंजाब, दिल्ली प्रांतों से कार्तिक पूर्णिमा पर अपने स्वर्गीय परिजनों का पिंडदान करने और अन्य धार्मिक अनुष्ठान के लिये तीस लाख से अधिक श्रद्धालु यहां आते हैं और यहां दस दिन तक विशाल मेला लगता है।

खिचड़ी मेला

एक माह तक लगने वाला यह मेला गोरखपुर के नाथ संप्रदाय से जुड़े बाबा गोरखनाथ मंदिर के परिसर में लगता है। मेले में आने वाले बाबा गोरखनाथ को खिचड़ी और तिल के लड्डुओं का भोग लगाते हैं।

गोविंद साहब मेला

अंबेडकर नगर और आजमगढ़ की सीमा पर स्थित गोविंद साहब धाम आस्था का केंद्र है। यहां हर साल एक माह का मेला लगता है। मान्यता है कि बाबा को गोविंद दशमी के दिन खिचड़ी चढ़ाने से हर मुराद पूरी हो जाती है।

गौ चरण मेला

यह बृज क्षेत्र के प्रसिद्ध मेलों में से एक है। मथुरा में कार्तिक मास की अष्टमी को इसका आयोजन किया जाता है। इसे गोपाष्टमी के नाम से भी जाना जाता है। इस मेले में गाय की पूजा की जाती है।

तारकेश्वर नाथ मेला

मिर्जापुर नगर में गंगातट पर तारकेश्वर नाथ का मंदिर स्थित है। एक समय यहां कुल 108 शिव मंदिर हुआ करते थे। जिनमें से अधिकांश गंगा की धारा मे समाहित हो चुके हैं। भगवान श्रीराम ने रामेश्वरम की स्थापना करके यहां आकर दर्शन किया था। यहां भी शिवपुर मेले की तरह बडा मेला लगता है।

देवा शरीफ मेला

यह हर साल महान सूफी संत वारिस अली शाह की दरगाह पर बाराबंकी में देवा नामक स्थान पर कार्तिक महीने के दौरान आयोजित किया जाता है।

नैमिषारण्य मेला

पौराणिक नैमिषारण्य क्षेत्र में होलिका दहन से पहले 84 कोसीय परिक्रमा शुरू होती है। इस परिक्रमा का अपना एक अलग ही पौराणिक महत्व है। इसमें देश-विदेश से लाखों

श्रद्धालु आते हैं। वह करीब एक माह तक परिक्रमा करते हैं। इस परिक्रमा मेले में 11 पड़ाव पड़ते हैं।

नौचंदी मेला

नौचंदी मेला प्रतिवर्ष होली के त्योहार के कुछ दिनों बाद मेरठ में इसका आयोजन किया जाता है। इस मेले के दौरान, हिंदू भक्त 'नौचंदी देवी' की पूजा करते हैं। महान संत 'सैयद सालार' को श्रद्धांजलि दी जाती है। यह साम्प्रदायिक सौहार्द का मेला है।

ददरी मेला

ददरी मेला भारत का दूसरा सबसे बड़ा मवेशी मेला है। मेला कार्तिक पूर्णिमा अर्थात अक्टूबर-नवंबर की पूर्णिमा पर गंगा नदी में डुबकी लेने वाले लोगों के साथ शुरू होता है। यह मेला महर्षि भृगु के शिष्य दर्दर मुनि के सम्मान में सालाना आयोजित किया जाता है।

यह एक महीने का मेला दो चरणों में आयोजित होता है। पहला चरण कार्तिक पूर्णिमा से दस दिन पहले शुरू होता है। जिसके दौरान व्यापारी बिक्री-खरीद के लिए पूरे भारत से मवेशियों की कुछ उत्कृष्ट नस्ल लाते हैं। कार्तिक पूर्णिमा के बाद विभिन्न सांस्कृतिक कार्यक्रम आयोजित किए जाते हैं।

यम द्वितीया मेला

यह शुक्ल पक्ष में कार्तिक महीने के दूसरे दिन आयोजित किया जाता है। यह बहनों और उनके भाइयों के बीच विश्वास, सम्मान और प्यार का त्योहार है। रक्षाबंधन के बाद, यह साल का एक और त्योहार है जो बहनों और भाई के प्यार और बंधन को दर्शाता है। पौराणिक कथा के अनुसार, देवी यमुना ने अपने भाई यमराज की लंबी उम्र और कल्याण के लिए उपवास रखा था। तब से भाई दूज मनाया जाता है।

माघ मेला

यह इलाहाबाद में तीन नदियों- गंगा, यमुना और सरस्वती के संगम पर माघ अर्थात जनवरी-फरवरी के महीने में आयोजित किया जाता है।

मिर्जापुर मेला

उत्तर प्रदेश के मिर्जापुर जिले में विंध्याचल धाम से एक किमी पश्चिम में शिवपुर नामक स्थान है। जिसके विषय में कहा जाता है कि एक बार वशिष्ठ मुनि ने पृथ्वी पर भ्रमण करने वाले नारद जी से पूछा कि पृथ्वी पर सबसे उत्तम क्षेत्र कौन-सा है ? तो नारद जी ने कहा कि

इस ब्रह्माण्ड मे विंध्य क्षेत्र सर्वोत्तम है। इसी विंध्य क्षेत्र के शिवपुर का रामेश्वर मंदिर तथा उसमे श्री राम द्वारा प्रतिस्थापित शिवलिंग आज भी लाखों-लाख जनता की श्रद्धा का केंद्र बना हुआ है।

बटेश्वर मेला

बटेश्वर मेले का आयोजन आगरा जनपद के बटेश्वर नामक स्थान पर यमुना के किनारे किया जाता है। बटेश्वर यमुना नदी के तट पर आगरा से 70 किलोमीटर की दूरी पर स्थित है। बटेश्वर स्थल यमुना और शौरीपुर के तट पर स्थित 101 शिव मंदिरों के लिए जाना जाता है।

इस मेले का धार्मिक तथा व्यापारिक दोनों प्रकार का महत्व है। इस जगह का नाम भगवान शिव के नाम पर रखा गया है। शिव का एक नाम पशुपति भी है। बटेश्वर का पशुमेला इसे सार्थक करता है। यहां पशु मेला अक्टूबर और नवंबर के महीने में आयोजित किया जाता है। यह विश्व प्रसिद्ध मेला है।

यहां मेला तीन चरणों मे पूरा होता है, पहले चरण में ऊँट, घोड़े और गधों की बिक्री होती है, दूसरे चरण में गाय आदि अन्य पशुओं की तथा अंतिम चरण में सांस्कृतिक रंगा रंग कार्यक्रम होते हैं। मेला शुरू होने के एक सप्ताह पहले से ही पशु-व्यापारी अपने पशु लेकर यहां पहुँचने लगते हैं। मेले में पशुओं की विभिन्न प्रकार की दौड़ों का आयोजन भी किया जाता है। बटेश्वर के इस छोटे से शहर में अब तक शहर के व्यस्त जीवन से मन की शांति प्रदान करता है जो हिन्दुओं और जैनियों के लिए पर्यटकों के आकर्षण का प्रमुख स्थान है।

रामायण मेला

भगवान श्रीराम की तपोभूमि चित्रकूट में आयोजित होने वाली राष्ट्रीय रामायण मेले की परिकल्पना समाजवादी चिंतक डॉ. राम मनोहर लोहिया ने की थी।

रथ मेला

यह चैत्र महीने में उत्तर प्रदेश के मथुरा जिले के वृंदावन में आयोजित किया जाता है। यह मेला भगवान रंगनाथ के सम्मान में आयोजित किया जाता है।

सोरों मेला

कासगंज जिले के सोरों के मार्गशीर्ष मेला हर साल मनाया जाता है। हरि की पैड़ी में गंगा स्नान कर लोग मेला मार्गशीर्ष का लुत्फ लेते हैं।

शिवपुर मेला

श्रीराम ने रामेश्वर से उत्तर गंगा-तट पर रामगया में अपने पिता का श्राद्ध तर्पण किया था।

इस प्रकार इसका पौराणिक महत्व होने के कारण आज भी यहां मेलों-ठेलों का आयोजन किया जाता है। शिवपुर का मेला बहुत प्रसिद्ध है। शिवपुर में विशाल शिवलिंग, नन्दी तथा अन्य देवी-देवताओं की मूर्तिया स्थापित है। इनकी पूजा गोस्वामी लोग करते है। शिवरात्रि तथा बसंत पर मेला लगता है। यह स्थान बहुत शांत-एकान्त वातावरण में स्थित है। दाहिने हाथ दक्षिण की ओर अष्टभुजी देवी महाकाली, पूरब विंध्यवासिनी स्वयं, उत्तर में राम गया तथा भागीरथी विराजमान है।

शाकुम्भरी मेला

यह मेला सहारनपुर में साल में दो बार नवरात्रि के अवसर पर आयोजित किया जाता है। शाकुम्भरी देवी का मेला चैत्र शुक्ल पक्ष की एकम तिथि एवं आश्विन महीने के शुक्ल पक्ष की एक तिथि से चतुर्दशी तक लगता है अर्थात दोनों नवरात्रि में 15-15 दिन का मेला। माँ शाकुम्भरी देवी का यह पीठ सर्वाधिक प्राचीन है।

शीतला माता मेला

बुलंदशहर के उपनगर खुर्जा में होली के आठ दिन बाद शीलता माता का मेला लगता है। यह मेला बरसों पुराना है। यहां दूर-दूर श्रद्धालु आते हैं। होली के आठ दिन बाद शीतला माता को भोग लगाया जाता है। इसमें परंपरा के अनुसार घरों में एक रात पहले सारा खाना बनाया जाता है। अगले दिन सुबह उस खाने का भोग लगाया जाता है। इसका साधारण-सा वैज्ञानिक अर्थ है कि होली के बाद मौसम बदल जाता है। गर्मियां शुरू हो जाती है इसलिए बासी भोजन नहीं करना चाहिए।

उत्सव-महोत्सव

इलाहाबाद उत्सव

इलाहाबाद में आयोजित इस महोत्सव में मिली जुली संस्कृति की विरासत का अवलोकन किया जाता है। इनके वृंदावन हरिदास स्मृति संगीत समारोह का आयोजन, झांसी में महोत्सव का आयोजन, मथुरा में होलीकोत्सव तथा कन्नौज में कन्नौज उत्सव आयोजित किए जाते हैं।

कामीपल उत्सव

फर्रुखाबाद के रामेश्वर नाथ एवं कमलेश्वर नाथ तथा जैनियों के मंदिर में कंपिल उत्सव का आयोजन किया जाता है। जैन धर्मावलंबियों की संस्कृति को भी इस उत्सव के अंतर्गत दर्शाया जाता है।

कबीर महोत्सव

यह महोत्सव बस्ती जनपद के मगहर नामक स्थान पर आयोजित किया जाता है। संत कबीर दास जी के जीवन चरित्र से संबंधित विषयों को इस मेले में दर्शाया जाता है। इस मेले में कबीरपंथी तथा अन्य जागरूक लोग भाग लेते हैं।

ताज महोत्सव

यहां महोत्सव हर साल आगरा में मनाया जाता है। ताज महोत्सव में भारतीय ललित कलाओं तथा मुगलों के समय की विभिन्न संस्कृतियों को प्रस्तुत किया जाता है। आगरा में हर साल फरवरी महीने में इस महोत्सव का आयोजन किया जाता है।

लखनऊ महोत्सव

अवध कालीन परंपरागत लोक नृत्य वैभव नजाकत तथा नफासत को लेकर लखनऊ महानगर में आयोजित इस महोत्सव में प्रदर्शित किया जाता है।

वाराणसी उत्सव

वाराणसी में आयोजित पर होने वाले उत्सव के अंतर्गत भारतीय धर्म संस्कृति तथा ज्ञान विज्ञान के विषयों से संबंधित दृश्यों को प्रस्तुत किया जाता है।

होली महोत्सव

रंगों का त्योहार केवल भारतवासियों में ही नहीं अपितु विदेशियों को भी आकर्षित करता है। भगवान श्रीकृष्ण की जन्मस्थली मथुरा में होली का विशेष महत्व है। श्री कृष्ण राधा, गोपियों और ग्वालों के बीच की रंग,कबीर एवं पुष्प से होली खेलने का उल्लेख अनेक ग्रंथों में मिलता है। यह पर्व श्रीकृष्ण और राधा के अगाध प्रेम से जोड़कर देखा जाता है।

वर्तमान में होली का शुभारंभ फाल्गुन शुक्ल नवमी को बरसाना से होता है। वहां की लड्ठमार होली होली जग प्रसिद्ध है। दसवीं को ऐसी ही होली नन्दगांव में होती है। इसी के साथ पूरे ब्रज में होली की धूम मचती है। धूलेंड़ी को प्रायः होली पूर्ण हो जाती है। इसके बाद हुरंगे चलते हैं। जिनमें महिलायें रंगों के साथ लाठियों, कोड़ों आदि से पुरुषों को घेरती हैं। बरसाना और नंदगाँव की लठमार होली तो जगप्रसिद्ध है। इस महोत्सव का आनंद लेने के लिए दुनिया भर से लाखों पर्यटक मथुरा वृन्दावन आते हैं।

***

परिशिष्ट

परिशिष्ट

अभयारण्य

कतर्निया वन्यजीव अभयारण्य

बहराइच जिले में स्थित कतर्निया वन्यजीव अभयारण्य एक रमणीय स्थल है। यह दुधवा टाइगर रिजर्व से जुड़ा है। जहाँ घने जंगल के बीच चीता देखने को मिल सकता है। कतर्निया घाट पर करीब 30 टाइगर, हाथी, गैंडे, गिद्ध, अजगर और कई दुर्लभ सांप दिख सकते हैं।

दुधवा राष्ट्रीय उद्यान

भारत-नेपाल सीमा पर लखीमपुर-खीरी जिले में स्थित है दुधवा राष्ट्रीय उद्यान। वन्यजीव, प्राकृतिक विविधता के प्रेमियों के लिए यह एक सर्वोत्तम उद्यान है।

नवाबगंज पक्षी अभयारण्य

नवाबगंज पक्षी अभयारण्य को शहीद चंद्रशेखर आजाद पक्षी अभयारण्य के रूप में भी जाना जाता है। यह लखनऊ के समीप उन्नाव जिले में स्थित है। घने जंगलों से घिरा यह पक्षी अभयारण्य 250 से अधिक प्रजातियों के पक्षियों का घर है।

राष्ट्रीय चम्बल वन्य अभयारण

आगरा के समीप यह वन्यजीव प्रेमी लोगों के लिए एक आदर्श स्थान है। यहाँ लुप्तप्राय प्रजातियों में से कुछ को देखा जा सकता है। यहाँ के मुख्य आकर्षण हैं - घड़ियाल, लाल मुकुट वाले कछुए, गंगा की डॉल्फिन, आदि।

सोहगीबरवा वन्य जीवन अभयारण्य

महाराजगंज और कुशीनगर के मध्य स्थित सोहागीबरवा वन्यजीव अभयारण्य रेल और रोड से पहुंचा जा सकता है। निकटतम रेलवे स्टेशन गोरखपुर है।

दुर्ग

उत्तर प्रदेश में अनेक दुर्ग हैं। जिन दुर्गों को भारतीय पुरातत्व सर्वेक्षण विभाग और उत्तर प्रदेश पुरातत्व विभाग ने अपने अधीन ले रखा है। यह दुर्ग पर्यटकों को आकर्षित करते हैं। इनके अतिरिक्त और भी दुर्ग हैं जो संरक्षण की बाट जोह रहे हैं। अनेक स्थानों पर खंडहरों में परिवर्तित हो चुके दुर्ग अपने इतिहास, वैभव और महत्व की असहनीय पीड़ा को मौन रहकर सह रहे हैं। निम्नलिखित दुर्ग पर्यटकों की राह देख रहे हैं।

अगोरी दुर्ग

अगोरी दुर्ग सोनभद्र जिला के ओबरा नगर में सोन नदी के समीप स्थित है। दुर्ग के भीतर देवी काली का मंदिर है। यह अगोरी बाबा का धार्मिक स्थान है। बारहवीं शताब्दी में बादशाह खारवेल खरवार वंश का सूर्यवंशी राजा था। यह दुर्ग खरवार वंश और चंदेल राजवंश का आवासीय महल था।

चुनारगढ़ दुर्ग

मिर्जापुर के चुनार उपनगर में स्थित है चुनार दुर्ग। यह दुर्ग कैमूर पर्वत की उत्तरी दिशा में स्थित है। यह दुर्ग गंगा नदी के ठीक किनारे पर स्थित है। इस दुर्ग का निर्माण सोलहवीं शताब्दी में उज्जैन के राजा विक्रमादित्य ने अपने भाई राजा भरथरी के लिए करवाया था। ऐसा माना जाता हैं कि राजा भरथरी ने इस दुर्ग में महासमाधि ली थी। यह दुर्ग एक ठोस संरचना है। गहरी ढलान के कारण इस दुर्ग तक पहुँचना कठिन है। शायद यही कारण है कि यह किला वर्षों तक हमलों से बचा रहा।

चपरघटा दुर्ग

चपरघटा कानपुर देहात जिला में स्थित एक गाँव है। यहाँ मुग़ल काल का एक दुर्ग है। इसके समीप ही सेंगर नदी यमुना नदी से मिल जाती है।

जाजमऊ दुर्ग

कानपुर का एक उपनगर है जाजमऊ। यहाँ एक पुराना दुर्ग है। इस दुर्ग को राजा ययाति का दुर्ग माना जाता है। यहाँ उत्खनन से 12वीं और 13वीं शताब्दी की कलाकृतियां प्राप्त हुई हैं। इसको देखने के लिए कोई शुल्क नहीं लगता है।

देवगढ़ दुर्ग

देवगढ़ दुर्ग परकोटे के नीचे बेतवा नदी बहती है। यह ललितपुर जिला में अवस्थित है।

बानपूर्वक दुर्ग

बानपूर्वक दुर्ग में इको-टूरिज्म को विकसित किया जा सकता है। यह बुंदेलखंड में है।

भूरागढ़ दुर्ग

यह दुर्ग बांदा में स्थित है। इसके प्रांगण में सैनिक दिवस के अवसर पर अखिल भारतीय पूर्व सैनिक सेवा परिषद द्वारा एक अमर शहीद स्मारक की स्थापना की गई।

मड़ावरा दुर्ग

मड़ावरा दुर्ग और सौराई दुर्ग पर्यटन की दृष्टि से बहुत महत्वपूर्ण हैं। यह बुंदेलखंड में हैं।

मेहनगर दुर्ग

आजमगढ़ जिला मुख्यालय से लगभग 36 किलोमीटर दूर पूर्व-दक्षिण दिशा में स्थित है। राजा हरिबान और विशाल तालाब द्वारा निर्मित किले के स्मारक यहां प्रसिद्ध हैं।

रामनगर दुर्ग

रामनगर वाराणसी जिले में स्थित एक उपनगर है। यहां एक दुर्ग है। इसे रामनगर दुर्ग के लिए जाना जाता है। यह काशी नरेश का आधिकारिक और पैतृक आवास है। दुर्ग में यहां के राजाओं का एक संग्रहालय है।

सुमेर सिंह दुर्ग

यह इटावा में है। इसका निर्माण राजा सुमेर सिंह ने करवाया था।

रामपुरा दुर्ग

जालौन जिला के उपनगर रामपुरा में एक दुर्ग है। यह दुर्ग रामपुरा नगर से 36 किलोमीटर की दूरी पर स्थित है। क्षत्रियों के राजवंश कछवाहा राजा रामशाह या रामसिंह ने अपने नाम पर रामपुरा ग्राम बसाया था। उसने यही पर एक दुर्ग का निर्माण कराया था। रामपुरा दुर्ग सामान्य स्तर से अधिक ऊँचाई पर निर्मित है। रामपुरा दुर्ग के चारों ओर 150 फीट चौड़ी व 20 फीट गहरी खाई है। दुर्ग का प्रवेश द्वार 20 फुट ऊंचा है।

रनगढ़ दुर्ग

बांदा जिला की नरैनी तहसील और गिरवां थाना क्षेत्र में केन नदी की जलधारा के बीच बहुत पुराना ऐतिहासिक दुर्ग स्थित है। इसे रनगढ़ दुर्ग कहते हैं। कुछ वर्ष पूर्व यहां अष्टधातु की मूर्ति पाई गई थी। जो खजुराहो में रखी है। 18वीं सदी में चरखारी नरेश ने बनवाया था दुर्ग। इसे चरखारी नरेश ने रिसौरा रियासत की रखवाली के लिए सैनिकों की सुरक्षा चौकी के रूप में बनवाया था।

विशनगढ़ दुर्ग

विशनगढ़ दुर्ग प्रसिद्ध किला नहीं है। उत्तर प्रदेश के विशनगढ़ में स्थित है। खंडहर देखने के लिए दुर्ग की यात्रा की सकती जा हैं।

विजयगढ़ दुर्ग

विजयगढ़ दुर्ग सोनभद्र जिले के राबर्ट्सगंज नगर के समीप है। यह दुर्ग अब खंडहर हो चुका है। दुर्ग में अनेक प्राचीन मंदिर है। लाल पत्थर के स्तम्भ हैं। इन पर समुद्रगुप्त के अधीन विष्णुवर्धन का नाम लिखा है। दुर्ग शिलालेखों, गुफा चित्रों, कई मूर्तियों और तालाबों के लिए प्रसिद्ध है। दुर्ग के अंदर चार तालाब हैं। इन तालाबों की विशेषता यह है कि यह तालाब कभी सूखता नहीं है। दुर्ग के अंदर का आधे से अधिक क्षेत्रफल कैमूर पर्वतमाला की पहाड़ियों से भरा है। मीरा सागर और राम सागर नामक दो तालों के बीच एक रंग महल नामक महल हुआ करता था। इस भवन में अनेक मूर्तियां थीं। इतिहासकारों का एक वर्ग मानता है कि इसे सन् 1040 ईस्वी में महाराजा विजय पाल द्वारा पुनर्निर्मित किया गया था। विजयगढ़ किले के अंदर एक और दुर्ग छिपा है।

हाथरस दुर्ग

हाथरस दुर्ग अठारहवीं शताब्दी का दुर्ग है। इसे राजा दयाराम दुर्ग और श्री दाऊजी मंदिर के नाम से भी जाना जाता है। इस दुर्ग का निर्माण जाट राजा राजा दयाराम सिंह ने किया गया था। यह हाथरस शहर में स्थित है। किला गेट के नाम से जाना जाने वाला हाथरस दुर्ग मुख्य पर्यटन स्थलों में से एक है। 20वीं सदी के अंत में 200 साल पुरानी इस विरासत को दाऊजी के मंदिर में बदल दिया गया था।

उत्तर प्रदेश पर्यटन निगम

पर्यटन संबंधी व्यावसायिक कार्यकलापों की देखरेख के लिए 1974 में पर्यटन विकास निगम की भी स्थापना की गई थी। नई पर्यटन नीति, 2016 के तहत पर्यटन क्षेत्रों के विकास हेतु सात नए परिपथ चयनित किए गए हैं जो इस प्रकार हैं-

i. हेरिटेज आर्क - यह आगरा-लखनऊ-वाराणसी परिक्षेत्र है।

ii. महाभारत परिपथ - जिसमें महाभारत काल से जुड़े स्थल सम्मिलित किए गए हैं।

iii. रामायण परिपथ - इस परिक्षेत्र में रामायण में उल्लेखित स्थल हैं।

iv. जैन परिपथ - जिसमें जैन धर्म से जुड़े स्थल हैं।

v. सूफी परिपथ - इसमें सूफीवाद से जुड़े प्रमुख स्थलों को स्थान दिया गया है।

vi. स्वतंत्रता संग्राम परिपथ - इस परिक्षेत्र में स्वतंत्रता संग्राम से जुड़े स्थल हैं।

vii. क्यूजीन और कल्चर परिपथ - जिसमें हस्तशिल्प, व्यंजन और विशिष्ट सांस्कृतिक केंद्र हैं।

उत्तर प्रदेश में धार्मिक ऐतिहासिक व पर्यटन स्थल

अतरंजीखेड़ा : यह प्रदेश के एटा जिला में काली नदी तट पर स्थित है। यहाँ से प्राप्त अवशेष मुख्यतः चित्रित धूसर मृदभांड संस्कृति से सम्बद्ध हैं। यहाँ से अग्निकांड व धान की खेती के भी प्रमाण मिले हैं।

अहिच्छत्र : अहिच्छत्र की पहचान राज्य के बरेली जिला में स्थित रामनगर से की गई है। महाजनपद काल में यह भूभाग उत्तरी पांचाल की राजधानी थी। अशोक ने यहाँ पर एक स्तूप बनवाया था।

आलमगीरपुर : आलमगीरपुर उत्तर प्रदेश में मेरठ के समीप हिंडन नदी के किनारे स्थित है। आलमगीरपुर के उत्खनन से प्राप्त अवशेष सैन्धव सभ्यता के पूर्वी विस्तार की पुष्टि करते हैं। यह स्थल उत्तर-हड़प्पा सभ्यता का भी केंद्र था। आलमगीरपुर के कपास उत्पादन के साक्ष्य प्राप्त हुए हैं।

आजमगढ़ : ऋषि दुर्वासा आश्रम, ऋषि दत्तात्रेय आश्रम, गोविन्द साहब, अवंतिकापुरी आदि दर्शनीय स्थल हैं।

औरैया : देवकली मंदिर है।

कपिलवस्तु : कपिलवस्तु की पहचान उत्तर प्रदेश के सिद्धार्थनगर जिले के पिपरहवा से की गई है। बौद्ध काल में कपिलवस्तु शाक्य गणराज्य की राजधानी थी। यहाँ से एक बौद्ध स्तूप तथा उसके भीतर रखी हुई बुद्ध की अस्थियां युक्त एक पाषाण पंजूषा प्राप्त हुई है। यहाँ उत्तरी काली ओपदार मृद्भाण्ड युग के अवशेष प्राप्त हुए है। मौर्य सम्राट अशोक ने इस पवित्र स्थल की यात्रा की थी। यहाँ के सालारगढ़ पुरातात्विक स्थल से कुषाणों के सिक्के मिले हैं।

कालपी : यह स्थल जालौन जिले में यमुना नदी के तट पर स्थित है। दसवीं शताब्दी ईस्वी में कालपी में चंदेलों का शासन स्थापित था। बीरबल का जन्म यह हुआ था। वहाँ से बीरबल के रंग महल तथा मुगल टकसाल के अवशेष प्राप्त होते हैं। चौरासी गुम्बद इमारत है।

कौशाम्बी : यह नगर इलाहाबाद के दक्षिण-पश्चिम 60 किलोमीटर की दूरी पर यमुना नदी के तट पर स्थित था। महाजनपद युग में यह वत्स जनपद की राजधानी थी। वहाँ का राजा उदयन था। यहाँ से कुषाण शासकों यथा-विम कडपिफसेस व कनिष्क के सिक्के भी प्राप्त हुए हैं।

कोइल : कोइल अथवा कोल अलीगढ़ जिला में स्थित है। भारत में तुर्कों के आगमन के समय इस पर राजपूतों का प्रभुत्व स्थापित था। कुतुबुद्दीन ऐबक ने सन् 1192 ईस्वी में कोइल पर अधिकार स्थापित किया था। इब्नबतूता कोइल के नगर वैभव की प्रशंसा करता है। यहाँ शीतला माता मन्दिर है।

कुशीनगर : कुशीनगर गोरखपुर से लगभग 45 किलोमीटर दूर वर्तमान कसया नगर के पास स्थित है। महाजनपद काल में यह मल्ल गणराज्य की राजधानी थी।

कन्नौज : प्राचीन काल का कान्यकुंज ही कन्नौज है। कन्नौज में सबसे प्राचीन बस्ती के साक्ष्य वाले मृद्भाण्ड युग से प्राप्त हुए हैं। हर्षवर्धन के समय कन्नौज के वैभव की भूरि-भूरि प्रशंसा की है। इस समय कन्नौज 'नगरमहोदय श्री' कहलाता है। पुरातत्व, कला और संस्कृति का केंद्र कन्नैज अपने इत्र की मुवासित गंध के लिए भी प्रसिद्ध है। यहाँ हजारों वर्ष पुराने खंडहर, मंदिर और मस्जिद पर्यटकों के लिए आकर्षक के केंद्र हैं।

कम्पिल : विष्णु पुराण, जातक, रामायण तथा उत्तराध्ययन सूत्र एवं अनेक ग्रंथों में इस नगरी का उल्लेख विभिन्न रूपों, प्रसंगों तथा परिवेशों में किया गया है। महाजनपद युग में यह पांचाल जनपद की राजधानी थी। गंगा के दायें तट पर स्थित यह तीर्थ स्थान जैन धर्म के प्रवर्तक तेरहवें तीर्थंकर भगवान विमलनाथ महासती द्रौपदी तथा गुरू द्रोणाचार्य की जन्मस्थली है। द्रौपदी का स्वयंवर यहीं हुआ था।

कासगंज : शूकर क्षेत्र सोरों जनपद कासगंज का एक प्राचीन तीर्थ स्थल है। सतयुग काल का माना जाता है। यह भगवान वराह की मोक्ष स्थली मानी जाती है। भगवान वराह ने यहीं देवी पृथ्वी को प्रथम बार गीता सुनाई थी। भगवान सूर्य, चन्द्र आदि देवताओं व अनेक ऋषि, मुनियों की यह तपस्थली रही है। महाप्रभु वल्लभाचार्य, चैतन्य महाप्रभु, विट्ठलनाथ जी, गोसाई जी आदि की यह साधना स्थली रही है। तुलसीदास, अष्टछाप के जड़िया कवि नन्ददास व साध्वी रत्नावली का जन्म यहां हुआ था। चक्रतीर्थ, रघुनाथ जी मंदिर, रूप तीर्थ, सोम तीर्थ, द्वारकाधीश मंदिर, नीमेश्वर मंदिर, परशुराम मंदिर, तुलसी स्मारक, गणपति आवाहन अखाड़ा, वैवस्वत तीर्थ, पापमोचन तीर्थ, शाखोटक तीर्थ, आदित्यतीर्थ, गृद्धवट, चक्रेश्वर मंदिर, श्वेतवराह मंदिर, श्याम वराह मंदिर, श्री विघ्न विनायक पंचमुखी गणेश जी मंदिर, लड्डू वाले बालाजी मंदिर, सोमेश्वर मंदिर, रूपेश्वर मंदिर, भूतेश्वर मंदिर, मानस मंदिर, भैरवनाथ मंदिर, सूर्यकुण्ड, योगेश्वर मंदिर, चन्द्रकूप, बटुकनाथ मंदिर, कच्छपपृष्ठीय श्रीयंत्र, लहरेश्वर मंदिर, नवदुर्गा मंदिर, कपिलमुनि की गुफा, बूढ़ीगङ्गा आदि यहाँ के पवित्र दर्शनीय स्थल हैं।

कानपुर : शुक्ल तालाब, राधा कृष्ण मंदिर, शासकीय संग्रहालय, फूल बाग़ आदि।

गोला-गोकर्णनाथ : प्रदेश के लखीमपुर खीरी से लगभग 35 किलोमीटर दूर स्थित गोला-गोकर्णनाथ में एक विशाल झील और उसके निकट भगवान गोकर्णनाथ महादेव का एक विशाल तथा प्राचीन मंदिर है। महायोगी गोरखनाथ जी द्वारा खिचड़ी प्रसाद वितरण स्थल पर स्थापित मंदिर तथा नाथ सम्प्रदाय का सिद्धपीठ यहीं पर है।

गौतमबुद्ध नगर : श्री सनातन धर्म मंदिर।

गौड़ा : अरगा पार्वती मंदिर, जमदग्नि कुंड, दुखहरन नाथ मंदिर, पृथ्वीनाथ मंदिर, स्वामी नारायण छपिया धाम आदि।

गाजियाबाद : सन् 1972 में जिला बनने से पूर्व गाजियाबाद बुलंदशहर जनपद की तहसील था। अतः यहां के अधिकांश प्राचीन स्थल बरन के इतिहास का हिस्सा हैं। गणमुक्तिश्वर महादेव का मंदिर, गंगा मंदिर, मीराबाई की रेती, झारखंडेश्वर महादेव, कल्याणेश्वर महादेव का मंदिर आदि।

गाजीपुर : लार्ड कार्निवालिस का मकबरा।

गोरखपुर : भारत नेपाल सीमा पर राप्ती नदी के तट पर बसा है गोरखपुर शहर। यह एक धार्मिक नगर है। यह शहर गोरखनाथ मंदिर के लिए पूरे भारत में प्रसिद्ध है।

चित्रकूट : उत्तर प्रदेश के दक्षिणी भाग में स्थित चित्रकूट वर्तमान में एक जिला है। वन जाते समय श्री राम अधिकांश यही ठहरे थे। जनश्रुति के अनुसार यहां महर्षि वाल्मीकि भी रह रहे थे। मंदाकिनी नदी जिसे मयस्विनी भी कहते हैं, चित्रकूट के सुरम्य जंगलों से होकर कहती है।

चंदावर : चंदावर नामक स्थल कंनौज एवं इटावा के मध्य स्थित था। सन् 1994 ईस्वी में कंनौज के गढ़वाल नरेश जयचंद को मोहम्मद गोरी ने यहीं पर हुमायूं को पराजित किया था।

चंदौली : धानापुर शहीद स्मारक।

जौनपुर : जौनपुर की स्थापना सुल्तान फिरोजशाह तुगलक ने सन् 1358 ईस्वी में मुहम्मद तुगलक उर्फ जौना खां के सम्मान में की थी। चौकिया शीतला माता मंदिर, अटाला मस्जिद, जामा मस्जिद, झंझीरी मस्जिद, लाल दरवाज़ा मस्जिद आदि।

जालौन : उत्तर प्रदेश राज्य के जालौन जिला का एक उपनगर है कालपी नगर। बीरबल का रंगमहल कालपी के ऐतिहासिक भवनों में से एक है। इसे बीरबल का किला या बीरबल का महल के नाम से भी जाना जाता है। राजा बीरबल का पुराना नाम महेश दास था जो कि एक ब्राह्मण भाट थे।

झांसी : झांसी एक मध्यकालीन नगर है जिसकी स्थापना सन् 1681 ईस्वी में ओरछा शासक वीर सिंह बुंदेला ने की थी। रानी लक्ष्मीबाई झांसी के स्वतंत्र राज्य के शासक गंगाधर राव की पत्नी है।

देवगढ़ : ललितपुर जिले के बेतवा के किनारे देवगढ़ (देवताओं का किला) हिंदुओं और जैनियों, दोनों के लिए महत्वपूर्ण स्थान है। इस स्थान से गुप्तकालीन हिंदू मंदिर एवं मूर्तियों के साक्ष्य मिले हैं। इनमें विष्णु का दशावतार मंदिर सर्वाधिक उल्लेखनीय है।

देवीपाटन : यहाँ तुलसीपुर रेलवे स्टेशन के निकट पाटेश्वरी देवी का प्रसिद्ध मंदिर है। यह बलरामपुर जनपद में है। कहा जाता है कि यहां पर देवी की स्थापना महाराज विक्रमादित्य ने की थी। यहां प्रतिवर्ष मेला लगता है।

देवा शरीफ : बाराबंकी से लगभग 12 किलोमीटर दूर स्थित देवा में प्रसिद्ध सूफी संत हाजी वारिस अली शाह की मजार है। उनके वार्षिक उर्स के अवसर पर कार्तिक में एक बड़ा मेला लगता हैं।

देवबंद : सहारनपुर जिला के उपनगर देवबंद में एक प्रसिद्ध कलात्मक व धार्मिक दुर्गा का मंदिर है। मंदिर के पास ही देवी कुंड है। यहाँ अरबी भाषा से सम्बद्ध एक संस्थान है जिसका नाम दारुल उलूम है।

दादरी : बलिया जिले में स्थित वह स्थल ब्रह्मा जी के पुत्र भृगु जी के शिष्य सरदार मुनि की तपोभूमि रही है। प्रत्येक वर्ष इस स्थान पर कार्तिक पूर्णिमा से मेला लगता है, जिसमें पशुओं का भारी मात्रा में क्रय विक्रय किया जाता है। यहां भृंग का एक मंदिर है।

नैमिषारण्य : सीतापुर शहर से लगभग 21 किलोमीटर दूर स्थित इस स्थान के बारे में यह कथा प्रचलित है कि यहाँ के महर्षि दधीचि ने राक्षसों का नाश करने के लिए अपनी अस्थियां देवताओं को दान दी थीं। इस स्थान को 88 हजार ऋषियों की तपोभूमि और 30 हजार तीर्थों का स्थान कहा जाता है। फाल्गुन मास में लोग यहां 84 कोस की परिक्रमा करते हैं।

पावानगर : यह स्थान कुशीनगर जिले में स्थित है। जैन तीर्थंकर महावीर स्वामी ने 468 ईसापूर्व में इसी स्थान पर अपने शरीर का त्याग किया था। प्रत्येक कार्तिक पूर्णिमा को यहां निर्वाण महोत्सव मनाया जाता है।

पांचाल : यह राज्य वर्तमान बरेली, बदायूं व पुरुखाबाद जनपदों की भूमि पर बसा हुआ है। महाभारत काल में यहां के राजा द्रुपद थे। जिनकी कन्या द्रोपदी थी।

प्रतापगढ़ : बेल्हा देवी मंदिर।

फर्रुखाबाद : कपिल मुनि आश्रम, मुग़ल घाट, भरत कुंड।

फतेहपुर : बावनी इमली शहीद स्थल।

बदायूं : बदायूं सल्तनत काल में सर्वाधिक महत्वपूर्ण इक्ता था। सुल्तान बनने से पूर्व इल्तुतमिश बदायूं का ही इक्तादार था। सूफी संत शेख निजामुद्दीन औलिया बदायूं के ही अकबर के समय का प्रमुख इतिहासकार अब्दुल कादिर बदायूंनी भी बदायूं का था।

बाराबंकी : बाराबंकी में लोधेश्वर महादेव, कुंतेश्वर महादेव कोटवा धाम आदि प्रसिद्ध तीर्थस्थान हैं। बहराइच - यह भगवान ब्रह्मा की राजधानी मानी जाती है। यहाँ पर एक प्रसिद्ध मुस्लिम फकीर सैयद सालार व मसूद गाजी की पवित्र दरगाह है। यह संत महमूद गजनवी के साथ भारत में आये थे। चित्तूर झील, जंगलीनाथ मंदिर, सीता दोहर झील, कैलाशपुरी बांध, कतरनिया घाट एवं अभयारण्य आदि।

बांसखेड़ा : शाहजहांपुर जिला में गगा नदी के तट पर स्थित बासखेड़ा से 628 ईस्वी का एक ताम्रपत्र मिला है। जिससे हर्ष की वंशावली, प्रशासनिक संरचना आदि की जानकारी प्राप्त होती है। इस अभिलेख में हर्ष के हस्ताक्षर की अनुलिपि भी उत्कीर्ण है।

बिठूर : बिठूर कानपुर से 24 किलोमीटर दूर गंगा के किनारे स्थित है। इसे प्राचीन काल में ब्रह्मावर्त तीर्थ कहा जाता था। रामायण के रचयिता महर्षि वाल्मीकि का आश्रम यहीं पर स्थित था। झांसी की रानी लक्ष्मीबाई बचपन में यहाँ रही थी।

बिजनौर : एजाज अली हॉल।

बलरामपुर : देवीपाटन मंदिर।

बलिया : भृगु मंदिर।

बांदा : तुलसी स्मारक।

बस्ती : मखौडा धाम, रामरेखा मंदिर, अमोढ़ा, श्रृंगीनारी छावनी, भादेश्वर नाथ, कतेश्वर पार्क आदि।

भीतरगांव : कानपुर देहात जिला में स्थित भीतरगांव गुप्तकालीन शैली अर्थात ईंट और पत्थरों से निर्मित मंदिर के भग्नावशेष के कारण प्रसिद्ध है। यह मंदिर चंद्रगुप्त द्वितीय विक्रमादित्य के काल में बना था।

मगहर : संत कबीर नगर जिले में स्थित मगहर संत कबीर का महाप्रयाण स्थल है जो हिंदू-मुस्लिम एकता का प्रतीक है। वह कबीर पन्थियों का तीर्थ स्थल है।

मिश्रिख : नैमिषारण्य से 10 किलोमीटर दूरी पर मिश्रिख स्थित है। यह सीतापुर जनपद में है। कथा है कि यहां पर महर्षि दधीचि ने अपनी अस्थि दान करने के पूर्व समस्त तीर्थों के जल से स्नान किया था।

मेरठ : मेरठ में राजपूत सरदार हरदत्त ने एक दुर्ग निर्मित कराया था। बारहवीं शताब्दी के अंत में कुतुबुद्दीन ऐबक ने मेरठ को दिल्ली सल्तनत का भाग बना लिया था। फिरोजशाह तुगलक ने अशोक स्तम्भ लेख को मेरठ से उठाकर दिल्ली में स्थापित कराया था। 10 मई,1857 को भारत के महान विद्रोह का विस्फोट मेरठ से ही हुआ था। पांडव दुर्ग, शहीद स्मारक, राजकीय स्वतंत्रता संग्राम संग्रहालय, शाहपीर मक़बरा, सेन्ट जॉन चर्च,

नंगली तीर्थ, सूरज कुंड, जामा मस्जिद, आबू मकबरा, विक्टोरिया पार्क, काली पलटन मंदिर, पंजाब रेजिमेंट गुरुद्वारा, कम्पनी बाग़, माल रोड, शहीद स्मारक माल रोड, बीस शिलालेख, जैन श्वेतांबर मंदिर, हस्तिनापुर तीर्थ, रोमन कैथोलिक चर्च, द्रौपदी की रसोई, हस्तिनापुर अभ्यारण्य, सरधना, बेगम का महल आदि।

मैनपुरी : खानकाह रशीदिया।

मिर्ज़ापुर : विंध्याचल मंदिर, अष्टभुजा त्रिकोण यात्रा, सीता कुंड, मोतिया तालाब, टांडा फाल, विंढमफाल, लोअर खजूरी डैम, घंटाघर, पक्के घाट, संकटमोचन मंदिर, साईं अंचल मंदिर, नार घाट आदि।

महराजगंज : प्राचीनकाल में यह स्थल आद्रवन नामक घने जंगल से आचादित था। यहाँ पवह नामक प्राचीन नदी के तट पर मां बनदेवी दुर्गा का पवित्र मंदिर अवस्थित है। लोकश्रुति एवं धार्मिक मान्यताओं के अनुसार इस देवची मन्दिर की स्थापना महाभारत काल में पांडवों के अज्ञातवास काल में स्वयं अर्जन ने की थी। इस धार्मिक स्थल का प्राचीन नाम 'अदरौना देवी थान' रहा जो वर्तमान में लेहडा देवी मंदिर के नाम से विख्यात है।

राजापुर : गोस्वामी तुलसीदास की जन्मस्थली राजापुर चित्रकूट से 38.1 किलोमीटर की दूरी पर स्थित है। यहाँ तुलसी स्मारक समिति की ओर से एक सुंदर स्मारक का निर्माण हुआ है।

रायबरेली : जायसी स्मारक।

लखनऊ : घंटाघर, छोटा इमामबाड़ा, जामा मस्जिद, बड़ा इमामबाड़ा, बनारसी बाग़, मोती महल, रूमी दरवाज़ा, रेजीडेंसी संग्रहालय, कालका बिन्दादीन ड्योढ़ी, लाल बारादरी, बटलर पैलेस, लाल पुल, छतर मंजिल, अकबरी दरवाजा, शेर दरवाजा, कुकरैल पिकनिक स्पॉट, गोमती रिवर फ्रंट,

विंध्याचल : मिर्जापुर जिले में स्थित इस स्थान पर विंध्यवासिनी देवी का पौराणिक मंदिर है। एक पौराणिक कथा के अनुसार जब माता सती ने अपने शरीर को अपने पिता द्वारा कराये जा रहे यज्ञ में जला कर होम कर दिया था और भगवान शंकर सती के शरीर को लेकर जा रहे थे तो उनमें से कुछ अंग इस स्थान पर गिर गये थे। यहाँ पर प्रतिवर्ष दोनों नवरात्रों में मेला लगता है।

लुम्बिनी : गौतम बुद्ध का जन्म लुम्बिनी में हुआ था। यह महराजगंज जिले के नौतनवां स्टेशन से 15 किलोमीटर दूरी पर नेपाल में है। चीनी यात्री ह्वेनसांग ने भी इस स्थल की यात्रा की थी। अश्वघोष के बुद्धचरित में भी इस स्थल का उल्लेख बुद्ध के जन्मस्थल के रूप में किया गया है।

लखीमपुर खीरी : गोला गोकर्ण नाथ मंदिर।

संकिसा : फ़र्रुखाबाद के समीप स्थित संकिसा (संकाश्य) का उल्लेख महाभारत, बौद्ध साहित्य तथा चीनी यात्रियों के विवरणों में मिलता है। महाजनपद युग में यह पांचाल जनपद का प्रमुख नगर था। बौद्ध परम्परा के अनुसार संकिसा में भगवान बुद्ध इंद्र व ब्रह्मा के साथ स्वर्ग में अपनी मां को उपदेश देने के बाद ही यहीं पर धरती पर आए थे।

सोहगौरा : सोहगौरा गोरखपुर जिला में स्थित है। यहाँ से उत्तरी काली ओपदार मृदभांड संस्कृति तथा मौर्योत्तर युग से सम्बद्ध अवशेष प्राप्त हुए हैं। यहाँ से मौर्योत्तर काल के सिक्के भी मिले हैं। कुषाणों के सिक्के तथा लौह वस्तुएं भी प्राप्त हुए हैं। यहाँ से अनाज भण्डारण के अवशेष भी मिले हैं।

सरायनाहर राय : सराय नाहर राय प्रतापगढ़ जिला में स्थित है। यहाँ उत्खनन में लगभग 8000 ईसापूर्व की मध्यपाषाण युगीन सभ्यता के साक्ष्य मिले हैं।

सम्भल : सम्भल मध्यकालीन भारत का एक महत्वपूर्ण ऐतिहासिक स्थल है। बाबर की मृत्यु के बाद इस इक्ता को हुमायूं ने अपने भाई असकरी को प्रदान कर दिया था। बाबर ने यहां एक जामा मस्जिद का निर्माण कराया था।

सरधना : यह मेरठ से 30 किलोमीटर दूर प्राचीन नगर है। जहाँ दक्षिण एशिया का अद्भुत चर्च है। इस चर्च को बेगम समरू ने बनवाया था।

सिकंदरा : आगरा के समीप स्थित सिकंदरा मुगल बादशाह अकबर के मकबरे के कारण प्रसिद्ध है। अकबर ने अपने जीवनकाल में इसका निर्माण आरंभ कर दिया था। इसे 1613 ईस्वी में जहांगीर के काल में पूर्ण किया जा सका।

सुल्तानपुर : सीताकुंड घाटा।

सोनभद्र : रेणुकेश्वर महादेव मंदिर।

सीतापुर : महर्षि दधीचि आश्रम, नैमिषारण्य, हरगांव, ललिता देवी मंदिर, बिसवां, बाड़ी आदि।

सारनाथ : सारनाथ संग्रहालय, अशोक स्तम्भ धर्मराजिका स्तूप, मूलगंध कुटी विहार, चौखंडी स्तूप, डियर पार्क, धमेख स्तूप आदि।

सहारनपुर : शाकम्भरी देवी, सहस्रार ठाकुर, भूतेश्वर मंदिर, त्रिपुरा सुंदरी बाला देवबंद, बादशाही बाग, मोहंड दर्रा आदि।

सारनाथ : सारनाथ काशी अथवा वाराणसी के दस किलोमीटर पूर्वोत्तर में स्थित प्रमुख बौद्ध तीर्थ स्थल है।

शुक्रताल : मुजफ्फरनगर जिला में स्थित इस स्थल पर वट वृक्ष के नीचे बैठकर महर्षि शुक्राचार्य जी ने राजा परीक्षित को भागवत कथा सुनाई थी। कार्तिक में पूर्णमासी व एकादशी पर हजारों भक्त दर्शन के लिए यहीं आते हैं।

शाहजहांपुर : अशफाक उल्ला की मजार।

हस्तिनापुर : यह नगरी मेरठ से 37 किलोमीटर दूर है। इसके पुरातात्विक स्थलों से मृदभांड संस्कृतियो से लेकर मौर्योत्तर युग का के साथ मिले है। इसकी स्थापना इस्तिन नामक राजा ने की थी। महाभारत युग में यह कौरवों की राजधानी थी।

हुलास खेड़ा : हुलास खेड़ा लखनऊ जनपद में स्थित है। यहाँ से कुषाण काल से गुप्त युग तक भौतिक अवशेष प्राप्त हुए। कुषाण कालीन अवशेषों में सर्वाधिक उल्लेखनीय हैं।

हापुड़ : झरखंडेश्वर शिवलिंग।

हरदोई : साण्डी पक्षी अभयारण्य, श्रवण देवी मंदिर, सर्वोदय आश्रम टडियांवा, विक्टोरिया भवन, सकहा शंकर मंदिर, गाँधी भवन, हत्याहरण तीर्थ, सुनासीर नाथ मल्लावां, मां कालिका देवी मंदिर रायपुर कोथावां आदि।

हमीरपुर : हमीरपुर चित्रकूट के समीप है। मेहर बाबा के शिष्यों के लिए हमीरपुर का बहुत खास महत्व है। मेहर बाबा ने खुद को युग का अवतार घोषित किया था। इसके अतिरिक्त हमीरपुर जिला में अनेक स्थान ऐतिहासिक, सांस्कृतिक और धार्मिक महत्व रखते है।

श्रृंगवेरपुर : यह स्थान इलाहाबाद नगर से लगभग 48 किलोमीटर दूर गंगा के बायें तट पर स्थित है। अपनी बनवास यात्रा के दौरान भगवान राम ने गंगा घाट के नाविक निषद के प्रार्थना करने पर उतरवाई के बदले गंगा जल द्वारा अपने पैर और प्रयाग को धुलवाया और प्रयाग को प्रस्थान किया था। रामचीराघाट, हनुमान मंदिर, श्रृंगी मंदिर आदि यहां के दर्शनीय स्थल हैं।

श्रावस्ती : चाइना मंदिर।

***